U0717653

中國古城墻

乙未暮春

謝辰生題

時年九十又四

十竹齋

中国古城墙

Ancient City Walls of China

江苏

浙江

安徽

第二卷

主编　杨国庆

江苏人民出版社

图书在版编目（CIP）数据

中国古城墙 / 杨国庆主编. -- 南京：江苏人民出版社，2017.6
ISBN 978-7-214-19295-0

Ⅰ. ①中… Ⅱ. ①杨… Ⅲ. ①城墙—研究—中国—古代
Ⅳ. ①K928.77

中国版本图书馆CIP数据核字（2016）第170045号

书　　名	中国古城墙（第二卷）
主　　编	杨国庆
责任编辑	汪意云　曾　偲
特约编辑	刘仁军
封面设计	姜　嵩
版式设计	许文菲
责任监制	王列丹
出版发行	江苏人民出版社
出版社地址	南京市湖南路 1 号 A 楼，邮编：210009
出版社网址	http://www.jspph.com
照　　排	江苏凤凰印刷数字技术有限公司
印　　刷	江苏凤凰新华印务有限公司
开　　本	787毫米×1092毫米　1/16
总 印 张	135.75　插页24
总 字 数	2000千字（全六卷）
版　　次	2017年8月第1版　2017年8月第1次印刷
标准书号	ISBN　978-7-214-19295-0
定　　价	1800.00元（全六卷）

《中国古城墙》编委会

“中国明清城墙”联合申遗办公室、南京城墙保护管理中心、南京城墙博物馆、南京城墙保护基金会、南京城墙研究会对本书编撰给予了大力支持，特此鸣谢！

【第二卷】

江苏 003

浙江 141

安徽 277

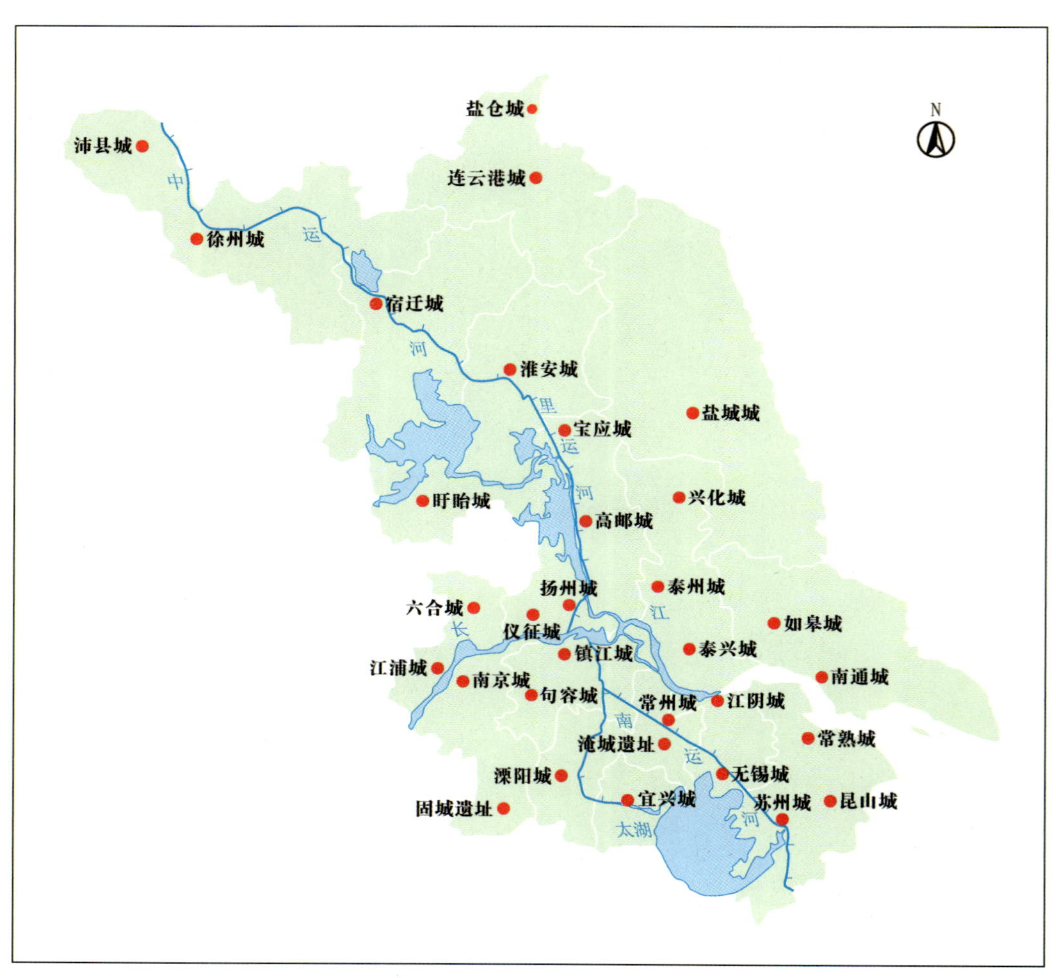

N
盐仓城
沛县城
连云港城
中
运
河
徐州城
宿迁城
淮安城
里
运
河
宝应城
盐城城
盱眙城
兴化城
高邮城
扬州城
泰州城
六合城
长
江
如皋城
仪征城
镇江城
泰兴城
江浦城
南京城
南通城
句容城
常州城
江阴城
南
运
河
淹城遗址
常熟城
溧阳城
无锡城
宜兴城
苏州城
昆山城
固城遗址
太湖

江苏
古城墙
水陆萦迴

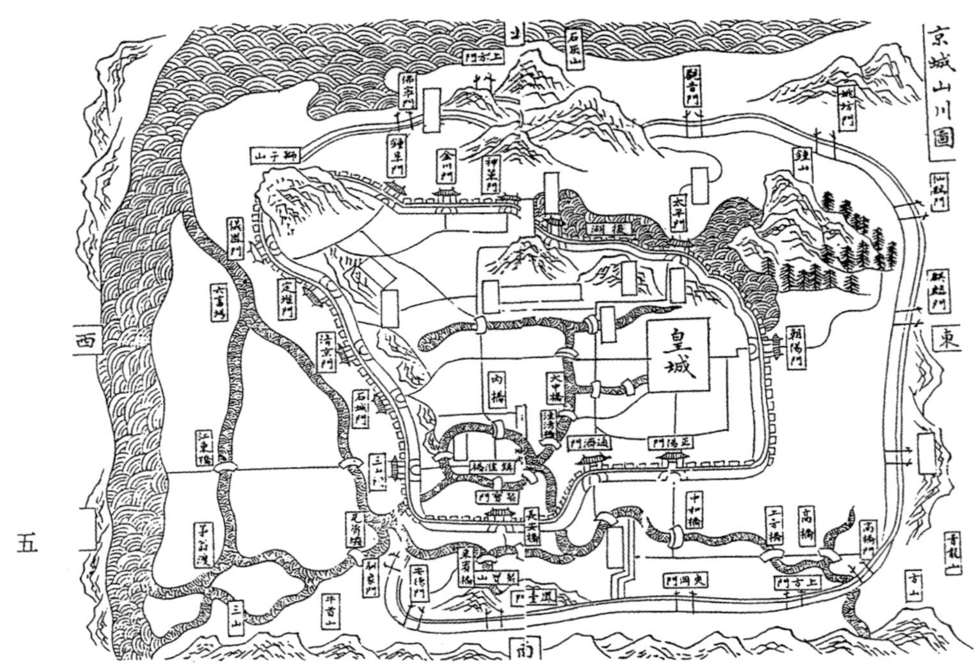

△ 京城山川图　引自《洪武京城图志》明洪武二十八年版

南京，位于长江下游的江苏省西南部，襟江带河，依山傍水，钟山龙蟠，石头虎踞，有“六朝古都、十朝都会”之称，是中国区域中心城市，也是中国四大古都（即南京、西安、北京和洛阳）之一。1982年，被列为国家历史文化名城。

南京市辖区范围内行政建置，最早要追溯到周灵王元年（前571）设立的楚棠邑（今南京市六合区）与周景王四年（前541）设置的吴濑渚邑（今南京市高淳区固城湖北岸）。周显王三十六年（前333），楚国建金陵邑，为南京主城区设治建置之始，也是南京有“金陵”别称之始。吴黄龙元年（229），三国东吴迁都于此，为南京建都之始。此后，东晋、宋、齐、梁、陈、五代南唐、明、太平天国、中华民国相继在此定都。随着政权的更迭，南京历史上先后有“冶城”、“越城”、“金陵”、“秣陵”、“石头城”、“建业”、“建

△ 陆师学堂新测金陵省城全图（光绪三十四年） 杨国庆提供

康”、“白下”、“上元”、“升州”、“江宁”、“集庆”、“应天”、“天京”等别称，而“南京”一名始于洪武元年（1368）。1953年，南京为江苏省省会至今。

有据可考的南京城区建城之始，是周元王四年（前472）营造的越城，是南京市主城区建城之始。周显王三十六年（前333），楚威王大败越国后，为控制新占领的边地，置金陵邑，并筑城为治。此后，南京历史上筑城、修城、毁城几无中断。在南京城墙的历史发展进程中，影响最大的有三个时期的城

△ 民国初年，南京城墙朝阳门及外瓮城 南京城墙保护管理中心提供

▷ 民国初年，南京城墙神策门及外瓮城
本文照片除署名外，均由杨国庆提供

◁ 民国初年，南京城墙龙脖子段城墙

△ 民国初年，南京城墙石头城段

△ 民国初年，南京城墙最美地段之一的“台城”

△ 民国初年，南京城南外秦淮河上的渔家生活

△ 清末，南京江边通向仪凤门的道路 南京城墙保护管理中心提供

◁ 1949年4月23日，中国人民解放军占领南京。图为军车通过南京挹江门入城

◁ 1937年12月，侵华日军进攻南京时，中华门城楼被炸毁 南京城墙保护管理中心提供

墙：其一是在孙吴、东晋以及南朝宋、齐、梁、陈共六朝经营的六朝城池；其二是南唐再度崛起营造的建康城池，沿及宋、元；最后是延续至今600多年的明代南京城墙。南京历史上的筑城规律，一般与在南京建都直接有关，并随着城市的发展与需求而得到扩大。因此，南京城池随着城市的逐步“成长”，留下了鲜明的城市印记，具有丰厚历史文化的特点。

明南京城是明太祖朱元璋精心策划并营造的一项国家级的重点工程，也是明朝初期的国都（53）所在地。自元至正二十六年至洪武二十六年（1366～1393），动用各类筑城人员达百万余众，大规模建造了南京四重城墙，即宫城、皇城、京城和外郭。其中京城如今被简称为“南京城墙”，其他三重城墙大多已成遗址或遗迹。

据《南京城墙志》载：南京城墙由刘基等人规划设计，为了体现朱元璋“皇权神授”的统治地位（人），其设计思想主要是仿效宇宙天象（天）和南京的丘陵、河湖等特殊的地理条件（地），利用南京旧有城垣等综合因素，使南京城在继承中国传统都城营造制度的基础上，其城墙平面为南斗星与北斗星聚合形，显示出城市三个功能区域：城东为皇宫及中央政权机构所在地；城北为驻京守城部队、大型粮仓及耕田；城南为城市商贸、集市、官宦人家及民居聚集地。

南京明城墙的第三重城墙全长33.676公里，筑有城门13座：正阳门、通济门、聚宝门、三山门、石城门、清凉门、定淮门、仪凤门、钟阜门、金川门、神策门、太平门、朝阳门，每座城门均建有城楼。在第三重城墙上共设垛口13616座、窝铺200座，水关、涵闸及涵洞至少20余座，城墙高12～24米、底宽8～27米、顶宽3～18米。南京城墙护城河（湖）由三部分组成：即利用自然水体的一段，整修杨吴城壕南边的一段（即外秦淮河），以及开凿的新河道。这

▷ 2004年，南京城墙大规模修缮期间，武定门段城墙内部结构

△ 南京城墙砖文“洪武元年”纪年砖文拓片

△ 云南省盐津县洪武八年（1375）因营造南京城宫阙砍伐楠木的摩崖石刻拓片

三部分护城河构成一体，成为世界上最长的城市护城河，并与长江、秦淮河及金川河相互沟通。

元末明初南京城墙的营建，用工量之多，耗资之巨，涉及范围之广，工程管理之严，为中国古代城市建设中之少见。在明初中央集权的统治下，朝廷采取了一些自上而下、行之有效的管理措施和办法，对确保工程质量和工程进度方面起到了十分重要的作用。这些工程中的措施和办法，主要是通过督造城垣的各级官吏和农村基层组织具体落实，或者说是对“人”的管理。如城砖运送到南京，要按“敲之有声、断之无孔”的标准验收；砌筑城墙的石灰，要求“洁白无杂质”等，均由“人”来实施。南京城墙砖大多有城砖的勒名，以保证质量，如“长沙府提调官经历高耀司吏杨原善、浏阳县提调官知县傅理司吏周仲威、总甲刘祖仁甲首胡添云小甲李茂功窑匠王继孙汤祥造砖人夫谢辛”。把府、县烧造这块砖的各级官吏、基层负责人、窑匠和人夫姓名全部列出，层层责任到人达九级之多。

南京城墙使用了上亿块城砖，为长江中下游水系所涉区域烧制，其范围涉及今天的湖南、湖北、江苏、江西、安徽五省，并于20世纪80年代以来在上述五省相继发现了当年的砖窑遗址群。明初各地设窑烧砖，对各地手工制砖业和规范化的烧砖技术具有重大影响。南京城墙体现出的都城营造制度、严密的

工程管理和征派制度以及大规模使用砖、石材料和烧砖、筑城技术，对明、清两朝全国（尤其对北方城市）大规模使用砖石结构筑城，以及“万里长城”使用城砖砌筑，均具有极大的推动和技术普及价值。南京城墙上亿块手工制作城砖的砖文，在反映公元14世纪中叶政府组织百万民众参与国家级重大工程质量保证体系的同时，留下了数以百万计的官员、普通百姓和工匠的姓名，是中国现存的一组规模最大、历史文化信息极高的汉字书法砖文群。

明代南京城墙的建材使用量，在中国城市建筑史上极其罕见。除了宫城、皇城、京城及外郭的墙体（包括基础等）、防排水设施，还有城门、闸门以及数十座高大壮丽的城楼。建造城墙用材大致有城砖、条石、片石、木材、石灰（包含其他黏合材料）、颜料等。这些用量繁多的建材，来自全国各地，其涉及区域之广、数量之浩繁，都令人叹为观止。

明代，南京四重城墙及护城河等附属建筑时有毁圮，亦时有修缮。遇有损坏，需要开出清单，写明地段、用料、用工，上报都府，由南京留守五卫的军士修缮，即中、左、右、前、后五卫。《大明会典》载：“凡京师城垣，洪武二十六年（1393）定：皇城、京城墙垣，遇有损坏，即便丈量明白，见数计料，所有砖、灰，行下聚宝山黑窑等处关支，其合用人工，咨呈都府，行移留守五卫差拨军士修理。”

清代，江宁府城墙沿用明代南京京城的城墙。南京城墙因战火和缺少维修资金时有损坏。最大的损坏有两次，分别是咸丰三年（1853）太平军攻城和同治三年（1864）清军攻城。这两次损坏的城墙，均得到及时修缮。江宁府城

▽ 东水关内外 肖巘摄

△ 南京龙脖子段城顶

▷ 镶嵌在城墙上的曾国藩撰写的太平门缺口修复碑，2006年被列为市级文物保护单位

墙的日常维修，由上元及江宁二县共同承办。上元县分管聚宝、通济、正阳、朝阳、太平门等地段城墙；江宁县分管神策、三山、得胜、石城、仪凤、定淮门等地段城墙。

民国建立（1912）以后，城墙管理一度松弛，尤其1927年在城市发展中曾发生过拆除和保护的争论，后因日军侵华爆发中日之战，对南京城墙进行过修葺，并在城墙上修筑大小不等的碉堡62座。1937年12月，侵华日军在进攻南京城时，对光华门、中山门等地段城墙造成严重破坏，尤其中华门（原名“聚

宝门”）木结构三重城楼惜毁于侵华日军炮火。

20世纪50年代，由于南京城墙实用价值发生转变，人们囿于认识上的局限，由拆城排险发展到局部拆城取砖。据1961年南京市市政工程公司调查统计：南京城墙总长37.14公里，全部拆除11.699公里；部分拆除、部分保留7.698公里，完整保留的城墙全长为17.743公里。直至1983年，南京城墙半损坏总长1.5491公里，缺口0.3192公里（不含整段被拆除，载《关于南京城墙现状的调查报告》）。经过20余年的保护与维修，地面完全消失的明城墙约占初始状态城墙不足1/3的长度。

从20世纪80年代以来，先后成立了南京市城墙管理处、南京市明城垣史博物馆、南京城墙保护管理中心、南京城墙博物馆等常设保护专业机构。在中国国家及各级地方政府高度重视和财政资金大力投入下，现存的南京城墙和护城河得到了有效保护、维修和展示。在对南京城墙实施大规模保护性抢险维修中，回收散落城区内外的700余万块明代城砖，为大规模维修城墙提供了十分重要的原材料。明代护城河保存长度达31.159公里，仍然是今日南京城水系的重要组成部分。自此，南京城墙进入常规化的科学管理阶段。在实施南京城墙动态管理过程中，对南京城墙全面布置了监测点，仅以2012年为例，全城监测点包括裂缝点68个、臌胀点147个、沉降点54个、位移点80个、基准点60个，为及时掌握南京城墙自然损毁的变化提供了科学依据。21世纪以前的600年间，南京主体城市发展的空间基本上没有超出当年周长60公里外郭的范围。现存的南京城墙仍保存2/3以上长度，是世界上现存规模最大的砖石构造的都城城墙。

▽ 台城段城墙 冯方宇摄

◁ 砖墙与条石墙接合部（清凉门段）

南京城墙有“沈万三助筑南京城”的传说，《明史》有载。对南京城墙的历史沿革、营建、文化价值、现状保护等详细资料，可参阅今人所著《南京城墙志》《南京城墙砖文》等一批研究性专著。

1988年，南京城墙被列为全国重点文物保护单位。此后，南京市各级政府为保护南京城墙，先后颁布了《南京市人民政府关于城墙保护的通告》（1982）、《南京城墙保护管理办法》（1996）等多项保护南京城墙的地方性法规，制定了《南京明城墙风光带规划》（1997）、《南京城墙保护规划（2008～2025）》（2010）。2012年，南京城墙再次被列入“中国明清城墙”世界文化遗产组合项目，进入预备名单。2014年，南京城墙实现了统一管理和全面开放，并成为“中国明清城墙”联合申遗牵头城市。

杨国庆

江宁府城池：按六朝旧城近北，去秦淮五里。至杨吴时改筑，跨秦淮南北，周回二十里，近南聚宝山。明定都金陵，大建城阙，惟南门、大西、水西三门因旧更名聚宝、石城、三山。自旧东门处截濠为城，开拓八里，增建南门二：曰通济，曰正阳；自正阳而北，建东门一，曰朝阳；自钟山之麓围绕而西，抵覆舟山建北门一，曰太平；又西据覆舟、鸡鸣山，缘湖水以北，至直渎山而西八里，建北门二：曰神策、金川；西北括狮子山于内，建门二：曰钟阜、仪凤。今钟阜闭。自仪凤迤逦而南，建定淮、清凉二门，以接旧西门，今俱闭。顺治十六年改神策为得胜，周九十六里。其外城西北则据山带江，东南则阻山控野，辟有十六门：东、南、北六，曰：姚坊、仙鹤、麒麟、沧波、高桥、上方；西南六，曰：夹冈、双桥、凤台、驯象、大安德、小安德；西一，曰：江东；北三，曰：佛宁、上元、观音，周一百八十里。上元、江宁二县俱附郭。

——清《考工典》第二十卷，引自《古今图书集成》

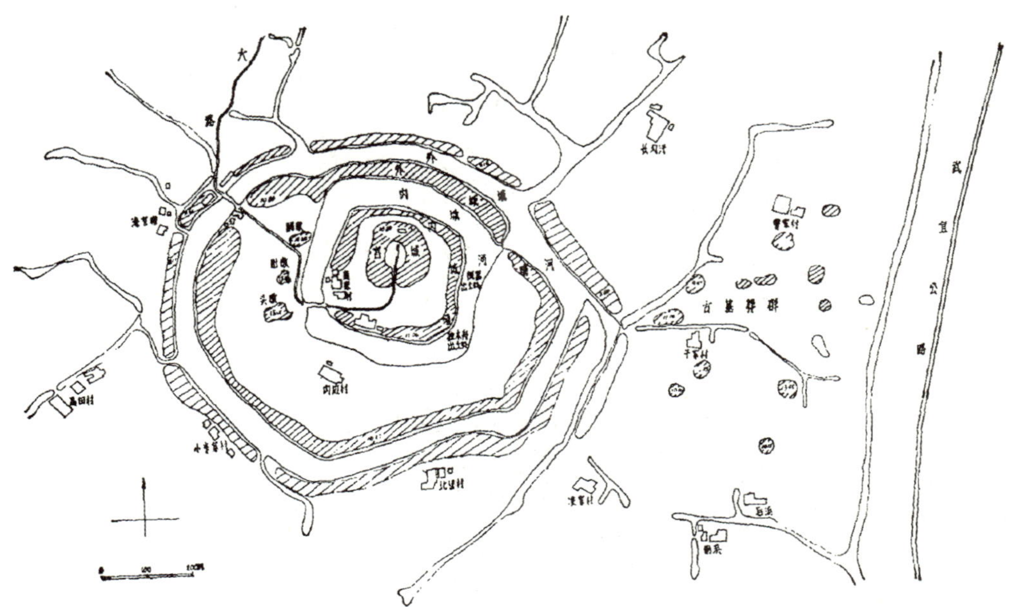

△常州淹城现状图　引自阮仪三《常州战国淹城遗址踏查纪要》（《建筑历史与理论·第二辑》，1981年）

淹城遗址，位于常州市南面、武进区湖塘镇西南。据考古发掘推断，为西周初期到春秋时期保存下来的古城遗址。该遗址东西长850米、南北宽750米，水陆总面积约65万平方米。

淹城遗址，发现于20世纪40年代初。1935年，考古人员首次对淹城进行了实地考古调查，确认它是一处古代居民活动的遗存，遂引起学术界的关注。自20世纪50年代以后，考古界先后多次对淹城遗址进行大面积考古发掘和测绘，先后在内外城河及遗址内出土了四只独木舟和一批青铜器、陶器，其中一只独木舟为整段楠木火烤斧凿而成，长11米、宽0.9米、深0.45米（现藏于中国历史博物馆），经碳14测定，距今约2800年。

淹城的最早历史文字记载是东汉袁康《越绝书·吴地传》：“毗陵县南城，故古淹君地也。东南大冢，淹君子女冢也，去县十八里，吴所葬。”常武

△ 淹城外城护城河 本文照片除署名外，均由杨国庆摄

△ 竖立在外城遗址上的标识碑

△ 在子城内经考古发现的竹木井遗址

△ 淹城内城护城河

△ 子城内景遗址

△ 在淹城遗址附近新建的“中国春秋淹城”商业城　Cathleen Paethe摄

地区在春秋时称“延陵”，至汉改曰“毗陵”，春秋时期为吴王寿梦四子季扎的封邑。北宋《太平寰宇记》云：“常州府春秋时为吴国内地。”《史记》云：“吴公子季扎所据，是为延陵之邑。”吴为越所灭复属越，到战国时越为楚所灭复属楚，故《越绝书》谓之“淹君城”。清《读史方舆纪要》云：“淹城，在（常州）府东南二十里，其城三重，壕堑深宽，周广十五里。”除此之外，常武地区的一些地方志也有零星的记载，如宋《咸淳毗陵志》云：“淹城在阳湖延政乡。”淹城的来历和淹城的主人究竟是谁，史学界和考古界众说纷纭，至今仍无定论。

淹城遗址被里外三河围环，从里向外为子城、内城、外城共三重城墙组成，每座城垣外设护城河。城垣均为泥土堆积而成，既未挖基槽，也没使用版筑或夯筑，三城均各开一门。子城，又称“王城”，略呈方形，周长457米、残高11米左右、城宽7～10米；内城呈方形，周长1252米、残高10.5米、宽约20米；外城略呈圆形，周长2580米、残高约10米、宽约25～50米不等。古城址的三城三河相套形制极其罕见。当年参与考古的南京博物院研究员陆建芳认为：“淹城是吴国的一个军事城堡，是目前已发现的，世界上春秋时期唯一保存完好，三道城河、三道城墙形制的军事设施。”在束有春所撰的研究性长篇文章《奄国淹城》（束有春：《传统与现代》，江苏人民出版社，2012年）中，对淹城的历史、考古、传说和现状保护有全面的论述。

1982年，淹城遗址被列为省级文物保护单位。1988年，淹城遗址被列为全国重点文物保护单位。

杨国庆

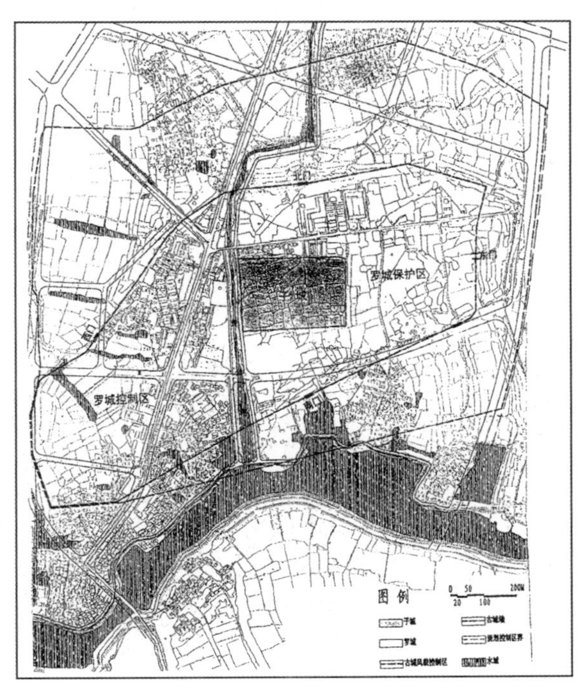

△ 固城遗址保护规划图　引自濮阳康京《江苏高淳固城遗址的现状与时代初探》，载《东南文化》2001年第7期

固城遗址，位于南京市南部高淳区城东12公里的固城镇，又名“子罗城”、“楚王城”，是南京地区古老的城邑之一。

周景王四年（前541），吴国为抵御楚国不断西侵的势力，在“吴头楚尾”的咽喉要道濑水（即溧水，又名“中江”，今高淳区境的胥河为其古河道一部分）之滨，设置边邑，称为“濑渚邑”，并筑城以防守，此为濑渚邑城。此城后世屡经增筑，城池坚固，遂称为“固城”。周敬王四年（前516，一说周景王四年），相传楚平王在濑渚邑城大造宫殿，建为行宫，后人称之“楚王城”。周敬王十四年（前506），吴王阖闾用由楚奔吴的伍子胥为将，举兵进攻楚固城宫殿，“逾月烟焰不灭，其城遂废”。周元王三年（前473）吴亡，固城之地改属于越。周赧王九年（前306），越亡，固城之地又改属于楚。

今高淳区固城镇有古城址一处，城垣有内外二重，外为罗城，内为子

◁ 固城外城遗址 本文照片除署名外，均由杨国庆摄

◁ 固城的子城护城河依稀可辨

城。另据《金陵志》称：溧水“县治高一丈五尺，巡城一周七里二百三十步，子城一里九十步”。东汉光和年间所建的《校官之碑》，歌颂溧阳县长潘乾的佳政，此碑在宋朝绍兴年间从固城湖被发现，佐证了县治所在地。

今人濮阳康京在《江苏高淳固城遗址的现状与时代初探》（载《东南文化》2001年第7期）中，对固城遗址进行了考证，认为春秋战国时期作为县邑的城址的规模一般都不大，少有超过七里者，且此城址经考古调查，证实为汉代所筑，乃汉之溧阳县城。在固城镇古城址中发现的铜戈、编钟、青铜剑、镞等西周、春秋战国时期的遗物，均分布于内重子城的西部和西北方位，发现的楚国货币——郢爰，也多在子城周围。而子城以东，汉以前的遗物至今没有出土。因此，春秋时期吴筑之濑渚邑城，推测当在今固城遗址之偏西部。今固城镇墙屋村北、瑶园村西，地面仍有一条宽似城垣的陇岗，可能即为吴筑濑渚邑城东垣遗存；而由瑶园村断断续续通向后埠村，再南抵固城湖畔的称作“城埂头”的另一条陇岗，则可能是其北垣遗存；其西垣和南垣因为现村镇建筑所覆压，历来破坏较大，已难辨城垣走向。据此，今人所称“固城遗址”并非周景王四年（前541）所筑的濑渚邑城，实为东汉之溧阳县城。

固城遗址罗城呈长方形，南北约800米、东西约1000米、周长3915米，遗址尚有部分幸存，当地人称之“城埂头”；内城呈长方形，南北长121米、东西宽196米。内、外两座城均设有护城河，均未经正式发掘。建筑施工时在此出土了西周、秦、汉、唐等朝代的文物，发现汉代墓葬10余座。

1995年，固城遗址被列为省级文物保护单位。2013年，固城遗址被列为全国重点文物保护单位。

杨国庆

▽ 固城遗址保护标志碑 Cathleen Paethe摄

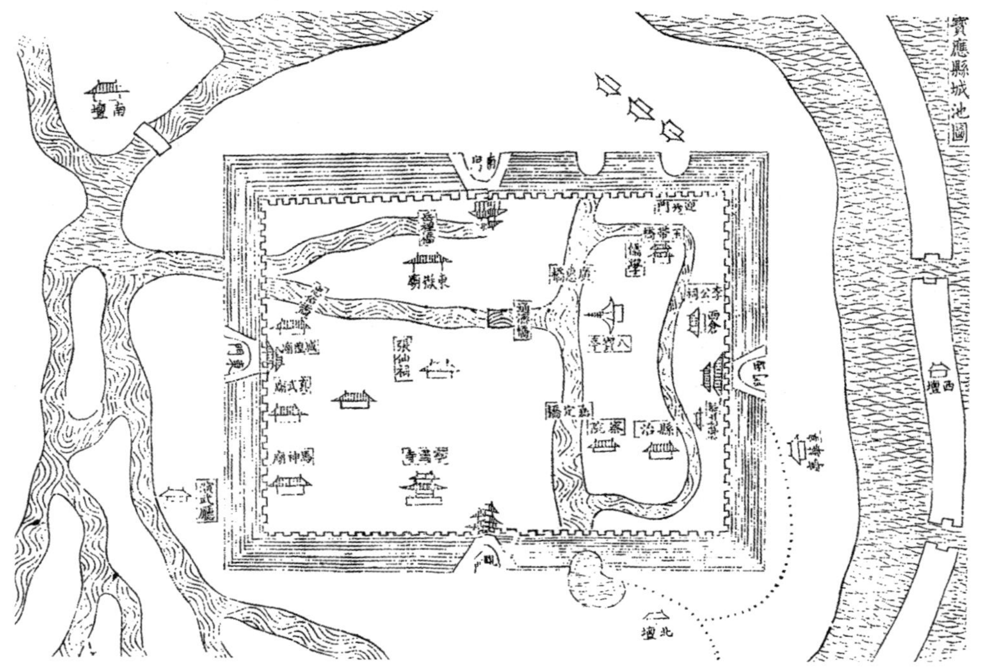

△宝应县城池图　引自《扬州府志》清雍正十一年刻本，载《中国方志丛书·华中地方·江苏省（146）·扬州府志》

宝应，位于江苏省中部，地处长江、淮河之间，是扬州市的“北大门”。

秦时，宝应其境属泗水郡。汉武帝（前140～前87）时，属临淮郡射阳县。此后，建置、名称及隶属多有变化。公元762年（唐肃宗末年），于县境获“定国之宝”，遂改年号“宝应”，安宜县更名为宝应县，其县名沿用至今。南宋期间，先后升为宝应州、宝应军。明清时，先后隶高邮州、扬州府（据1932年《宝应县志》）。1983年，宝应隶属扬州市。

宝应始筑城池有三说：据顾祖禹《读史方舆纪要》记载：“安宜故城，在县西南，汉县治此。”据此，有汉代始筑城之说。清代刘宝楠在《宝应图经》中认为：宝应城，应始筑于唐。而《宝应历代县志类编》（江苏人民出版社，1991年）则称：宝应有城，始自南宋。南宋嘉定八年（1215），时任宝应县令、后官至南宋太府少卿的贾涉，请为宝应建土城。工程开始，贾涉却丁忧去任。第三年，金兵大举南下，朝廷又起用贾涉来完成此役。宝祐元年（1253），两淮制置使、抗元名将李庭芝复筑宝应土城。元至正十年（1350），佥院萧成（《考工典》记为“萧城”）增筑宝应城，在土城基础上外包城砖，始为砖城。城周9里30步，建东、南、北三城门外瓮城，以及水门3座。元至正二十六年，朱元璋部将华云龙因建淮安城，拆部分城砖以供淮安城。宝应城仅存北水门遗址，其余皆被平为民居。在宝应有俗语流传：“为建你的淮安府，拆了我的宝应城”，是其写照。

明嘉靖三十四年（1555），知县廖言因倭寇侵犯，申请建城，当时未获批准。直到第二年，朝廷才下令动支凤阳仓折粮银20000两、江都县湖滩租银1000两，由同治唐维负责，开始依旧城址兴工建造土城，并添设西城门、小东门。工程尚未完工，嘉靖三十六年五月初七倭寇突犯，死者千余人，烧毁许多房舍。倭寇退后，巡抚、都御史王浩决定在旧城原址上缩小1/3建新城，先建城门4座，筑土城。嘉靖三十七年九月，知县蒋遵正申请用砖修城，以防春汛。抚按调用凤阳仓银15800两修城，由于修城资金管理有问题，百姓纷纷逃避修城。巡抚右佥都御使李遂派海防兵备副使刘景韶来宝应了解情况，改变了修城资金使用办法“令原派城一丈者，助银七两，官为之修”，得到百姓大力赞誉，称刘景韶为“活我刘”。当年九月兴工，次年四月竣工，新城周

▽ 射阳故城外侧文物保护标识牌 本文照片均由金玉萍摄

▽ 1989年“重修臧陈旧址记”石刻

△ 门内侧镶嵌的“古射阳”门额

1040余丈、高2丈，为砖城，垛口高5尺，敌台8座，南、北涵洞各1座，东门置水关。设有城门5座：东曰“宾曦”，西曰“利成”，南曰“来薰”，北曰“斗拱”，曰“小东门”。城成之日，有倭寇侵犯，百姓依靠新筑城池而无恐。先是南门稍偏东，后任知县李涞改筑，使南门正对城中大街。明万历十三年（1585），知县韩介塞小东门，开小南门，曰“迎秀”。

此后，明、清两朝城墙多有毁损，但也基本得到及时修缮。其中自清康熙七年至光绪八年（1668～1882），较大规模城池维修在五次以上，其中道光十五年（1835）修城时，还在四门楼上各设关帝塑像一尊，在小南门楼上设文昌帝塑像一尊。宣统三年（1911）六月，因大雨导致宝应城墙多处崩缺，已无力修补。

自1912年至1949年，宝应城墙因年久失修，破损不堪。1958年，宝应城被全部拆光，仅在原北门一线，沿运河老堤东岸尚可见残迹一段，长约10余米、残高不足1米，其他部分仅存城基于地表下。当年城砖部分散失于民间，或被铺路、建房。今北门原水产公司大院内尚有一座用当年拆卸的旧城砖砌筑的仓库。

另：2000年，宝应境内的汉代射阳故城遗址被列为县级文物保护单位。

杨国庆

宝应县城池：宋嘉定间，知县贾涉筑。元至正中，佥院萧城增筑之，甃以砖。周九里三十步，广二里二百六十步，袤三里二百九十五步。东、南、北设门三。明嘉靖三十七年，巡抚都御使李遂增筑。周一千四十余丈。置门五：东曰宾曦，西曰利成，南曰向明，北曰斗拱，一曰小东门。水关一，敌台八。

——清《考工典》第二十卷，引自《古今图书集成》

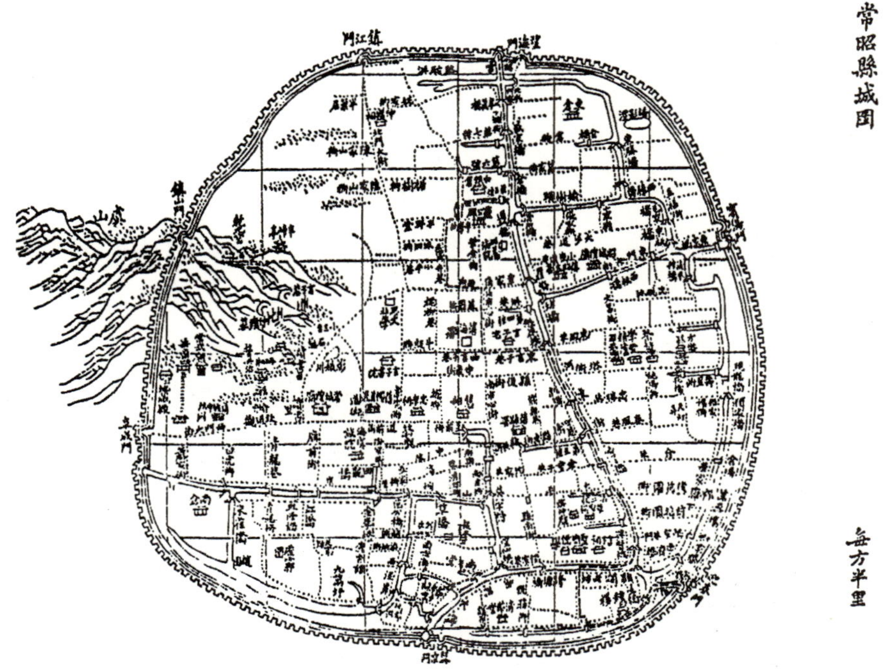

△ 常昭县城图　引自《光绪常昭合志稿（影印）》清光绪三十年活字印，载《中国地方志集成·江苏府县志辑（22）·光绪常昭合志稿》

常熟，简称“虞”，别称“琴川”、“海虞”。位于江苏省东南部，东倚太仓，南连苏州，西北邻无锡，东北濒长江，与南通隔江相望。1986年，被列为国家历史文化名城。

常熟，商代称“勾吴”。西晋置海虞县。南朝梁大同六年（540），始名常熟县。元代时升为州。明初，复降为县。清代因为人口众多，税收任务繁重，曾分为二县：常熟县和昭文县。民国元年（1912）再度合并。1983年撤县设市，隶属于地级苏州市。

常熟城墙始建于西晋太康四年（283），时称“海虞城”，“城周仅二百四十步，高一丈，厚四尺，列竹林为栅”。南宋建炎年间（1127～1130），因常熟北滨长江，武备紧要，知县李閭之建五门，城垣规制始备。元至正十六年（1356），张士诚所部据常熟，将土城改为砖城。

△ 常熟修复后的西城门地段及外环境 本文照片均由金玉萍摄

明嘉靖三十二年（1553），倭寇入侵，知县王鈇重建城墙。新城周长1666丈、高2.4丈、基宽8尺，设有内外城壕，并建城门7座：南曰“翼京”，东北曰“望洋”，西北曰“镇海”，西曰“阜城”，东曰“宾阳”，东南曰“迎春”，西南门曰“虞山”。除虞山门和镇海门外，各城门均设有水关。次年，在西门内树立《重修常熟县城记》石碑，碑文不仅褒扬了王鈇为抵御倭寇侵扰率众重建常熟城墙的功绩，还记述了常熟城垣的兴废历史。碑文由常熟人翰林院侍读瞿景淳撰写。当时著名书法家文征明手书并撰额，苏州篆刻名家吴鼒镌刻（此碑现存常熟博物馆）。

明、清两代，常熟城墙屡有损坏，在地方官吏主持下也多有及时修葺。

1912年以后，由于年久失修，城墙已多处破败和毁损。20世纪50

年代，因城市建设需要、改建环城马路及民众自行取砖，城墙陆续被拆毁，仅存虞山公园北麓至西门口自来水厂址一段。该段城墙长约1.5公里、高1～3米不等、宽1～4米不等，为明代嘉靖年间修建的城墙遗址。

常熟除阜城门外，1993年，常熟市政府重建虞山门城楼和112米城墙。2004年，又将城墙分别朝南北向一直延伸到山脚，保留了古城墙遗址约200米，以彰显明代人沈玄诗中“十里青山半入城”的城市风貌和人文景观。2009年，在常熟环城西路拓宽工程拆迁工地发现一段长约20米、高约2米多的明代城墙，得到了及时保护。

1982年，明代城垣遗址被列为县级（原）文物保护单位。

杨国庆

▽ 常熟修复后的西城门地段

◁ 在拓建马路时发现并得到保护的明代常熟城墙遗存，并树立了保护标识碑

▷ 为保护常熟古城墙遗存，新拓宽的马路被分开

△ 在拓建马路时新发现的一段明代常熟城墙遗存，得到及时保护

常熟县城池：元筑土城，张士诚更甃以砖，高二丈二尺，厚一丈二尺，周九里三十步。嘉靖间，知县王铁修之，高二丈四尺，建门七，惟西、北二门枕山，余五门内外各有深濠。南门曰翼京，北水门曰望洋，北旱门曰镇海，西门曰阜城，大东门曰宾阳，小东门曰迎春，西北门曰虞山。万历甲午，知县张集义增高三尺，内甃马路。丙午，知县耿橘改望洋门曰镇海，虞山门曰镇山，镇海门曰镇江。

——清《考工典》第二十卷，引自《古今图书集成·经济汇编》

▽ 重建的阜城门及城楼

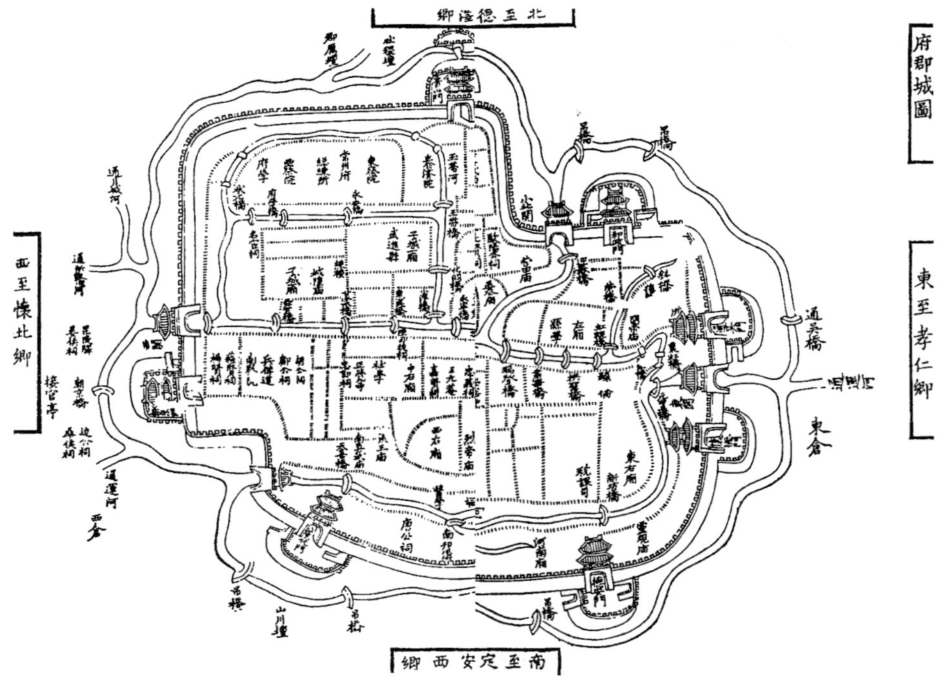

△ 常州府郡城图　引自《常州府志》清康熙三十四年刻本，载《中国地方志集成·江苏府县志辑（36）·常州府志》

常州，位于长江之南、太湖之滨，距上海、南京大致相等。

春秋末期，吴王寿梦第四子季札封邑延陵，开始了长达2500多年有准确纪年和确切地名的历史。西汉高祖五年（前202），改称“毗陵”。西晋武帝太康二年（281），改置毗陵郡。自此，常州历朝均为郡、州、路、府治所，曾有过“延陵”、“毗陵”、“毗坛”、“晋陵”、“尝州”、“武进”、“中吴”、“龙城”等名称，邑人至迟在明隆庆六年（1572）之前常以“龙城”为城市别称。隋文帝开皇九年（589），始有“常州”之名。明清时，为常州府。1949年，设常州市。

据《武进阳湖县志》《武进阳湖志余》及《常州市志》等典籍载：常州历史上大规模筑造城垣多次，其中以明代筑城的那一段传之今世。西晋太康年间（280～289）始建常州城，周长2里318步、高2.1丈。唐景福元年（892）

重修。五代十国吴顺义元年（921），刺史张伯宗增筑，城周7里30步、高2.8丈、厚2丈，内外筑以砖石，“方直雄固”，其时，“毗陵城如金斗方”。五代十国吴天祚元年（935）刺史徐景迈筑，城周27里37步、高2丈，设城门9座。南宋绍兴二年（1132）知府俞竣重修。元至正十七年（1357），兴建元初被拆毁的城墙。

明洪武二年（1369），中山侯汤和驻守常州，因罗城大而难守，故收缩罗城东、南、西三面，在罗城内改筑新城，城周10里284步、高2.5丈、宽2丈，均以砖石砌筑。城壕宽16丈、深2丈，有水关4座。保留北段旧城墙。设城门7座：东曰“通吴”、“怀德”，南曰“德安”、“广化”，西曰“朝京”，北曰“青山”、“和政”，均建有城楼。成化十八年（1482），知府孙仁重修，在破损处筑以巨石，增高3尺，“雄伟壮丽”、“雄踞一方”。在西下塘原西城脚旧址发现很多城砖上刻有“提督知府孙仁”、“督工同知吴桓”，以及无锡县、宜兴县、武进县等地“义民”名字的砖文。此后，明正德七年（1512）、嘉靖三十四年（1555）、万历三十年（1602）均有修缮城墙之举，并在1512年修城时，在城墙上增设“辅舍五十以栖戌卒”。李东阳撰有长文《常州府修城碑记》（引自乾隆元年《江南通志》卷二十），并镌刻成碑。

入清以后，康熙、乾隆两朝因注重各地城墙的修缮和保养，先后大规模修葺常州被损坏地段的城墙，以及城门城楼和水关。咸丰十年（1860）至同

▷ 常州城文在门旧影 南京城墙保护管理中心藏

△ 新修的常州城及环境 本文照片除署名外，均由杨国庆摄

▽ 修缮后的西瀛门（外侧）

治三年（1864）因太平军与清军展开城池争夺战，常州城墙遭受损毁。战后，继江苏巡抚李鸿章主持修复城墙，光绪十一年（1885）再度修葺城垣、城楼和水门。至清末，常州城门有通吴门（东门）、德安门（大南门）、广化门（小南门）、朝京门（老西门）、青山门（大北门）、政和门（小北门）。

1912年以后，常州城墙缘于改善城市交通和城防需要，拆城和增开城门并举，在城墙上增设碉堡。其中增开城门分别为：1918年（另有一说“20世纪30年代”）增开新西门（即文在门）；1923年增辟西瀛门；1930年增辟博爱门。改筑改名城门为：1927年政和门改称“中山门”；1932年改建青山门。拆城始于1913年，自小北门段城墙开始；1926年拆除大北门和西门段城墙；1928年拆除大南门段城墙；至1949年，城墙多处地段损毁。1951年开始大规模拆城，先后拆除东门至大南门、新西门至北门等地段城门和城墙，

▽ 修缮后的常州城顶部

△ 常州古城外濒临京杭大运河

仅余西瀛门及附近约200米的一段城墙。拆下的城砖被用于市政建设，拆城碎砖和城土被用于填河、筑路，拆城的方式为“以工代赈”。

20世纪80年代后，常州城墙逐步得到重视和保护。2003年，修缮西瀛门段城墙221.8米，并进行了环境整治。

1987年，西瀛门及该段城墙被列为市级文物保护单位。

杨国庆

△ 西瀛门的内侧

△ 西瀛门拱券内侧

△ 常州城老墙体的砌筑工艺

△ 1482年修城烧制的城砖，留有砖文

常州府城池：明洪武间中山侯汤和筑，周围十里二百八十四步，高二丈五尺，广二丈，甃以砖石。门七：东曰通吴，南曰德安，西曰朝京，北曰青山，次东曰怀德，次南曰广化，次北曰和政。濠深二丈，阔十六丈。成化间巡抚王恕檄、知府孙仁重甃，易以巨石，增高三尺。武进县附郭。

——清《考工典》第二十卷，引自《古今图书集成》

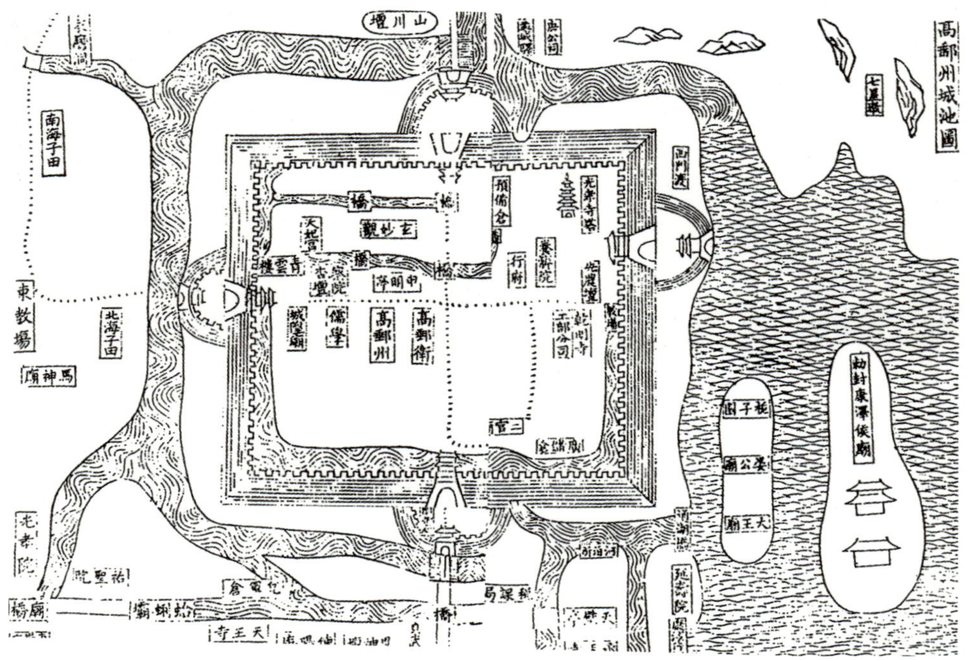

△ 高邮州城池图 引自《扬州府志》清雍正十一年刻本，载《中国方志丛书·华中地方·江苏省（146）·扬州府志》

高邮，位于江苏省中部、淮河下游、高邮湖畔，隶属于地级扬州市。因秦王嬴政时筑高台、置邮亭，故名“高邮”，别称“秦邮”、“盂城”，是中国唯一以“邮”命名的城市。

西汉武帝元狩五年（前118）始设高邮县，属广陵国。南北朝时置郡。宋、元时期，历置军、州、路、府。明代撤县设州。自清代乾隆时起，遂为散州。古代高邮，史称“江左名区、广陵首邑”。1912年，废州置县。1991年，撤县设市。

高邮最早筑城不明，一般以“宋代始筑新旧二城”为多。乾隆元年《江南通志》卷二十载：“高邮州有新旧二城，今城即宋旧城也。周十里三百十六步，高二丈五尺，阔一丈五尺。门四。濠堑环之。地形四面下，而城基独高，状如覆盂，故名盂城。”另据李孝聪在《唐宋运河城市城址选择与城市形态

的研究》（载《环境变迁研究》，北京古籍出版社，1993年）中称：“高邮自汉代已成县，城垣不会迟至北宋始筑”，因此“高邮城长期延用汉、唐城址旧基”。此说虽无实证，但也可作一学术推论的参考。

北宋开宝四年（971），高邮军知军事高凝祐开始主持筑造高邮城，俗称“旧城”，后经历多次营缮，形成周长10里316步、高2.5丈、顶宽1.5丈的城垣规模，城略方形，共开四门。南宋淳熙乙巳（1185），郡守范嗣蠡建楼于四门上：东曰“武宁”，西曰“建义”，南曰“望云”，北曰“制胜”；南、北再各开水门1座，内通市河。庆元三年（1197），修缮水门。南宋咸淳元年（1265），扬州制置使毕侯为护卫高邮军城而加筑的前沿小城，俗称“新城”，明代渐废，仅存土城基址（嘉庆二十五年《高邮州志》卷一）。此后，历代对城池均有修葺。

元至正二十六年（1366，另据嘉庆二十五年《高邮州治》载：“明洪武丙午，复甃以砖”，此年尚未使用“洪武”年号，有误），朱元璋所部使用城砖砌筑城墙，并增修城楼、雉堞和供守城人使用的铺舍，修理南、北两座水关。嘉靖三十五年（1556），由于倭寇扰境，知州刘峻申请修理全城，地方官府负责修理7/10，驻军卫所负责修理3/10，使城更加坚固。天启三年（1623），在高邮城东南角上有建造的奎楼（又称“魁星阁”）1座，砖木结

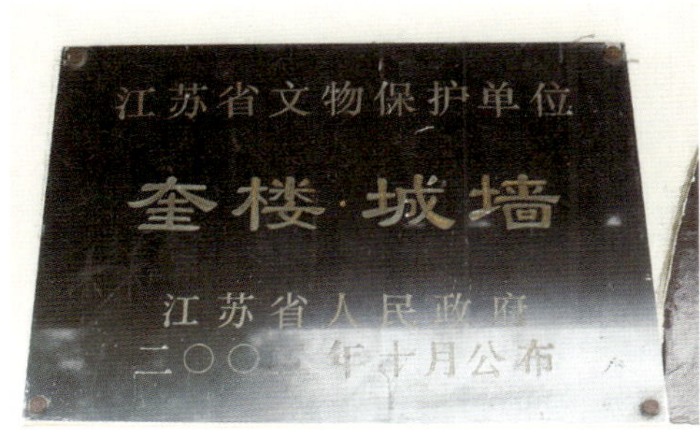

◁ 高邮奎楼段城墙文物保护标志碑
本文照片除署名外，均由王腾摄

▷ 高邮奎楼段城墙

△ 高邮城墙南门遗址　杨国庆摄

构，八面三级，楼阁建筑。

入清以后，高邮城池虽时有损毁，也多有修缮。如：清顺治十五年（1658），知州吴之俊主持修葺高邮城四门城楼。雍正二年（1724）大规模修城后，乾隆九年（1744）再次大规模修城，并更城楼名。道光二十二年（1842），由知州左辉春捐款并倡议乡坤捐资修城章程，得到了后世当地官员和乡坤的支持。这项修城集资的措施，一直延续到宣统三年（1911）。在最后一次修城时，由于“所存租稻钱，不敷支销。均田城工董事自行筹垫”（1922年《三续高邮州治》卷一）。

1912年以后，随着城市的发展，新城已变成高邮县城整体的一部分。今高邮城东南隅还保存着明清的城垣，于墙内发现宋代烧制的砖，成丁字型排列，对城墙起加固作用，并有砖铭“高邮军”，可见明清时期的高邮城垣，是在宋代城墙的基础上不断进行修补而成。

1949年以后，高邮城墙逐渐毁圮，甚至被人为大部分拆除。1972年前，唯保留东南122.7米长的一角（今高邮市环城南路）。

1984年，当地政府拨款修缮高邮城东南角上奎楼，并按照清代画样，恢复第一层重檐回廊。1985年，整修高邮残余城墙。1991年遭遇特大洪水侵袭，城墙坍塌，当地政府再次拨款抢救维修。

2002年，高邮城墙及奎楼被列为省级文物保护单位。

杨国庆

高邮州城池：有新旧二城，今城即宋旧城也。周围一十里三百一十六步，高二丈五尺，阔一丈五尺。四围有濠，地形四隆俱下，城基独高，状如覆盂，故名盂城。淳熙乙巳，郡守范嗣蠡建楼于四门上：东武宁门，西建义门，南望云门，北制胜门。又于南北开二水门，通市河。至开禧丁卯，增以重濠。明洪武丙午，复甃以砖。其新城宋咸淳初筑，在旧城东北二门外，今土城基址尚存。

——清《考工典》第二十卷，引自《古今图书集成》

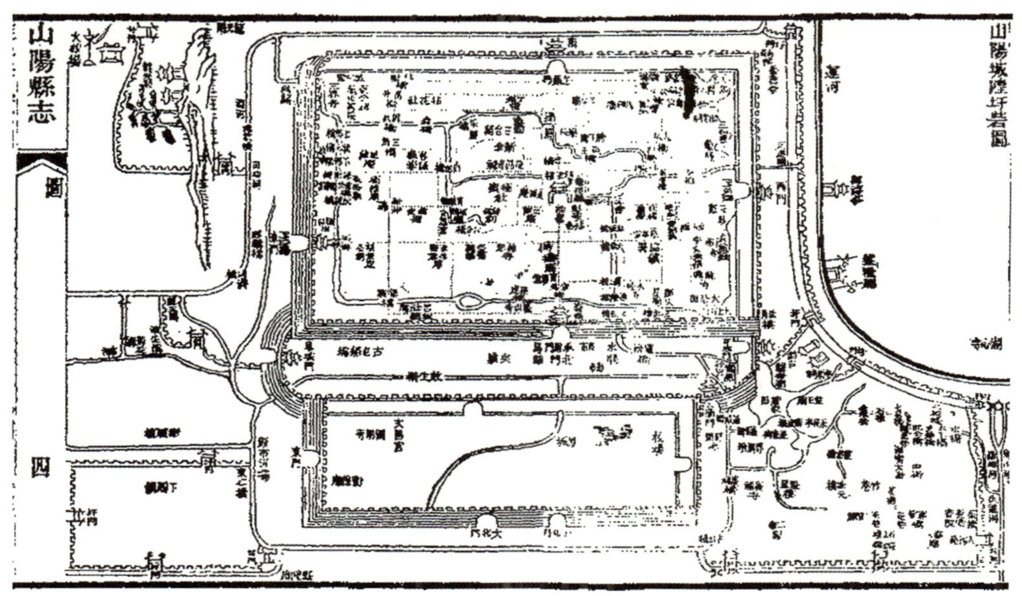

△ 山阳城隍圩砦图　引自《重修山阳县志》清同治十二年版

淮安，位于江淮平原东部，与扬州、苏州、杭州并称运河南线四座名城。1986年，被列为国家历史文化名城。

淮安，古称“山阳”、“楚州”、“淮阴”等，汉武帝元狩六年（前117），析淮阴东南置射阳县，为淮安建县之始。此后，名称随王朝更迭多有变更。明清时，为淮安府。2001年，淮阴市政府实施行政区划变革，即：原地级淮阴市（更名为淮安市）、原县级淮安市（更名为淮安市楚州区）、原淮阴县（更名为淮安市淮阴区）合三为一。2012年，楚州区（原县级淮安市）改回“淮安”之名，设淮安区。

淮安城墙，由老城（又称“旧城”）、新城和联城三座不同时期建造的城墙组成。

老城　据明天启年间《淮安府志》等文献载：东晋永和八年（352），开

△ 1939年3月，侵华日军攻占淮安城旧影

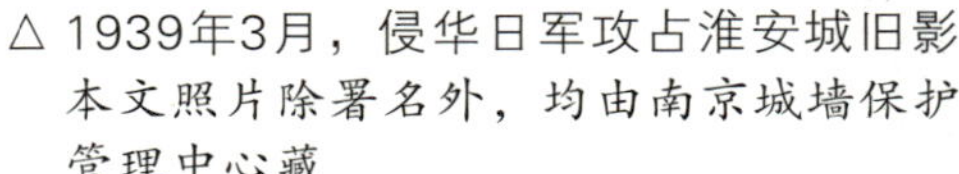

本文照片除署名外，均由南京城墙保护管理中心藏

△ 淮安府城楼旧影

始营造城池。唐大中元年（847）“春正月，楚州新作内城之南门”（郑吉：《楚州修城南门记》，引《全唐文》卷763），并包以砖壁，建四门城楼。唐大中十四年，修筑城墙竣工后，刺史兼御史中丞李荀为此也撰写了“修楚州城南门记”（同治版《重修山阳县志》卷二）。南宋时，因其地为重镇，由守臣陈敏主持重修，金国使者见“雉堞坚新，称之银铸城”。由于宋时淮安城为土筑，因而于“嘉定初，复圮”。嘉定九年（1216），先后两次对城池进行“填塞洼次，浚池泄水”，从而使得“城益完固”（《重修山阳县志》卷五）。明初对淮安旧城进行了“增修，包以砖壁，周置楼橹”。至明末，经多次修葺后的淮安旧城周长11里、高3丈，设四门（原五门）：东城门更名曰“瞻岱”，南城门更名曰“迎薰”，西城门更名曰“庆城”，北城门更名曰“承恩”，四门匾额皆为清代书法家周木斋（1785～1847）所书，“城上大楼四座，角楼三座，窝铺五十三座，雉堞二千九百六十垛”。

新城　位于老城北约一公里，元末农民义军张士诚部将史文炳镇守淮安时“筑土城临淮”。明洪武十年（1377）指挥时禹“取宝应废城砖石筑之”，周长7里20丈、高2.8丈、东西326丈、南北334丈。设城门5座：东曰“望洋”，西曰“览远”，南曰“迎薰”、北曰“洪极”，门各有楼，在大北门的西边有小北门（称“戴辰门”），东西有子城，有角楼4座，“窝铺四十八座、雉堞千二百垛”。

联城　建于明嘉靖三十九年（1560），因防范倭寇侵犯由漕运都督御史章焕主持营造。所谓“联城”（俗称“夹城”），是将新城与老城连接起

来的东西两面城墙，东长256.3丈、西长225.5丈、城高1.4～1.5丈不等，后加高六七尺，加厚四五尺。大小城楼4座，东南城门曰“天衢”，东北城门曰“阜成”，西南城门曰“城成”，西北城门亦曰“天衢”，雉堞620座。万历二十一年（1593），倭寇屡犯其境，漕抚李戴将联城“加高厚”。万历二十三年，府事推官曹于汴又“添设敌台四座”。崇祯年间（1628～1644）漕抚朱大典曾对三座城进行过大规模修缮，故有“铁打的淮城”之说。

清代，对淮安城多有修缮，其周长约17里，城壕总长2442.5丈，护城河宽4丈、底宽1.5丈、深1.2丈，共设吊桥3座。淮安三城并列，最后合为一城，“三城之平如一，其城濠表里相通，达于运河”（据乾隆元年《江南通志》卷二十）。这种独特的城墙构造特点，在我国建城史上并不多见，反映了中国城墙的多样性，也是淮安城市发展历史的最好见证。

20世纪50年代，楚州三城逐渐拆除。但仍有三处遗存：一是巽关以北约500米土堰和此地的庆城门（西门）砖墙基，高约2米、长约80米；二是庆城门门洞墙壁仍依稀可见；三是新城西门大街城墙外包砖，高约5米、长约4.5米。

2010年，当地区政府建设古城墙遗址公园，修复了一段东城墙，并将城墙向南延伸，越过新开的南巽路。在南巽路上新建的城门取名为“魁星门”，已完全不是楚州旧城的城门和城门名。

2003年，淮安古城墙遗址被列为市级文物保护单位。

杨国庆

▽ 2010年新建的魁星门 肖巘摄

◁ 淮安镇淮楼 蔡理摄

淮安府城池：晋时所筑。宋南迁倚淮为屏蔽，守臣陈敏重筑之，号银铸城。明初修筑，包以砖甓，置楼橹，周围一十一里，高三丈。门四：东曰观风，南曰迎远，西曰望云，北曰朝宗。新城南并故城，即山阳北辰镇，张士诚尝筑城于此。明初指挥时禹增筑，周围七里二十丈，高二丈八尺。凭借旧城有辅依之势，下临淮河为池。山阳县附郭。

——清《考工典》第二十卷，引自《古今图书集成》

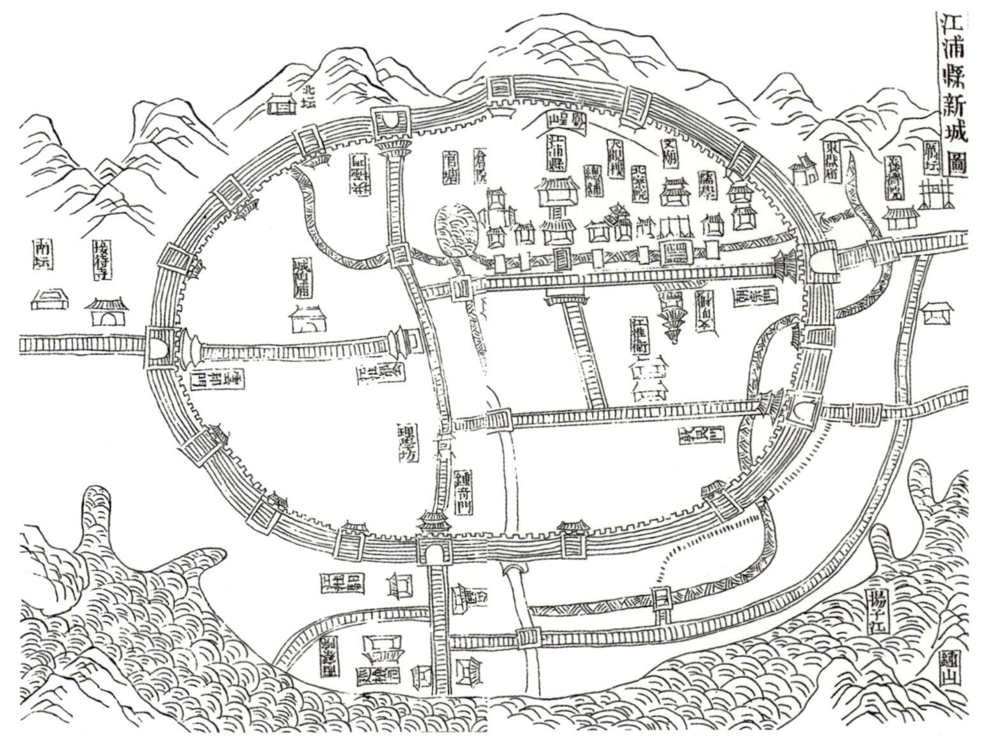

△ 江浦县新城图　引自《康熙江宁府志》清康熙七年刻本，载《金陵全书》卷十一

江浦，别名“浦口”、“浦子口城”等，位于南京市长江北岸，因与南京一江之隔，历来为交通要冲，南京的天然屏障。

西晋永嘉元年（307），于今泰山街道范围内置宣化镇。陈太建五年（573），“江浦”一名始见于《南史》。此后，随政权更迭，建置及隶属多有变更。明洪武九年（1376），始置江浦县，县治设在浦子口城内（今东门大街）。此后，建置及隶属仍多有变更，至1971年再次隶属于南京市，为江浦县。2002年，江浦县、浦口区合并，成立新的浦口区。

最早的浦口城可以追溯到隋开皇八年（588），晋王（炀帝）杨广受父皇文帝之命伐陈时，屯兵于此并砌筑土城（即晋王城）。南宋绍兴七年（1137），宋兵在晋王城原址上修筑城墙，设宣化镇，故有“宣化城”之名。上述两座土城均已无迹可考。

△ 浦口南门附近残存城墙用条石砌筑的外立面 本文照片除署名外，均由杨国庆摄

△ 浦口城墙拆除后，南门附近部分城砖被用于建房

△ 浦口南门附近残存城墙用条石砌筑的外立面与内侧部分被破坏的夯土

△ 浦口城墙拆除后，南门附近部分城砖被居民用于建造围墙 Cathleen Paethe摄

元至正十六年（1356），朱元璋攻占集庆路（即南京）后，在10余年间曾先后多次渡江北上，途经浦口。对浦口的军事战略地位十分了解。当洪武二年（1369）决定建立临濠（即凤阳）中都城后，位于南京与凤阳中都之间的

浦口地位更加突出。因此，利用原来的宣化城基础，于洪武四年八月命丁德负责营建了比较大的浦口城城池（位于浦口区泰山街道、顶山街道境内）。该城呈圆形，周长16里有余，建有城门5座：东曰“沧波”，西曰“万峰”，南曰“清江”，北曰“旸谷”，另设南便门曰“望京”。为了加强浦口城守备和增强护卫南京都城的机动兵力，浦口城竣工后，即在城内设立“应天卫”。洪武九年六月，置江浦县治，初设于浦子口城（今东门大街街北）。洪武二十四年，县治自浦口城移至旷口山（又称“凤山”），初无城池（乾隆元年《江南通志》卷二十）。万历八年（1580），知县余乾贞始筑城墙，历时七个月竣工，耗费白金35170两有余（何宽：《建旷口山城记》）。新城周780丈、高2丈、厚1.8丈余。设城门5座：东曰“朝宗”，南曰“钟奇”，西曰“霁和”，北曰“拱极”，东南曰“敦艮”，城门上均建有城楼。城墙上设有弩台12座、水关斗门2座。有何宽所撰《建旷口山城记》、姜寰所撰《江浦新城记》载其事。万历三十一年，知县孔祖尧主持开挖护城河。张邦直所撰《新筑周垣记》（碑文）及《赠孔父母新治城濠序》载其事甚详。对于万历年间营造江浦城一事，在许多地方志中均称：万历元年始筑土垣。万历三年，增筑重垣。侯宗海和夏锡宝在《江浦稗乘》中认为这些说法是错的，“不知乃县治之垣，非城垣也”，意思是这些“垣”，仅仅是县衙府的围墙，而非江浦县城的城墙。

入清以后，江浦城墙的维修呈现逐步衰弱的趋势。自康熙九年至康熙六十一年（1670～1722），修缮城墙有三次。此后，直至光绪十七年（1891）对江浦城池“无大修治者”（据光绪十七年《江浦稗乘》卷五）。《江浦稗乘》还载：“按今朝宗门石额上，镌有‘咸丰年曾勉礼重修’字，其实

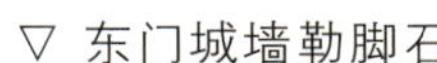
▽ 东门城墙勒脚石

▽ 东门城墙

◁ 浦口城墙遗址文物保护标志碑

未修也。”

明、清两朝，浦口城曾多有毁损，也多有修缮。弘治十六年（1503）五月甲午，“江潮溢入浦口城望东门，浦口南城坍入江中。朝廷命成国公朱辅祭告江神”。由于没有及时修补城墙，正德十二年（1517）“江水骤涨，街衢可通舟楫，民庐漂没甚众”。直到万历四十四年（1616）因大司马黄克缵倡议后，才开始大规模修筑城墙，并于两年后竣工。共补造南面近江一带城垣899.2丈，同时增建和修葺了城墙部分附属设施，圆形的浦口城至此变成弓形。新旧城门共7座：东门曰“朝宗”，北门曰“拱极”，西门曰“万峰”，南门曰“金汤”，3座便门曰“广储”、“攀龙”、“附凤”。为防御江潮的冲击，在金汤、广储二门临江一带加筑一道754.8丈的石堤，耗银5.4万两。明南京状元顾起元撰文记其事；《重修浦口城碑记》碑现立于浦口中敌台遗址。此后，明、清两朝多有修缮，最大一次毁损于清咸丰年间的太平天国的战火。

1912年以后，浦口城墙因年久失修，逐渐毁圮。20世纪50年代，拆除浦口城，仅留下部分遗迹和遗址，如朝宗门、附凤门、拱极门以及若断若续的10余处城墙，其中附凤门（砖砌，门券高6米、宽4米、厚6米）及附近200米城墙保存相对完整。2010年初，在金汤街拆迁时又发现一段城墙遗迹。

2012年，浦口城墙被列为市级文物保护单位。

杨国庆

江浦县城池：明洪武初，始筑浦子口城，设应天卫于城内。万历初，筑土墙六百九十余丈，下甃以石。八年，知县金乾贞筑城。

——清《考工典》第二十卷，引自《古今图书集成》

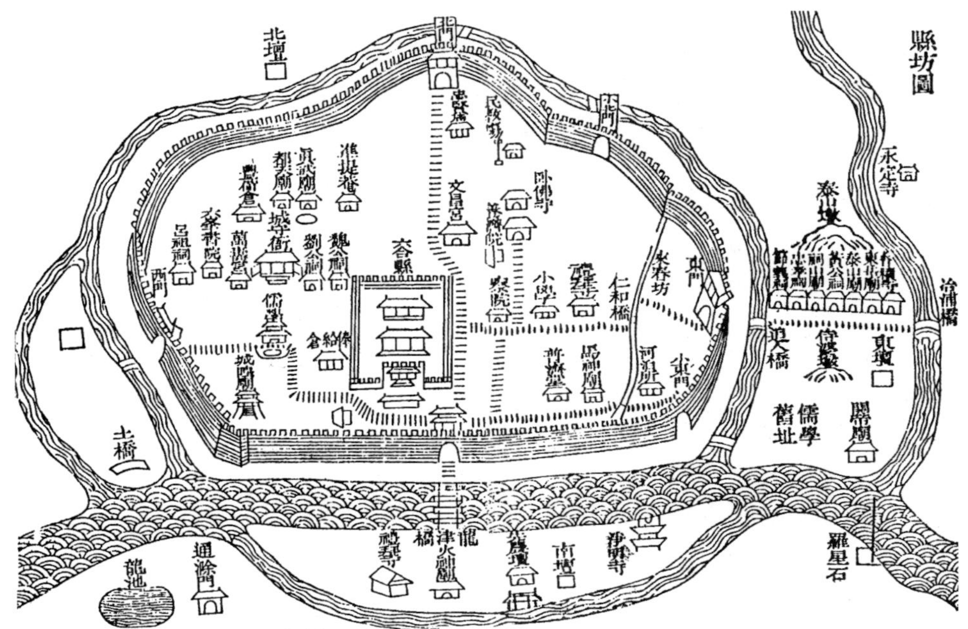

△ 六合县坊图　引自《六合》清光绪十年刻本，载《中国地方志集成·江苏府县志辑（6）·六合》

六合，位于江苏省南京市最北端，境内南部濒临长江北岸，流经苏皖两省的滁河横穿境中入江，可谓滨江带滁，南部和中部为平原，境内有大小河流60多条，素有“京畿之屏障，冀鲁之通道，军事之要地，江北之巨镇”之称。

六合，古称“棠邑”，为周灵王元年（前571）所置。历史上六合地域隶属和政区建置屡有变化。秦嬴政二十六年（前221），始置棠邑县，隋开皇四年（584），定名“六合”沿用迄今。2002年，六合县与大厂区合并为南京市六合区。

六合先后有四次大规模建城：周灵王十三年（前559）为首次建城，汉代增修。据乾隆元年《江南通志》卷二十载：“六合县，宋前跨河为一城。”宋代以前已毁。

第二次，宋绍兴二年（1132），以旧城壕北面兴筑正城，筑有城门4座：

△ 六合城墙墙体多处受损
本文照片均由杨国庆摄

△ 修缮前的六合城墙

△砖石混砌

△ 六合城墙遗址剖面（局部）

△ 六合城墙文物保护标志碑（正面）

东曰“宁真”，南曰“通济”，西曰“清滁”，北曰“德胜”。

第三次，宋隆兴元年（1163），在城北和滁河南岸分别增建、修筑城池，形成六合县城由三城组成的格局，即正城、北城和南城（又称“土城”）。正城城墙周长864.5丈、高2.2丈、顶宽1.5丈，筑有垛口813座、炮台24座。北城与主城相接为砖城，城周575.3丈、高2.5丈、顶宽1.5丈，筑有垛口449座、炮台10座。南城初为土城，城周554.5丈、高1.6丈、顶宽1.2丈，筑有垛口513座、炮台2座。据光绪九年《六合县志》卷三转明成化的旧志称：六合砖城（北城）始于宋。该城明初渐毁。

第四次，明崇祯九年（1636），新任知县仲闻韶会同常州海防蔡如葵建城再次营造城池，先是因财力不足仅筑土城，周长915丈。次年，始加甃砖，城周长1323.3丈、高2.5丈，筑有垛口1647座。每筑城1丈，领银30两；南面因临滁河地窄，内外砖石所费颇多，每筑城1丈，领银50两，先后历时两年始成。

清康熙四十四年（1705），滁河大水冲毁城垣。雍正六年（1728）及乾隆四十一年（1776）两次重修城垣，城周长1543.4丈、高约2丈、厚约1丈，筑大东门曰“朝阳”，小东门曰“通秀”，南门曰“澄清”（亦名“通恩”），西门曰“长安”（亦名“钟秀”），北门曰“镇远”（亦名“瞻阙”），小北门曰“陡翼”。另筑有小水门6座，以通内外水道。仅乾隆四十一年一次修城，就耗费工料银54008.426两。道光二年（1822）、道光十九年以及咸丰元

年（1851）曾先后修城。咸丰三年，太平军攻克南京后，围攻六合城长达六年不克，史称“则前此修城之功大矣”（光绪九年《六合县志》卷三）。咸丰八年，太平军于小东门掘洞穴轰塌城垣15丈，攻克该城。光绪三年（1877），修葺城垣及城楼，复其旧制。

1912年以后，六合城墙因年久失修，逐渐损毁。

20世纪50年代，先后拆除六合城墙，其西垣一段长为172.4米、高2.6米的城墙因被利用为六合县第一粮食加工仓库围墙而幸免留存。

2007年在整治滁河时，发现滁河北面临岸的一段六合西垣城墙墙基。2006年，六合城墙被列为市级文物保护单位。

杨国庆

六合县城池：汉为棠邑县，始筑城。明初，城废。崇祯九年，建城滁河之北，周一千三百二十三丈三尺，高二丈五尺。北二门，东二门，西一门，南一门。又开便易小门七。

——清《考工典》第二十卷，引自《古今图书集成》

▽ 城墙与护城河

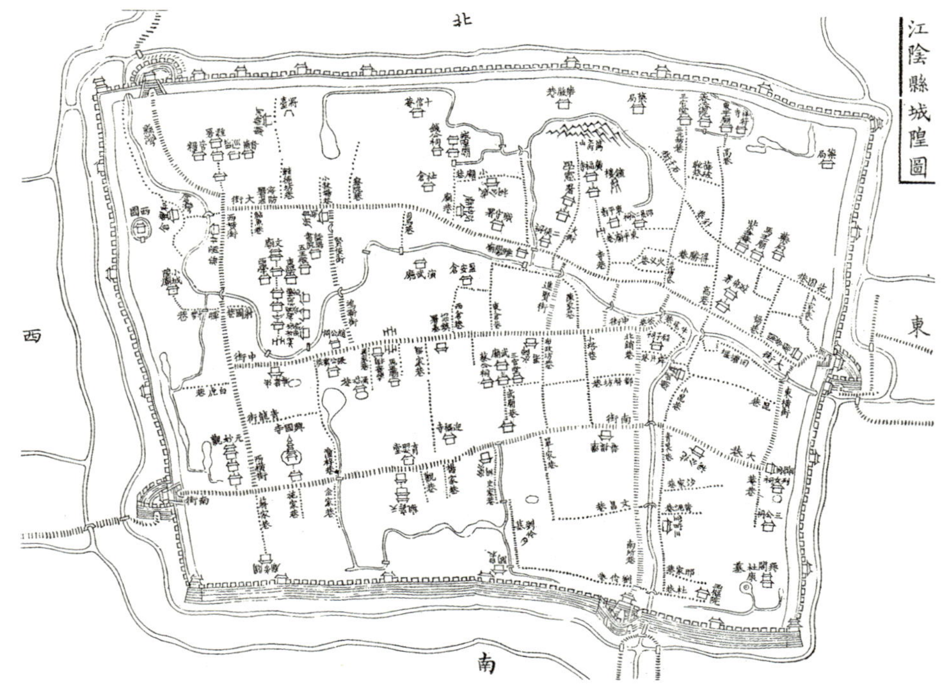

△ 江阴县城隍图　引自《江阴县志》清道光二十年刊本，载《中国方志丛书·华中地方·江苏省（456）·江阴县志》

江阴，位于江苏省南部、长江三角洲太湖平原北端，地处江尾海头、长江咽喉，自古就是江防要塞、兵家必争之地，也是大江南北的重要交通枢纽。

春秋战国时期，江阴地属延陵，曾是吴公子季扎的封地，后为楚春申君黄歇的采邑，故有“延陵古邑”、“春申旧封”之称。晋太康二年（281），置暨阳县。南朝梁绍泰元年（555），废县置郡，建治君山之麓，因地处长江之南，遂称江阴郡，为“江阴”名称之始。此后江阴先后为郡、国、军、路、州，建置几经变化。元至正二十七年（1367），恢复江阴县建置。此后，其隶属多有变化，但县治未变，直到1987年，始撤县建市（县级市）。

江阴筑城，始于南朝梁绍泰元年（555）废县置郡之后，初为土垣。隋、唐沿袭之。南唐江阴改县为军，徙城西约一里为军治，时城周13里，修建城门4座：东曰“延庆”，西曰“钦明”，北曰“通津”，南曰“朝宗”。宋时，增筑子城，设城门4座：东曰“新津”，西曰“望京”，北曰“澄江”，南曰“观风”；外城门设有5座。“元既定江南，得志中国，城尽毁。至正十一年（1351），兵起。始诏天下复缮治城郭。于是，州人黄传摄州事率乡民城之”（明嘉靖版《江阴县志》卷一）。小明王龙凤三年（1357），增筑土垣，部分地段使用砖石，城周9里30步、高1.5丈。护城河深7尺、宽4.1丈。有城门4座：东曰“春晖”，西曰“天庆”，南曰“朝宗”，北曰“爱日”，各门均建城楼。此后，城垣屡有损修。嘉靖二十八年（1549），知县毛鹏始改为砖城（另有“明正统元年筑砖城”之说）。之后，因防倭寇侵扰，加高城垣至2.2丈，改北门为“澄江”，增筑子城，修缮城墙附属建筑，以及南北水关。

清顺治二年（1645），清兵下江南，江苏江阴县前后典史阎应元、陈明遇共同率兵抵抗，坚守城池81天。城破后（毁坏数十丈），清兵屠城，尸满街巷池井，有女子不详姓名，题诗城墙：“雪胔白骨满疆场，万死孤忠不肯降。寄语行人休掩鼻，活人不及死人香”（引自《清诗选评》）。由此，江阴获“义城”之名。嘉庆四年（1799）己未科进士第一名的姚文田为此题“忠义之邦”四字，道光年间摹作南门的门额。1937年冬，被侵华日军炮击毁去“义之”二字。1947年换蒋中正书“忠义之邦”石刻，后毁。清雍正十三年（1735），知县蔡澍曾主持对江阴城池大规模修葺，并修缮“城楼四座，角楼四座，窝铺十六座，水关三座，大城门四座，小城门四座”。竣工后，蔡澍撰有《重修城垣记》记其事。此后至清末，江阴曾多次修缮城池。

△ 1937年，侵华日军两角部队攀爬江阴城墙
本页两图由南京城墙保护管理中心藏

△ 侵华日军两角部队攻占江阴县城

△ 2009年，江阴某部炮团拆迁现场发现江阴城的城砖 杨国庆摄

1949年以后，江阴城墙逐步被拆毁，改为环城公路，唯四周护城河尚存。

2009年3月，当地政府复建了江阴南城门，并举行了开门仪式。同年8月，驻江阴某部旧址拆迁，发现大批城砖。笔者曾受邀实地勘察，这批古城砖数量约40余万块，以明代早期烧制为主，一次性发现如此数量的散失古城砖，比较罕见。

在江阴境内，还有新石器时代的余城遗址、陶城遗址，以及江阴黄山炮

▽ 新建的朝宗门及外环护城河 本文照片除署名外，均由金玉萍摄

△ 江阴黄山炮台的军事博物馆大门

台，分别被列为省级文物保护单位和市级文物保护单位。

杨国庆

江阴县城池：唐天佑中筑。明初增修，甃砖石、筑女墙，周围九里三十步，高一丈五尺，广如之。濠深七尺，阔四丈一尺。

——清《考工典》第二十卷，引自《古今图书集成》

▽ 黄山炮台遗址文物保护标志碑

▽ 江阴黄山炮台

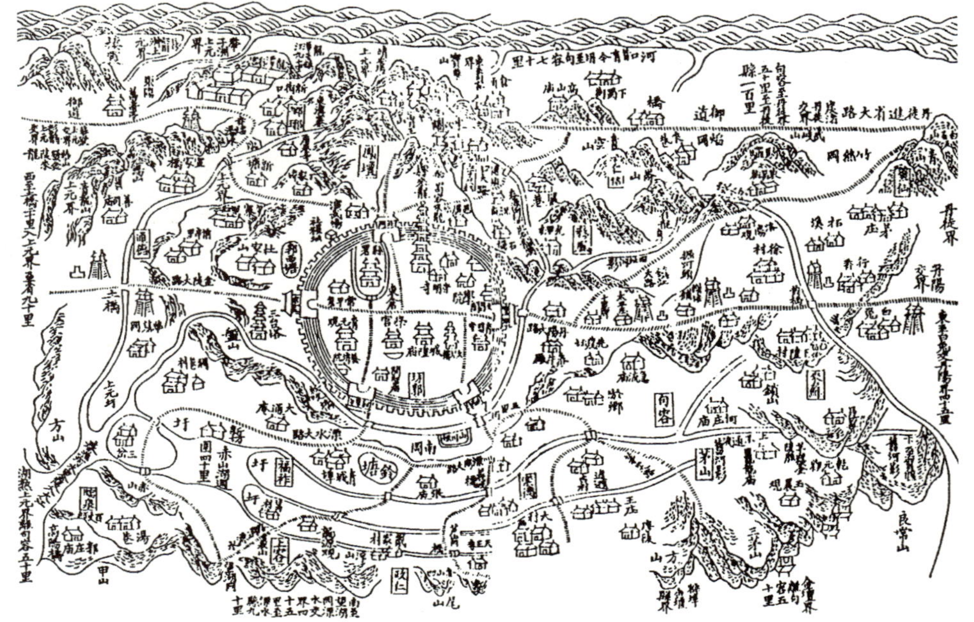

△ 句容县治四境图　引自《句容县志》清光绪二十六年刻本，载《中国地方志集成·江苏府县志辑（34）·句容县志》

句容，地处江苏中南部，紧邻南京与镇江，是南京的东南门户。

西汉元朔元年（前128），置句容县，属丹阳郡管辖。此后，虽隶属多有变化，但县级建制基本未变。1995年4月，撤县设市，隶属镇江市。

三国吴赤乌二年（239），诏诸郡县治城郭，起谯楼，开挖护城河，以防“盗贼”，始建子城，“周回三百九十丈，上阔九尺，下阔一丈三尺，东西长九十丈，南北长八十五丈”（光绪二十六年《句容县志》卷一）。唐天祐年间（904～907），知县邵全迈重修句容城墙，并建东、南、西、北、白羊（今称“北阳门”）、上羊（今上阳村）六座门。宋淳祐六年（1246），知县张榘修筑城门、城楼，后废。明洪武至正统年间（1368～1449），城门仅设牌楼、杉木栅栏。明景泰元年（1450），因城市防御需要，县令浦洪、刘义始相继建城门和城楼。明成化十二年（1476），县令张蕙重修；濮寿置城楼。明弘治

三年（1490），知县王僖下令以石筑其四门，各建楼3间。各楼题匾：东门曰“宜春”，西门曰“朝阙”，南门曰“华阳”，北门曰“望江”，白羊门曰“集仙”。明嘉靖三十三年（1554），知县樊垣因倭警，始筑砖城，“周七里一千三百十一丈有奇，高二丈有六，雉堞二千有奇，警舍二十有四，敌楼四，（城）外浚池蓄水，设关六，门四，小南门一”（光绪三十年《续纂句容县志》卷二上）。有大学士李春芳撰写的修城记，全文载于县志。明万历四年（1576），右佥都御史、巡抚宋仪望感觉句容城南门形势不利，采纳了堪舆家的建议，将南门向左侧移建，门内设三间厅房，置防倭的兵器。

清朝康熙十三年（1674），地方官吏林寯奉命重修句容城，并题五门名：东曰“太平”，西曰“致远”，南曰“登瀛”，北曰“广运”，东南曰“华阳”（小南山）。当时敌楼仍存，但警舍全部毁圮。乾隆五年（1740），县丞汤廷凤主持重修句容县城，并委托江宁县丞田深猷负责监修承办，原先估算工料银“三千一百二两一钱有奇”，由于田深猷“殚竭心力、拮据勤劳、自行节省三百二十五两四钱”。乾隆六十年，修城时曾补烧城砖，用于修葺毁损城垣，故砖文上有“乾隆乙卯”的阳文字样。后因19世纪中叶太平天国农民反清起义，句容城池遭战火毁损严重，城墙多处留下缺口，城楼被焚。光绪五年（1879），知县袁照捐款重建东门宜春楼，西门朝阙楼。光绪十八年，知县张沆清也捐款修补全城城墙破损处。至光绪三十年后，句容城池又多有自然损坏，知县黄公上任后，请董兴修葺完备。

1912年以后，句容城池疏于修缮，已逐渐呈破败之势。

1951年11月9日，句容县城墙经镇江专署批准，开始大规模拆除，仅余部

▽ 句容市华阳镇城上村古城址（西周时期）远眺　本文照片均由杨国庆摄

△ 句容古城的护城河尚存

分残段。1979年，拆除残存的东门城门。1982年，东门口因建造白云商场，东门北侧最后一段全部拆除。据当地老人介绍：拆下的部分城砖被用于句容酒厂建造厂房。

杨国庆

句容县城池：吴赤乌二年，筑子城，周三百九十丈，有东、西、南、北、白羊、上羊六门。后废。明景泰间，建门楼。嘉靖间，筑砖城，周七里，有五门。万历间，移建南门于旧门之左。

——清《考工典》第二十卷，引自《古今图书集成》

▽ 在东门遗址上新建的牌坊及拆城改建的商铺和居住楼

▽ 在东门遗址上新建牌坊背面，镌刻着“东门”二字

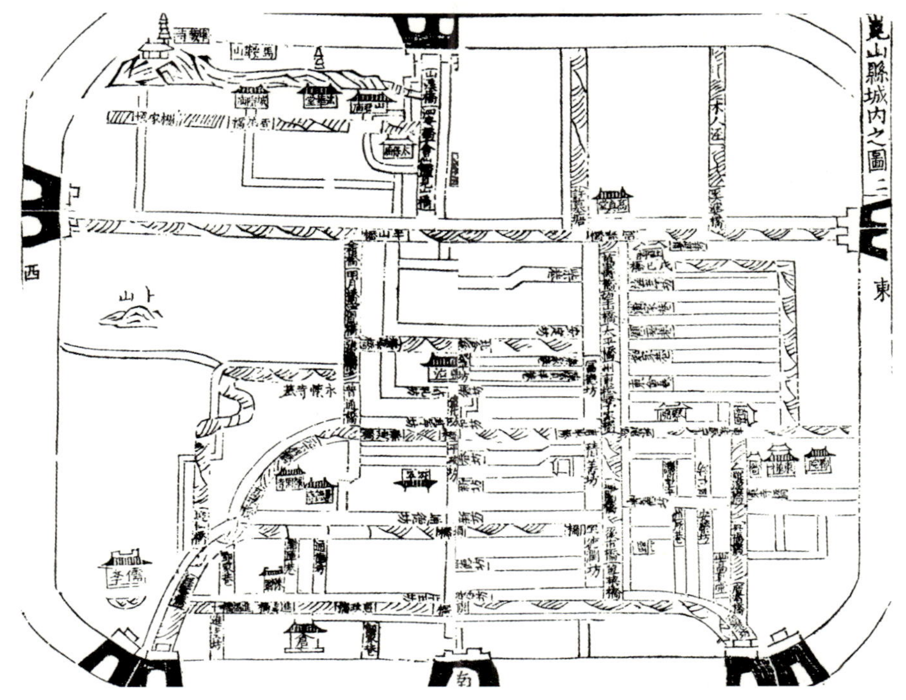

△ 昆山县城内之图　引自《重修昆山县志》明万历四年刻本，载《中国方志丛书·华中地方·江苏省（433）·重修昆山县志》

昆山，位于江苏省东南部，上海与苏州之间，地处长江三角洲太湖平原，境内河网密布，地势平坦。

昆山，别称“鹿城”。据民国版《江苏六一县志》载：“昆山……旧有西鹿城而名。”据清《昆山县志》载，昆山其地在周时称“娄邑”。秦二世三年（前207），置娄县。南梁大同二年（536），以境内小昆山之名，改娄县为昆山县。雍正二年（1724），昆山被分为昆山和新阳二县，同城而治。1912年，合为昆山县。1989年，撤县建市。2011年，昆山市被列入江苏省省直管县（市）试点。

昆山境内城墙，始筑年代不详。据宋淳祐年间（1241～1252），由项公泽修、凌万顷、边实纂的《淳佑玉峰志》载：“按古图经云，县故有城在东南三百步，然今县境无城，以竹木为栅。”又称昆山境内“墟落间以城名者旧有

△ 昆山城墙旧影 吴强提供

十二”。经当地相关部门实地调查和考古发掘，目前可知的昆山境内出现过的古城共有14座：东城、西鹿城、巴城、雉城、南武城、尉城、东林城、鸿城、西岑城、颜县城、瓦浦城、金城、度城，以及昆山县城。除鸿城和颜县城两处外，现在都能找到所在地点。其中唐乾符五年（878）黄巢农民起义时所筑度城位于今昆山市淀山湖镇西南复光村，后被淹没。1997年，该城遗址被列为市级文保单位。

▽ 昆山城北护城河现状 本文照片除署名外，均由金玉萍摄

昆山县城城墙始筑年代不详，但至迟在晚唐时城墙已经存在。据邱樾在《昆山乡土资料汇编》载：昆山县城于“唐光化元年（898）毁于兵，宋列竹木为栅，元至正复筑土城”。另据嘉靖版《昆山县志》载：元至正十七年（1357），方国珍犯境，昆山知州费复初带领军民修筑了土城御之。城周2299丈（共计12里多）、高1.8丈。护城河周长2359丈、深5尺、广6丈。设城门6座（其中5座皆为水陆二门，唯西门无水门）。自此，奠定了昆山县城的规模格局。

明弘治四年（1491），知县杨子器分别修建城门楼6座：东曰“宾曦”，西曰“留晖”，南曰“朝阳”，北曰“拱极”（后改称“拱辰”），东南曰“迎薰”，西南曰“丽泽”。嘉靖八年（1529），知县郭楠于宾曦门附近置水关1座，上建门楼。嘉靖十七年（1538），武英殿大学士顾鼎臣奏请朝廷，将原来的昆山土城改用砖石砌造，重建六门，历时两年告竣。城周2387丈、高2.8丈。建城门6座、水门5座、雉堞4587座。护城河深5尺、广6尺。工毕，方鹏撰有《昆山县新筑砖城记》记其事。嘉靖二十八年，知县朱伯辰移建丽泽门楼于水关东，名曰“潮维”。工毕，沈大楠撰有《潮维楼记》记其事。嘉靖三十三年，知县祝乾寿增筑六门的外瓮城、敌台26座、窝铺25座，在城的东、南、北三隅增建敌楼3所。崇祯八年（1635），知县叶培恕重修城池，有多名

▽ 昆山市花桥镇陆巷的金城故址

官员捐款，顾锡畴撰有修城记。

入清以后，昆山城池多有修缮之举。其中较大规模修城至少近20次，部分修城动用了国库的银两。

1912年之后，随着城市发展，昆山开始拆城。据《昆山县志》记载：1922年，因开辟城厢马路，开始拆除昆山丽泽、朝阳二门和城墙10余丈。此后，又因城市发展建设和拆卖老城充作教育经费之用，开始逐步拆城。至20世纪40年代昆山城墙基本无存，仅存的拱辰门一带城墙最后也被拆除。拆除的城砖大部分被用于房屋建筑、砌筑驳岸等。

1949年以后，仅有少数城墙遗址和护城河尚存，地面几乎无迹可寻。

杨国庆

昆山县城池： 元至正十七年筑土城，高一丈八尺，周十二里二百七十八步。濠深五尺，广二丈六尺。门有六：东曰宾曦，西曰留晖，南曰朝阳，北曰拱极，东南曰迎薰，西南曰丽泽。明弘治四年，知县杨子器建楼其上。嘉靖五年，甃以砖石，周十二里，高二丈八尺，垛四千五百八十七。

——清《考工典》第二十卷，引自《古今图书集成》

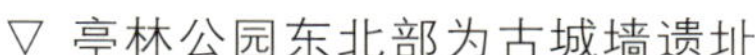
▽ 亭林公园东北部为古城墙遗址

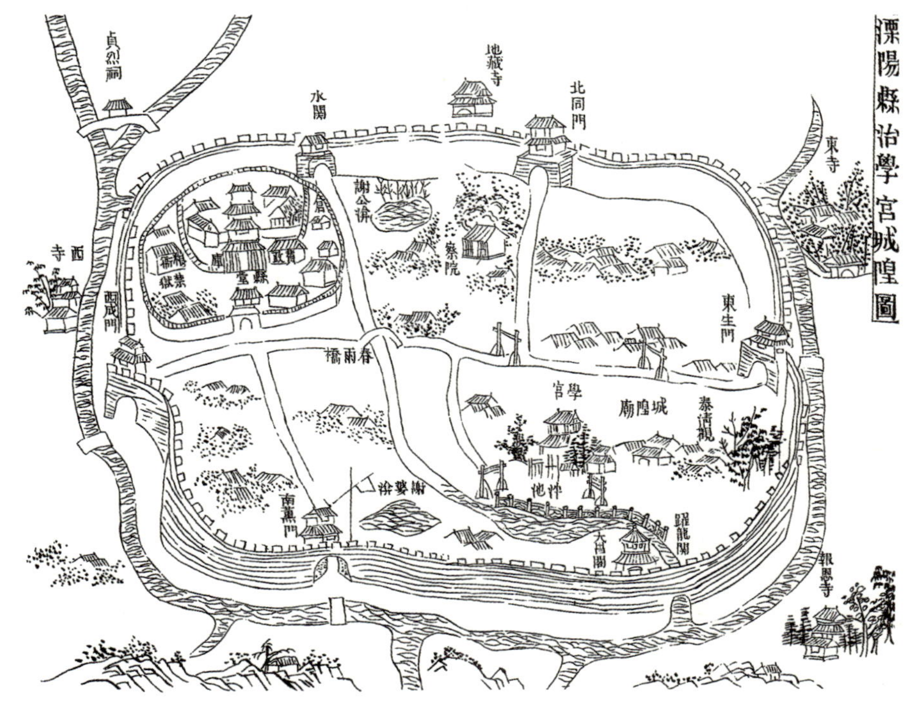

△ 溧阳县治学宫城隍图　引自《康熙江宁府志》清康熙七年刻本，载《金陵全书》卷十一

溧阳，位于江苏和安徽两省交界处，亦临近浙江省，属于长江三角洲地区。

据明清《溧阳县志》等史料记载，早在东周（前770 ~ 前256）就有“溧阳”之名。秦始皇二十六年（前221），设溧阳县（县治在今高淳县固城镇），今溧阳市属于秦溧阳县东部地区。隋开皇十八年（598），改（古）溧阳为溧水县，（古）“溧阳”之名终止。唐武德三年（620）分溧水县东部地区置溧阳县，即今溧阳市的前身，县治初在今溧阳市旧县村；唐天复三年（903）县治迁今溧城镇所在地。元至元十四年（1277），升为溧州。元贞元年（1295），升为溧阳州。明洪武二年（1369），废州复县。清雍正八年（1730），改隶镇江府。1983年后，属常州市。1990年，撤县设市（县级市）。

据嘉庆版《溧阳县志》载：南唐升元二年（938），始筑土城，周长4里余、高1.2丈。城壕深5尺、宽5丈，濑水穿城而过。南宋建炎年间（1127～1130），在城西辟“青安草市”，因而西北城与濠划入城内，设城门5座：东曰“迎春”，南曰“迎夏”，西曰“迎秋”，北曰“迎冬”，西北曰“青安”。水门（又称“水关”）2座：上水门曰“清晖”，下水门曰“挹秀”。元至正十五年（1355），废青安门，复南唐旧址。七年后，朱元璋派郭景祥用石加固城墙，四门改为“东平”、“西成”、“南安”、“北固”，城门外都建了月城。宋濂作了《溧阳州新城记》：“溧阳现为州，位居江东要冲，城门上建瞭望台，城外四周疏浚城濠，以正月甲子日到四月乙未日新城完工，城周围长九千多尺，高二十七尺，宽十八尺。服役居民两千家，做工一万八千个……”

明嘉靖年间（1522～1566），重建了部分城墙，修筑女墙并加高5尺，又在南面城墙的东西两侧设立两座望楼。万历年间（1573～1620），修缮女墙，改城门“东平”为“东生”，“南安”为“南薰”，在城基上建造文昌阁。清乾隆年间（1736～1795），对溧阳城墙多次修葺。

自20世纪30年代，因筑碉堡、建校舍、改善交通等原因，溧阳城墙被先后拆毁。今在原民政局大楼南侧的古城墙，还存有一段长30米、高8米的古城墙，均用长方形块石叠砌。

▽ 护城河沿岸 本文照片均由杨国庆摄

△ 溧阳古城墙文保碑（正面）

2013年3月，笔者实地调查中发现：溧阳古城墙位于溧城镇宝塔湾护城河段的西北侧。现仅存东南城墙，长约50米、残高6米，均用长方形块石叠砌。外有护城河，长约2700米。

1998年6月，溧阳古城墙被列为市级文物保护单位。

杨国庆

溧阳县城池：南唐升元间筑土城于燕山北，周四里余。河贯城中，濠深五尺，阔十倍之。宋建炎中，西拓青安草市二里，建门五，水门二。明初仍南唐旧址界，草市青安于外。越七年，加筑九百丈有奇，浚濠深丈余。四门外复筑瓮城，改名曰东平、西成、南安、北固。嘉靖间，增修堡屋、女墙、月城等。开跃垅坝于学宫左，而闭下水关。

——清《考工典》第二十卷，引自《古今图书集成》

△ 溧阳古城墙

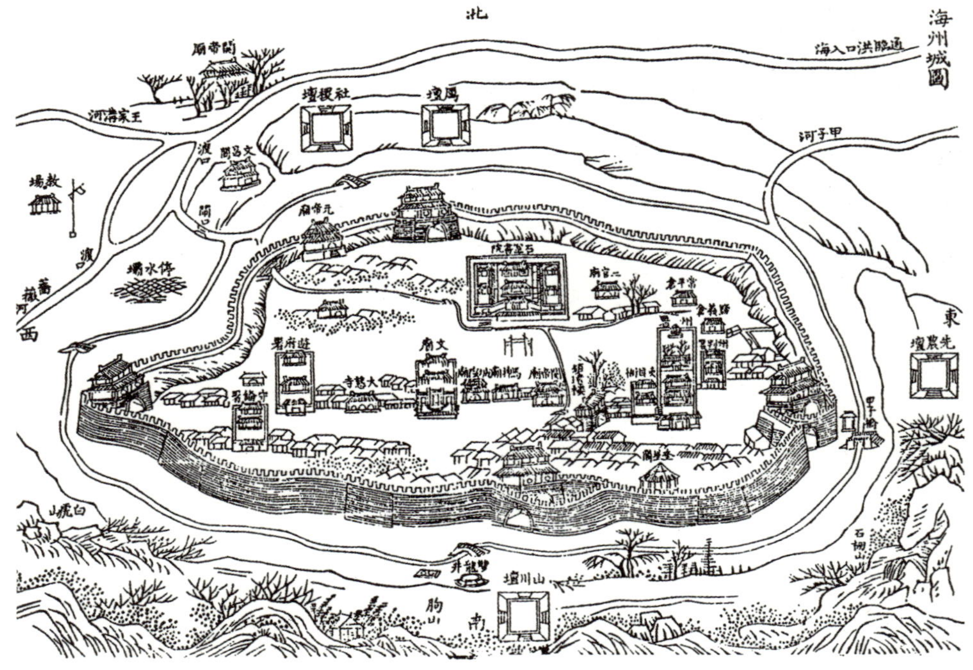

△ 海州城图　引自《海州直隶州志》清嘉庆十六年刻本，载《中国地方志集成·江苏府县志辑（64）·海州直隶州志》

连云港，旧称“海州”，位于江苏省东北部，地处鲁中南丘陵与淮北平原的结合部，东濒黄海，是中国著名海港之一。

秦时，称东海郡，为海州正式建置之始，辖12个县。此后，建置有升降，名称多有变化，然“海州”一名沿用时间最长。唐武德四年（621），海州置总管府，领海、涟、环、东楚四州，共计17个县。明洪武元年（1368），海州仅保有州治和赣榆县。清雍正二年（1724），海州升为直隶州，统州治和赣榆、沭阳二县。民国元年（1912），海州直隶州被废，东海县分成东海和灌云二县。1935年，由东海、灌云各划出一部分成立连云市。1949年后，称新海连市。1961年，新海连市更名为连云港市。

海州始筑城墙于秦，名“朐”城，沿用至汉。惜无所证，仅为今人推论。据清乾隆元年《江南通志》等籍载：海州相传旧有东、西二城。梁天监

◁ 凤凰城门，位于连云港市云台区南城镇 引自唐云俊主编《江苏文物古迹通览》（上海古籍出版社，2000年）

十一年（512），由马仙埤筑。宋绍兴三十二年（1162），魏胜复筑城池，以防御金人南侵。宝祐三年（1255），李又加修筑。旧志有东、西两座土城，东城高2.7丈、周围3里，有东、西二门；西城至元时因战乱而废圮（据嘉庆十六年《嘉庆海州直隶州志》卷十四）。

洪武二十三年（1390），由淮安府中前千户所的千户魏玉（《考工典》第二十卷记为“卫玉”）等因城防的需要，就西城故址修筑土城，与东城连为一城。永乐十六年（1418），千户殷轼将全城砌以砖石，城周9里130步、高2.5丈，城上设垛口2496座、窝铺28座。辟有城门4座：东曰“镇海”，西曰“通淮”，南曰“朐阳”，北曰“临洪”（《考工典》第二十卷记为“南曰昫旸，北曰临淇”）。另在东门和北门建两座外瓮城，城西设有水关，护城河深6尺，在东、西、北城门外的护城河上各设有吊桥（据明隆庆版《海州志》卷一）。嘉靖年间（1522～1566），知州吴必学增拓，环以铺舍，增设栅门。此后，历任地方官吏对城池多有修缮，直到隆庆六年（1572），知州郑复亨补修西面地段城垣，“始为完城”（据《嘉庆海州直隶州志》）。万历二十年（1592），知州周燧在西门和南门增筑外瓮城，增筑敌台9座，在城四隅各建角楼，以便守御。万历四十年，久雨导致城墙坍塌1/3。之后，由知州杨凤主持修补加固。天启二年（1622），因有民反，知州刘梦松带头捐俸禄银并主持

△ 1939年3月14日，侵华日军攻占海州城 南京城墙保护管理中心藏

增修有险地段城墙500余丈，各加高3尺。有《明张峰城池论》、裴天佑《重修海州城记》、张朝瑞《海州新城记》等各载其修城事宜。

入清以后，海州城墙因地震或大水冲塌多次，而自康熙至乾隆二年（1662～1737）的修缮记载不全，仅知城毁后有段时间城墙“内外几无藩蔽”。乾隆三十二年，知州沈涟、州判彭方周历时三个月修筑海州城，“费币金六千七百八十九两有奇”（据《嘉庆海州直隶州志》）。嘉庆九年（1804）海州知州唐陶山倡导人工开掘东北护城河，东城门外建桥并立碑（迄今仍在原址）。因当年为甲子年，护城河被俗称“唐公河”或“甲子河”，桥故名“甲子桥”。嘉庆十六年（1811），海州城尚属完固，而护城河又多有淤塞，其中“西门至北门，已无河形”。嘉庆二十三年，知州师亮采主持重修海州城，共用银3260两，其中当地乡坤捐资2700两，师亮采捐俸禄银560两。工竣后，师亮采还撰写了《重修海州城记》（载清道光二十五年《海州文献录》卷一）。清时，还有陈宣《城池论》等文，记载海州修筑城池之事。

1912年后，增辟新南门、新西门。当时海州城墙尚存，但多处地段已有破损。

1956～1958年，海州城墙被拆除，城砖挪作他用。

20世纪80年代后，经当地文物部门考证：历史上的海州东城，位于海州鼓楼以东台地为秦、汉朐县故城，平面近似方形，南北边长500米、东西边长400米。现存海州城墙遗址为明初所建砖城，平面为不规则近似方形，面积3.23平方公里。城墙残存数段土垣遗址，共计1105米，存高6～7米（据《中国

△ 连云港旧城门附近甲子桥 本文照片除署名外，均由肖巘摄

文物地图集·江苏分册》）。1995年当地政府新建了海州南门的朐阳门及一段城墙。

2011年4月28日，据《中国江苏网》以《海州发现明朝初期城墙砖》为题的报道："文物保护者陈立新、刘守迎在师专二附小院内发现一块罕见的明代初期的城墙砖，这种城墙砖在我市还属首次发现。"砖文为"淮安府海州提调判官刘抚，作头朱德山，洪武七年三月×日"，并称：这次发现把海州城用城砖砌外墙的时间，从永乐十六年（1418）"提前到洪武七年（1374），共提前44年"。其实，这是一个误会。该砖实为洪武七年，海州地方政府为朝廷营造明中都（今凤阳）城墙时"官搭民烧"的城砖，并在凤阳城墙砖文上有证："淮安府海州提调判官刘□作头朱德山洪武七年□月□日"（杨国庆：《南京城明墙砖文中的基层组织研究》，载《东南文化》2011年第1期）。

附：

据《中国文物报》2012年6月1日《徐海地区连云港汉代古城勘探调查第一阶段结束》报道：江苏连云港市的8座汉代城址，分别为曲阳城、罗庄城、代相城、鲁兰城、城后土城、盐仓城、土城、古城，经三个月考古勘探，其中规模最大的盐仓城边长达到740米，它们中大多数为市级以上文物保护单位。

杨国庆

◁ 钟鼓楼城门城砖
杨国庆摄

△ 连云港钟鼓楼城门

△ 完全新建的连云港朐阳门

海州城池：土城。梁天监中，马伯埤筑。旧志：东西二城。明洪武间，淮安卫千户卫玉等因西城故址修筑土城。永乐间，千户殷轼砌以砖石，周围九里一百三十步，高二丈五尺，厚如之。门四：东曰镇海，西曰通淮，南曰朐旸，北曰临淇。池深六尺。嘉靖间，知州吴必学增拓，环以铺舍。

——清《考工典》第二十卷，引自《古今图书集成》

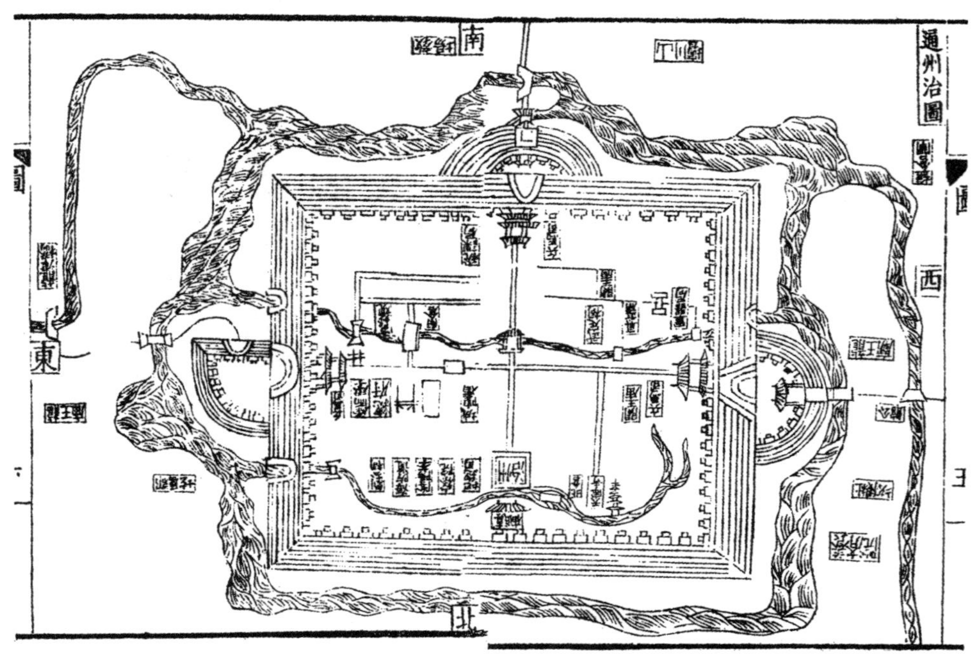

△ 通州治图 引自《通州志》明万历版

南通，位于江苏省东南部，东抵黄海，南望长江，有“据江海之会、扼南北之喉”的说法。其地又是由长江北岸古沙嘴不断发育、合并而成，属长江下游冲积平原。2009年，被列为国家历史文化名城。

南通，简称“通”，别称“静海”、“崇州”、“崇川”、“紫琅”。后周显德三年（956），周师克淮南，取南唐长江以北地区，两年后升静海都镇为静海军，属扬州，改为通州，设静海、海门二县。1912年改通州为南通县。1949年，始置南通市，现属江苏省辖地级市。

南通最早筑城，至迟在五代十国的吴国（902～937）时期，制子廷珪镇守时，即“修城池官廨”，“城而居之”。另有一说：“北极阁城墙建于东晋咸和三年（328），迄今已有1689年的历史”，此说非城市城墙的概念。后周显德五年（958），由静海制置巡检副使王德麟扩大城池规模而兴筑，初为土

城（据光绪元年《通州直隶州志》卷三载，称958年为始筑城）。第二年，改为砖城，全城呈长方形，设东、西、南、北四门，城周6里70步，城外利用自然水道略加开挖勾连设为环状城壕，奠定了南通旧城的基础。

宋建隆三年（962），始设戍楼。宋大观四年（1110），知州朱彦修建南门城楼，名曰“海山楼”。宋政和年间（1111～1117），知州郭凝因加强城市防御需要，塞北门。金太宗天会年间（1123～1135），金兵南侵攻通州，城墙遭受严重破坏。南宋宝祐年间（1253～1258），增筑通州城门外瓮城。元至正十六年至十九年（1356～1359），都元帅李天禄以传统版筑方法修缮城墙。另有一说：“元末，坠城郭，始编篱寨为城”（此说有误。见光绪九年《通州志》卷二）。

明洪武元年（1368），由明军部将孙兴祖督军士在潞河西修城，用城砖甃其外。城周9里13步，城墙连垛口高为3.5丈，设城门4座：东曰“通运”，西曰“朝天”，南曰“南薰”，北曰“凝翠”，各城门均建城楼。至洪武（1368～1398）末年，千户杨清、姜荣相继修城，并建城门外的吊桥，修造水关3座，“以通市河”。宣德八年（1433），都指挥刘斌奉命修理城楼。正统十四年（1449），总督粮储太监李德、镇守指挥陈信“以大运西南二仓在城西门外，奏建新城”，新城为砖城，城周7里余，城高不及旧城之半，东连旧城，西面开二门，即南门和西门，并建城楼。正德六年（1511），巡抚李贡奏请朝廷加高通州城5尺。第二年，知州高鹏用砖加筑外瓮城。嘉靖三十四

▽ 南通修缮后的北极阁　邵耀辉摄

△ 南通修缮后的北极阁及遗址保护碑 肖瓛摄

年（1555），疏浚护城河。隆庆二年（1568），知州郑舜臣主持修旧城。万历十二年（1584），张士奇再修旧城。万历十九年，兵备道王见宾奏准修缮新城，调拨工料银50000两，大规模修城。连垛口的城墙高度为3.5丈，增厚1丈多，总长1340丈多。万历二十六年，知州王之城以防御倭寇为由修城，由于城外壁虽使用砖石，但其内壁为沙土，久雨之后容易坍塌，所以需不断修葺，“颇烦修筑”。万历三十七年，知州陈随主持修葺通州新旧两城。崇祯三年（1630），总兵杨国栋对新城修缮时，较之过去增厚加高。

入清以后，南通城墙虽屡有毁损，亦时有修缮。顺治十七年（1660），副总兵鲍虎修葺通州敌台及角楼。康熙七年（1668），知州王廷机修缮城墙。此后至光绪年间（1875～1908），通州城池大规模修缮至少达20次。其中自乾隆三十年（1765）开始，通州新旧两城合为一城，并拆除旧城西面城墙182丈。改建后的通州城墙全长2707.5丈（据光绪九年《通州志》卷二）。城墙内部的沙土及内侧全部换为城砖砌筑，城脚用豆渣石1层，收分下段6进、中段5进、上段4进。改建后的城墙，女墙高1.6丈、城顶宽2丈，共耗银约153299两。然而，五年后的一场大雨，导致城墙多有坍塌，知州龙舜琴再次修城，耗银15638两。仅过了一年，因大雨城墙再次坍塌，耗银12767两加以修葺。当时，通州城门设3座：西曰“来恩”，东曰“宁波”，南曰“江山”，其中西门、南门的外瓮城三重，东门外瓮城二重，“城上设戍楼，角楼四，敌台十有

△ 北极阁城墙遗址 引自唐云俊主编《江苏文物古迹通览》（上海古籍出版社，2000年）

六……水关东二西一”。护城河最宽处达200米。据明万历版《通州志》所载“城隍图”可知，其东门外瓮城仅为半座，其制如同浙江临海的半座外瓮城，也是出于防洪水的需要而设。明、清两朝，对通州城池进行修缮，当地官吏或乡坤多撰有文或记，以记其事，多载于光绪元年《通州直隶州志》等典籍。

明万历二十七年（1599），知州王之城在旧城南边护城河外加筑一圈城墙，全长760丈，称“南城”（又称“新城”），以望江楼为门，跨护城河分两座水门，北抵旧城采军山石为城址，长760余丈，高、厚与旧城等。南城于清乾隆年间（1736～1795）毁圮。

1912年以后，南通城墙逐渐毁圮，甚至被张謇等人拆城取砖，用于营建厂房及其他建筑。仅余江山门、宁波门、来恩门和北城一段几十米的城墙。

1949年以后，拆除南通旧城仅余城门和残余地段，仅余北城墙一段遗址。

1998年11月，南通北城墙一段遗址，以后周时代的北极阁城墙遗址的名义，被列为市级文物保护单位。2009年，对该段城墙遗址进行了修葺。

杨国庆

通州城池：周围六里七十步，隍称之。东曰天波，西曰朝京，南曰澄江。门各有戍楼三层，名海山楼。初周显德四年始筑土城，至六年复甃以陶甓。宋建隆三年，初设戍楼。宝祐中，增筑瓮城。明初设三吊桥，又辟三水关以通市河。嘉靖乙卯浚濠。万历丁酉，知州王之城筑南城，以望江楼为门，跨濠分二水门，北抵旧城采军山石为城址，长七百六十余丈，高厚与旧城等。

——清《考工典》第二十卷，引自《古今图书集成》

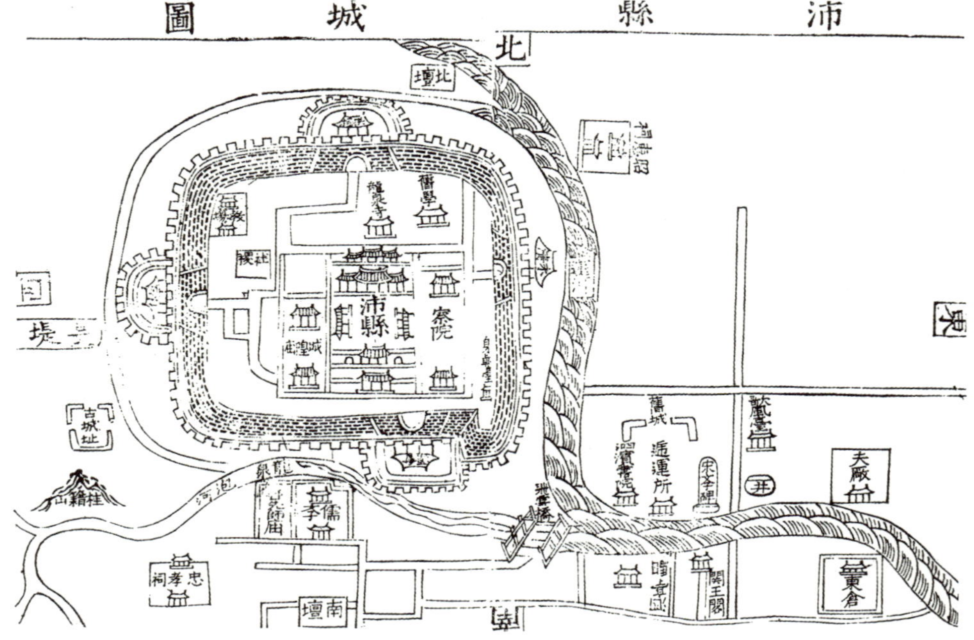

△ 沛县县城图　引自《徐州志》明嘉靖间刊本，载《中国方志丛书·华中地方·江苏省（430）·徐州志》

沛县，位于江苏省西北端，因古有“沛泽”而得名。沛县为汉高祖刘邦的发迹之地，也是明太祖朱元璋祖籍，有“汉汤沐邑”、“明先世家”和“千古龙飞地”之称。

春秋战国时，沛地属宋国。周赧王二十九年（前286），齐、楚、魏联军灭宋，楚得沛地，始设县。自此，沛县隶属虽屡经变迁，但“沛”字始终未改，为县的建置基本没变。隋唐时，沛县隶属徐州。元代，沛县先后属济宁府、济州。明清时，隶属徐州、徐州府。1983年，沛县隶属徐州市。

沛县筑城始于秦，位于泗水河西岸。据1918年续修《沛县志》卷五记载：“沛城极大，四周堑通丰水。”后废。元至正十七年（1357），孔士亨筑小土城，周2里左右。

明洪武二年（1369），知县费忠信于泗水河西岸约50米秦城故址扩建城

墙，小土城遂废。嘉靖二十二年（1543），知县王治创筑沛县土城，城周5里、高2丈、顶宽1.8丈，护城河深2丈、宽3丈，雉堞1320座。设四门，各门建有城楼。嘉靖二十五年，知县周泾又于城壁甃以砖石，更四门名为：东曰“长春”，南曰“来薰”，西曰“永清”，北曰“拱极”，重修雉堞和铺舍。此后，由于黄河历年泛滥，河水几乎每年对城池都造成程度不同的破坏。嘉靖四十四年的春汛，因黄河泛滥，导致护城河被淤泥平为陆地，南门瓮城也被冲毁，城内积水2～6尺不等，严重影响了城内百姓的日常起居。为此，地方官吏出于对沛县城池防御水患的需要，相继采取了许多措施。隆庆元年（1567），知县李时首先增开南门于东南隅，以避洪水。此后，沛县几乎每隔五年大规模修城一次。万历二年（1574），知县倪民望重修沛县城池。万历五年，知县马昺筑护城堤坝10里。万历十年，知县周治升在城东北隅开便门，以泄城中积水。万历十六年，知县符玺疏浚护城河。万历二十五年，知县罗士学增建城墙上东、西两座角楼。万历三十一年秋，沛县城池再次遭遇洪水，导致城池和城楼多处损毁。万历三十三年，知县李汝让重修城池，并对护城堤坝加高增厚。

入清以后，沛县城池因黄河水患和兵乱，地方官吏多有修葺，甚至几次迁址。康熙二年（1663），知县郭维新筑杨家河堤。康熙七年，因地震导致城垣东、南两面墙体坍塌。康熙九年，知县李芝凤大兴护城堤的修筑。康熙二十年，知县程万圻修筑东门向北的一段数丈城墙。康熙三十一年，知县方曰

▽ 沛县博物馆藏有征集的明清沛县城墙砖　本文照片均由Cathleen Paethe摄

◁ 收藏在沛县博物馆内的沛县城墙砖

▷ 沛县当年南门城址，现已成为路口

◁ 沛县南门向西段城址，城址仍高于地面

琏修筑南门向西的一段数丈城墙。雍正五年（1727），因大水冲垮护城堤，导致全城被水淹。雍正十年，知县施霈重筑护城堤。乾隆二年（1737），知县李棠大规模修城如旧观。乾隆四十六年，黄河决口，县城被大水淹没，知县孙朝干将县城移治于栖山圩（今沛县栖山镇），建造砖城。咸丰元年（1851），黄河再次决堤，大水再次淹城，再移县治于夏镇（今山东微山）。咸丰十

△ 当地原住民向杨国庆指认当年沛县护城河位置

年，沛县旧治南大桥寨建成。第二年，太平军攻陷夏镇，遂临时移治于大桥寨，于南关筑土城，城周长3里余。同年，迁回了今沛县的县城。至光绪年间（1875～1908），沛县土城高2丈、顶宽1.8丈，护城河宽2丈。仅有三门，没有开北城门（据1918年续修《沛县志》卷五）。当地百姓中还有一种说法："沛县300年无举人，故不能开北门。"此后，因咸丰年间（1851～1861），黄河改道走山东省入海后，沛县城得以缓解水患之苦。

自1912年以后，沛县城池因年久失修，逐渐毁圮。据《中国文物地图集·江苏分册》载：现存城址为明洪武二年（1369）所筑，平面略呈方形，四门遗址附近各有村落，其村名为东门口村、西门口村、北门口村、南门口村。城址高于地面不足2米，占地约2.5平方公里，东临泗水故道，南近泡水故道。残存城墙为夯筑，残短不一，最长约50余米，最短不足10米。

1984年，明代沛县故城被列为县级文物保护单位。

杨国庆

沛县城池：旧城已废。元至正间，孔士亨筑小土城，周二里许。明嘉靖间，知县王治增筑，周五里，高二丈，知县周泾甃以石。

——清《考工典》第二十卷，引自《古今图书集成》

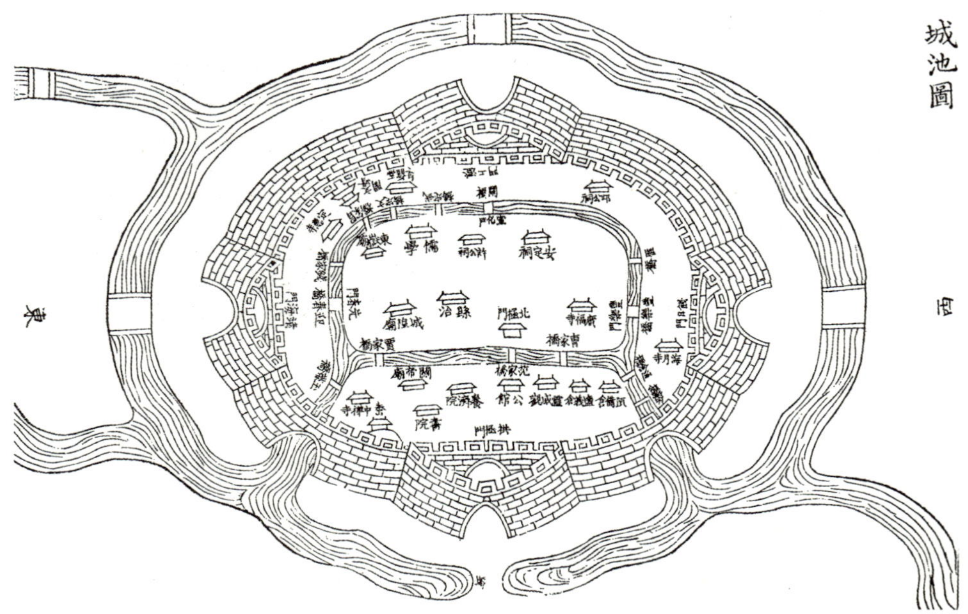

△ 如皋县城池图　引自《如皋县志》清嘉庆十三年刊本，载《中国方志丛书·华中地方·江苏省（9）·如皋县志》

如皋，位于江苏省东南部，南临长江，与苏州张家港隔江相望，是中国江海平原最早成陆的地区、长江三角洲最早见诸史册的古邑之一。

如皋，又名“雉皋”、“雉水”，“东皋”。据《太平寰宇记》载：“县西北五十步有如皋港，港侧有如皋村，县因以为名。”夏时，隶扬州之域；周时，为海阳地。春秋时，为吴国郧地，吴亡归越；战国时，属楚，称“九夷海阳”。秦时，归九江郡；汉代，曾为吴王刘濞封地，名“海陵”，因地并海而高得名。东晋义熙七年（411），正式置县。1991年，撤县设市。

如皋设治置县虽早，但筑城起步较晚。明嘉靖十三年（1534），刘末准调任如皋县令，因倭寇侵扰而如皋无城可守，遂沿玉带河建筑了城门6座：东曰“先春”，西曰“丰乐”，南曰“宣化”，北曰“北极”，东南曰“集贤”，东北曰“拱辰”，未建城墙，却以玉带河为护城河。后世却将其始筑城的功绩记在了兵部右侍郎兼巡抚郑晓的名下。“至明嘉靖间，抚军郑端简公奏而筑之，城之始也”（引自清·史鸣皋《乾隆三十三年重修如皋城墙碑记》）。嘉靖三十三年，因倭寇抢掠沿海城市，邑人李镇等倡议筑城备倭患，经知县陈雍报巡抚都御史郑晓，奏准发银35000两，用于建城。据清嘉庆版《如皋县志》载：“城周一千二百九十六丈，高二丈五尺，上阔五丈，下阔七丈。城门楼四座，南名澄江，北名拱极，东名靖海，西名饯日。外濠深一丈二尺，阔十五丈，周长三千三百六十丈（《考工典》第二十卷记为‘袤二千三百六十丈’）。”城墙基本呈圆形，以砖砌筑。有兵部侍郎沈良才、郑瑞简所撰《遗爱碑记略》记其事。嘉靖三十四年（1555），因抵御倭寇，知县陈雍下令堵塞东水关。万历十一年

▽ 新建的城墙与昔日的护城河 本文照片均由金玉萍摄

△ 东水关石筑的水道护岸

▽ 今日东水关已成公园的一部分

△ 东水关近影

△ 东水关文物保护标志碑

（1583），因城内排水与水上运输需要，复开东水关，疏浚河道。工竣时，钱藻（1531～1596，如皋人）撰有《东水关记》记其事。万历十五年，知县刘贞一重修东水关。万历二十一年，知县王以蒙主持增筑四座城门的外瓮城。万历二十七年，知县张星在城墙上增筑敌台23座（《考工典》记

△ 东水关段地面城墙遗存

△ 新建的靖海门及城楼

为“十三座”）。

清乾隆三十三年（1768），城墙本体“坼裂者三十余段”，附属建筑“楼既圮，马墙、垛口日益倾”。知县崔正音、前任知县何廷模等遂“领帑银三万五千九百六十七两三钱，照原估也。承修工段七百九十六丈三尺，又详明捐修坼裂者三十余段，又里身素工改灰工，海墁顺砖改丁砖，四门土道改砖道，及城下滴水石，溢原估矣”，历时两年多告竣。如皋人史鸣皋撰有《重修如皋城墙碑记》，详载其事。此后，历任地方官吏多有修缮城池之举。

1912年以后，如皋城池逐渐荒废。

1951年7月，因城墙多处倾塌，城门窄隘，交通不便，报经苏北行政公署批准，派人拆除，仅留东水关。现存东水

关高5.76米、中宽7.2米，砖砌。水关涵洞上方嵌有“东水关”石额，为明代原物。

2001～2002年，对护城河进行了全面整治，并在公园北边修建了一段用旧城砖砌筑的城墙。

1991年，如皋东水关被列为市级文物保护单位。

杨国庆

如皋县城池： 故无城。明嘉靖三十年，知县刘末准作六门：东曰先春，西曰丰乐，南曰宣化，北曰北极，东南曰集贤，东北曰拱辰。三十三年，筑城周七里。凡一千二百九十六丈，高二丈五尺。城楼四座。外濠深一丈二尺，广一十五丈，袤二千三百六十丈。为水关二。万历年间，知县王以蒙筑四门月城。知县张星筑敌台十三座。

——清《考工典》第二十卷，引自《古今图书集成》

△ 新建的靖海门段城墙内侧

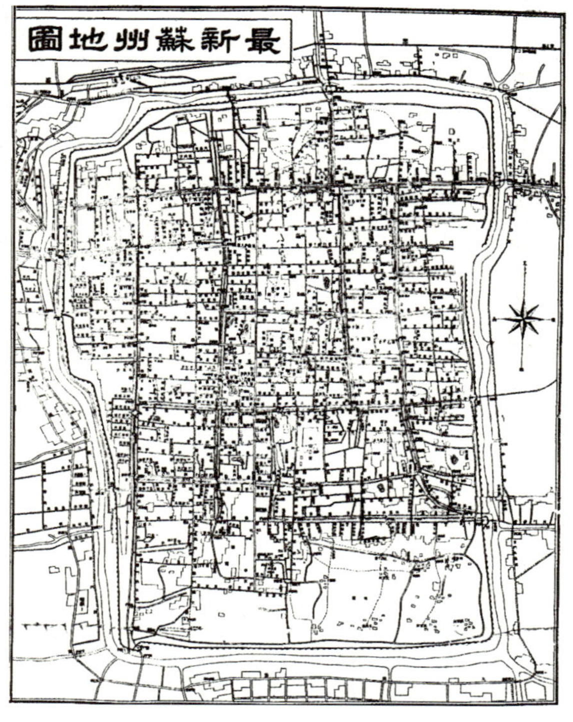

△ 苏州城地图　1949年大公书局版

苏州位于江苏省东南部，北依长江，境内水网交织，以山水秀丽、园林典雅而闻名天下，有“江南园林甲天下，苏州园林甲江南”的美称。1982年，被列为国家历史文化名城。

春秋时，苏州其境为吴国首都。此后，建置、隶属及辖地均有变化。苏州有很多的别称，如“姑苏”、“吴”、“吴县”、“东吴”、“平江”、“吴中”等，历代建置又为郡、县、州、府、路（元代）的治所。城内由于河道纵横，又被称为“水都”、“水城”、“水乡”，13世纪末出版的《马可·波罗游记》中，将苏州描述为“东方威尼斯”。隋开皇九年（589），始称“苏州”，并沿用至今。1928年，苏州始设市。

苏州最早筑城于吴王诸樊元年（前560），在吴地（今苏州姑苏区）建周长5里的吴子城（今苏州公园）。吴王阖闾元年（前514），吴王阖闾命伍

子胥在吴建新都大城。据《吴越春秋·阖闾内传》记：伍“子胥乃使相土尝水，象天法地，建筑大城，周围四十七里（乾隆元年《江南通志》称：城‘周四十二里三十步’。今人另一推算为37里），陆门八，以象天八风。水门八，以法地八聪。筑小城，周十里，陵门三”。设水陆城门各8座：西城“阊”、“胥”二门，南城“盘”、“蛇”二门，东城“娄”、“匠”二门，北城“平”、“齐”二门。另据《吴地传》记载，大城外有“吴郭，周六十八里六十步”。可知春秋吴都由子城、大城和外郭三重城墙组成。晋人左思（约250～305）在《吴都赋》中对这座都城的设计依据提出了“阐阖闾之所营，采夫差之遗法”。苏州城初为土城。隋开皇（581～600）中，曾迁城于城西横山下。唐武德九年（626），迁回旧城。乾符二年（875），修筑罗城。五代后梁龙德二年（922），始筑为内外砖城。此后，苏州城池因兵火战乱多有损毁，也多有修缮和增补。元时，“江南凡城池悉命湮没，（平江路）虽设五门，荡无防蔽”（据《江南通志》）。元至正十一年（1351），因全国许多地方爆发农民起义，元朝廷遂下令各地修城以便防御。平江知府高履修筑城池，开通胥门。义军首领张士诚入城后，于城门外增筑瓮城。明时，将平江府城池修筑成“亞”字形，护城河拓宽有数丈，城门外设吊桥，以利通行与防御。

入清以后，对苏州城多有修缮。康熙元年（1662），巡抚都御史韩世琦改筑城垣，并加宽女墙。至乾隆元年（1736）时，苏州城周45里，城墙“长五千六百五丈，高二丈八尺，广一丈八尺，女墙高六尺。为门六：葑、娄、齐、阊、胥、盘，各有水陆门。惟胥无水门。每门有楼”（光绪九年《苏州府志》卷四）。城墙上设有窝铺170座、敌台57座、雉堞3051座。咸丰十年

▽ 1930年，苏州城外运河舟楫往返 本页两图由南京城墙保护管理中心藏

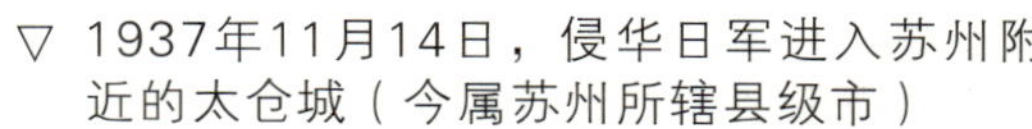

▽ 1937年11月14日，侵华日军进入苏州附近的太仓城（今属苏州所辖县级市）

△ 整治修缮后的盘门外环境 本文照片除署名外，均由金玉萍摄

△ 复建并环境整治后的相门段城墙及护城河

△ 盘门外瓮城城门

△ 阊门北城墙重修记纪念碑　肖巘摄

相门城墙重建记
相门古称匠门，伍子胥所筑
阖闾大城八门之一。吴王曾命剑
匠干将于此设炉铸剑，因门外旧
有干将墓，故又称干将门，后谐
音相门。宋时城门填塞。抗战前
夕筑苏嘉铁路，设相门站，乃破
城架桥通路，城门复开，然已无
城楼。一九五八年拆城风起，相
门段城墙也随之荡然。
二零一一年九月，苏州市委、
市政府依据历史资料，决定对相
门城墙实施重建。在施工中，用
砖四十万余块，其中大部分为陆
慕御窑生产，另有部分为市民所
捐献的古城砖。相门段城墙南起
干将路，北至耦园，新建段三百
七十米，加上此段遗址，总长近
六百五十米，城墙底宽十二米，
顶宽九米，城楼高达二十三点八
米，飞阁重檐，颇为壮观。相门
城墙重建工程历时一年，于二零
一二年九月竣工。
苏州市人民政府立
二零一二年九月

△ 相门城墙重建记纪念碑（正面）　肖巘摄

▽ 苏州城墙马面　肖巘摄

△ 苏州城墙水门阊门　肖瞰摄

△ 被列为中国大运河遗产点的盘门说明碑

△ 修缮后的阊门及水道

△ 维修中的胥门

▽ 新建的胥门段城墙登城步道

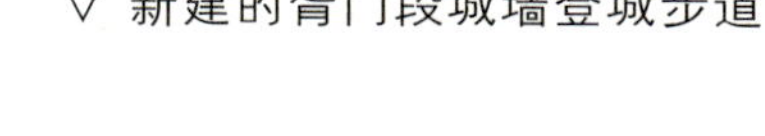

△ 瓮城内部 肖瓛摄

▷ 20世纪30年代，苏州城水门一景，此水道连接大运河 南京城墙保护管理中心藏

（1860），太平军曾改筑六座城门。战后，地方政府除阊门瓮城之外，悉经修复旧制。此后至清末，对城池屡有修葺。顾颉刚在《苏州史志笔记》中称：“苏州城自古为全国第一，尚是春秋时物，其次是成都，则战国时物，其所以历久而不变者，即以为河道所环故也。”

1912年以后，苏州城池因年久失修，逐渐毁圮。20世纪50～70年代，先后拆除了苏州大部分城墙，仅余下盘门和胥门两座古城门，以及胥门南面一段古城墙及城门。

20世纪80年代后，苏州有关部门相继恢复了盘门附近的一段古城墙及老阊门城门和城楼，新建了被称为“蛇门”的城门和城楼，在原平门和齐门附近，有关部门修建了部分矮墙及城门。

多年来，苏州市区考古虽有春秋时期零星遗迹、遗物发现，但作为春秋都城的考古依据不够确凿。因此遭到有些专家的质疑，认为阖闾城在武进雪堰镇城里村与无锡胡埭镇湖山村之间（张敏：《阖闾城遗址的考古调查及其保护设想》，载《江汉考古》2008年第4期）。另据《江苏古迹通览》称：“吴王

阖闾命其筑大小二城，大城即今苏州，小城即阖闾城。”2010年6月，苏州古城吴国王陵考古阶段性成果新闻发布会上，专家认为苏州西南部山区木渎、胥口一带山间盆地内发现的一处超大型遗址，其性质为一座春秋晚期具有都邑性质的城址。有专家表示，不排除其即伍子胥所建阖闾大城的可能性。北京大学教授李伯谦称：此次发现是我国东周考古的重要突破，为文献材料与考古实证的对应提供了基础。

2013年5月，位于无锡市滨湖区、常州市武进区的“阖闾城遗址”被国家文物局公布为全国重点文物保护单位。在这个项目中，苏州没在其中，多年来的“阖闾城遗址”之争暂告结束。

1982年和1998年，苏州盘门、胥门和阊门遗址先后以元代建筑被列为省级文物保护单位。

杨国庆

苏州府城池： 自伍员创筑大城，周四十二里三十步，小城周十里。为门八：东曰娄、曰匠，西曰阊、曰胥，南曰盘、曰蛇，北曰齐、曰平。宋初塞二门，惟阊、胥、盘、葑、娄、齐六门。明兴，更加修筑，城为“亞”字型，总计四千四百八十三丈六尺五寸，高二丈三尺。女墙高六尺，每十步为铺。内外长濠广至数丈，门有钓桥以通出入。康熙元年，巡抚韩世琦修筑现在城楼六座、官厅六所。葑、娄、齐、阊、胥、盘旱门六，娄、齐、阊、盤水门五，旗台三座，军器库房六所，窝铺一百七十间，敌台五十七座，垛头三千五十一个，守门官公馆六所，营房每门六间。吴县、长洲县俱附郭。

——清《考工典》第二十卷，引自《古今图书集成》

▽ 从苏州火车站回望新建的城墙及平门城门 杨国庆摄

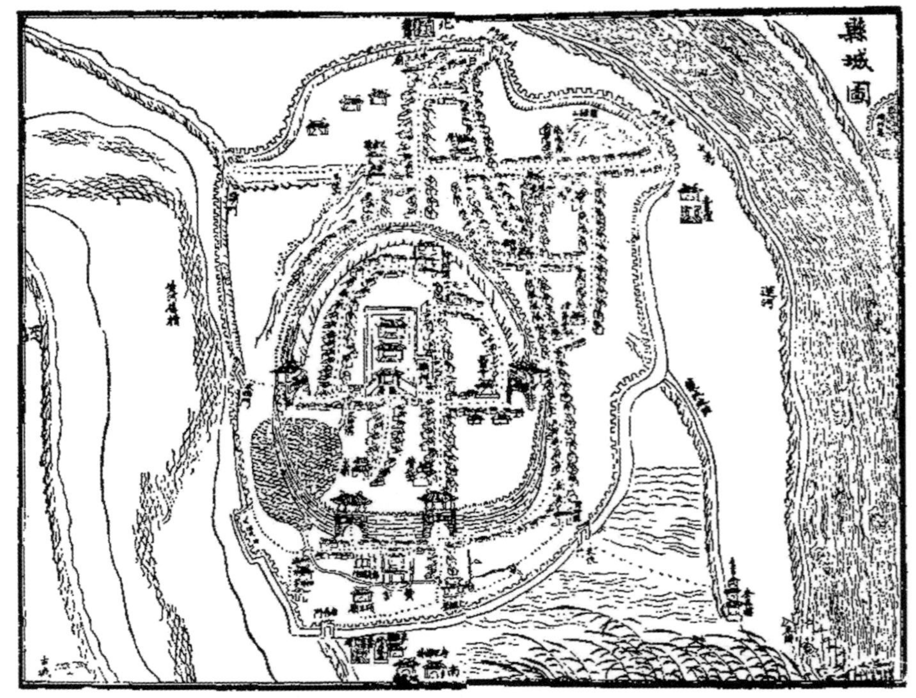

△ 宿迁县城图　引自《宿迁县志》民国二十四年铅印本

宿迁，位于江苏省北部，自古便有“北望齐鲁，南接江淮，居两水（即黄河、长江）中道，扼二京（即北京、南京）咽喉”之称。

春秋时为钟吾子国，后宿国迁都于此。秦置下相等县。西汉元鼎四年（前113），泗水王国在凌县建都，传五代六王，历时132年。西汉时，废凌县设下相。历经东汉、西晋，至东晋义熙元年（405），改下相县为宿豫县。唐宝应元年（762），为避代宗李豫之讳，改宿豫县为宿迁县。此后，随政权更迭，建置、隶属及名称均有变化。1987年，撤县为市（县级）。1996年，再改为地级市。

宿迁建城，始于东晋义熙年间（405～418）。此后，因建治迁移，城墙详情难以考证（据同治十三年《同治宿迁县志》卷十三）。明正德（1506～1521）初，知县邓时中始筑土城，南自新沟，北自马陵。开城门4

◁宿迁城墙旧影 本文照片均由南京城墙保护管理中心藏

▷宿迁西门段城墙

◁20世纪30年代侵华日军占领宿迁时的古城墙

座：南曰“临淮”，北曰“通泰”，东曰“镇海”，西曰“会洛”。万历四年（1576），因黄河决堤，冲毁城垣。次年，知县喻文伟将县城迁至旧城北两里的马陵山，重新筑造土城。土城周长4里、高1.5丈，有城门3座：东曰“迎薰”，西曰“拱秀”，南曰“望淮”。城北根据堪舆家所说“不宜建门”而罢，但在城上建有亭楼，上书“宿迁县北门在此”（据《同治宿迁县志》注），因亭上书有“揽胜”，又称“揽胜亭”（据1935年《宿迁县志》卷四）。淮安府知府邵元哲撰有《宿迁迁城记》、知县喻文伟撰有《建城迁治记》，均载有其事。此后，历任地方官吏均对城池有修缮。万历二十二年，知县何东凤改用城砖甃其外，城门名更改为：东曰“阳春”，西曰“镇黄”（西城门距废黄河较近，取其防患黄水的意思），东南曰“迎薰”，西南曰“河清”，并建有城楼。

入清以后，宿迁城池虽常有损毁，但大规模修缮仅有四次。康熙七年（1668），宿迁地震，城墙遭损严重，城楼仅存其二，完好的垛口仅余30多座。灾后，地方官吏主持修缮城垣。乾隆三十二年（1767），知县沈松龄申请资金，重修城池长达3里、城高2.1丈、厚3.6尺，垛口804座，新修建水关2座，改东城门名为“朝阳”。咸丰年间（1851～1861），因战乱而三次大规模修城池，并发动四乡民众在城外的四野兴筑圩寨，以当城之郭。圩寨周长1600余丈，并设有哨门、吊桥、炮楼、涵洞等。光绪十九年（1893），知县萧仁晖主持第四次大规模修城。宣统三年（1911），王光毅等人耗费8000余缗。

1912年以后，宿迁城池因年久失修，逐渐毁圮，甚至大南门常年被关闭，为黄土所塞。1952年，因城市建设需要，大规模拆除城墙，仅保留了西城门。1970年前后，西城门也被拆除。

2007年9月，在宿迁市区某广场施工工地发现了当年县城一段较为完整的城墙遗址和“东水关”遗址。2010年，宿迁市博物馆、南京大学自然与文化遗产研究所对市实验小学幼儿园建设工地展开了考古勘探，再次发现了宿迁城西段城墙遗址。这是继宿迁东城墙和北城墙遗址被发现后又一次城墙考古的新发现，明确了宿迁城墙的大致范围。

2012年，明清时期的宿迁城墙遗址被列为市级文物保护单位。

杨国庆

宿迁县城池：旧城，明正德初，知县邓时中筑。万历四年，知县喻文伟改迁县治马陵山，去旧治北二里筑土城，周围四里，高一丈五尺，广称之。万历间，知县何东凤易以砖。

——清《考工典》第二十卷，引自《古今图书集成》

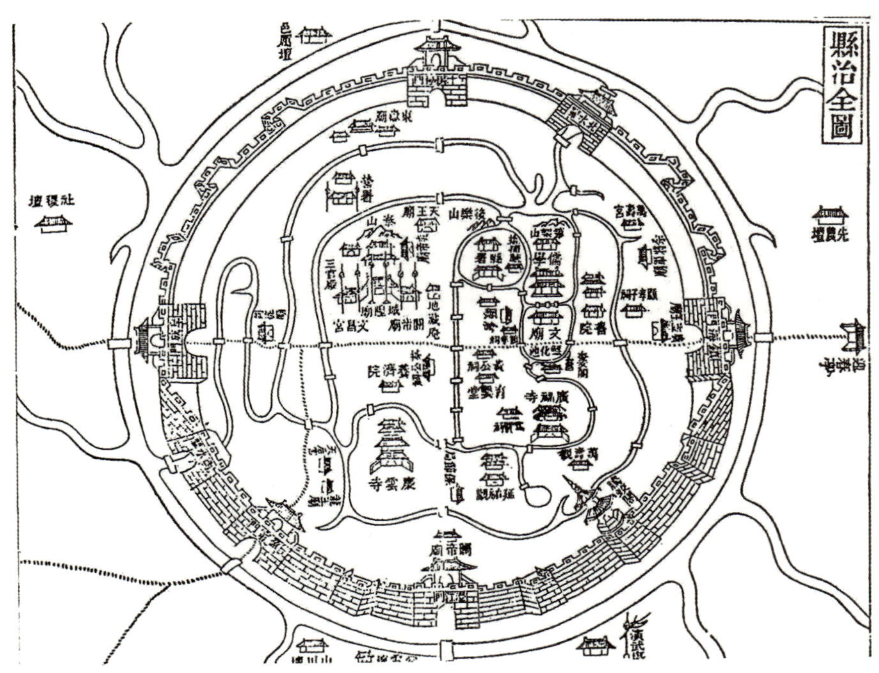

△ 泰兴县治全图　引自《泰兴县志》清光绪十二年刻本，载《中国地方志集成·江苏府县志辑（51）·泰兴县志》

泰兴，位于长江下游、江苏省苏中平原南部，水陆交通便捷，城市具有“水绕城、城抱水、街河并行、水城一体”的特点。

汉元狩六年（前117），海陵设县后，设镇，名“济川”，因地处襟江环海，自古就成为军事重镇。五代十国南唐升元元年（937），泰兴始置县治，初设于济川镇。北宋乾德二年（964），县治移至口岸以西的柴墟，并于四周垒土为城。南宋绍兴初年，县治迁延龄村（今泰兴镇）。此后，因朝代更迭，建置与隶属多有变更。1992年撤县设市。2011年，泰兴市被列入省直管县市试点。

据《崔侍郎桐城记》载：“泰兴古未有城，惟襟江环海也”，故又名“襟江”。泰兴筑城始于北宋乾德二年（964），因“宋徙县，故有城而隘”，规模很小。靖康之变（1126～1127），金兵南下，泰兴土城被毁。绍兴

△ 泰兴市文化博览中心内的城墙模型 本文照片均由金玉萍摄

三十一年（1161），为抗击金兵，知县尤袤在宋旧城外增筑土城，以致“北骑至，以城故（固），不得入”（据杨激云修、顾曾烜纂《光绪泰兴县志》卷六）。此后，城墙年久失修，“垣堞残毁”。明弘治五年（1492），知县原秉忠始用砖筑城门4座：东曰“寅宾”，西曰“迎恩”，南曰“南薰”，北曰“拱极”。不久，倭寇猖獗，泰兴受扰，对城墙修缮数次“议筑不果”。仅在嘉靖十一年（1532），知县朱篪于城西南增辟一门，题名“延薰门”，俗称“小门”。嘉靖三十四年，因倭寇扰境，巡抚郑晓下令修葺扬州诸属邑城池。泰兴知县姚邦材组织当地军民大规模修筑城垣，使其城周“计一千三百五十有三丈，高二丈五尺，广一丈，基趾于其广六尺”。设有城门5座：东曰“镇海”，西曰“阜成”（《考工典》记为“阜城”），南曰“澄江”，北仍曰“拱极”。于其西南复辟小西门1座，更名为“通济”，门右设水关1座。五门外均设吊桥。又沟通羌溪河，引水入城壕，使城内环以马路，城外绕以濠河。竣工后，告老还乡的原户部右侍郎张璁“桑梓之念，江湖之忧，赖以一释”，特撰《泰兴县城堑落成记》并勒碑于城内。该碑通高2.4米、宽0.8米，正书16行，共628个字，主要记述泰兴筑城经过及城垣范围（该碑现保存完整，并于1982年被列为市级文物保护单位，后移至奎文阁东南侧）。嘉靖四十年，署县事奚世亮建北水关，知县许希孟添五门的重门，并建楼于北水关上。明万历二十五年（1597），知县陈继畴增建敌台41座，再疏浚城内外河道。万历二十九年，知县陈继畴拆县署通明楼，移建于东南角城墙上，取名“腾蛟阁”（该阁毁于1948年前后）。

清代，泰兴城墙时有毁损，也时有修缮之举，并在清康熙二十五年（1686）增设城楼。此后，城垣年久失修，城楼先后坍塌，城墙毁圮。1952年，泰兴地面城墙基本被拆除殆尽，其遗址被改造成环城马路。

今人如此评价泰兴城池所形成的城市格局：泰兴城池由内、外两条城河环绕，外城河形如龟，内城河似龙蛇，形成了古今中外城市规划中独特的“龟背腾蛇”的空间意象。泰兴民间流传的“十字歌”中，与城墙有关的就有“一鼓楼、二水关、四关厢、五城门、六角桥”，以及从城门延伸出的“九条街”等，间接反映了泰兴城墙在民间产生的文化影响。

杨国庆

泰兴县城池：宋旧城，绍兴间增筑土城于外。明弘治间，知县原秉忠立四门：东曰寅宾，西曰迎恩，南曰南薰，北曰拱极。嘉靖十三年，知县朱篪因土城故址增建延薰门于济川桥西。三十四年知县姚邦材增筑，周延七里，计一千三百五十五丈，高二丈五尺，辟四门：东曰镇海，西曰阜城，南曰澄江，北仍曰拱极。又小西门一，名通济。西水关在阜城门南。五城门外各建吊桥。四十年，署县事奚世亮建北水关，知县许希孟添五门内重门，并建楼于北水关上。万历二十五年，知县陈继畴增建敌台，浚城内外濠。

——清《考工典》第二十卷，引自《古今图书集成》

▽ 环城西路段的环城河

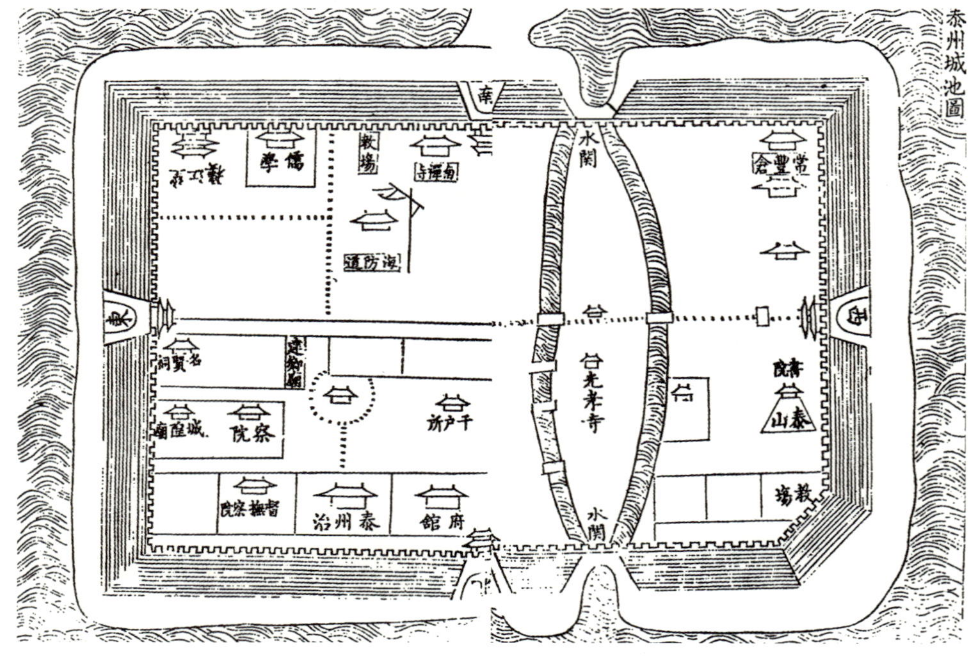

△ 泰州城池图　引自《扬州府志》清雍正十一年刻本，载《中国方志丛书·华中地方·江苏省·扬州府志（146）》

泰州，位于江苏省中部长江下游北岸，境内水网密布，是江海文明发源地之一，有“水陆要津，咽喉据郡”之称。2013年，被列为国家历史文化名城。

泰州古称“海阳”、“海陵”，汉初置县。唐初置吴州。武德七年（624）废，复为海陵县。南唐建州。据陆游在《南唐书》中的记载：“升元元年（937）十一月已未升东都海陵为泰州。”因取通泰之意，故名“泰州”。此后，随着朝代和政权更迭，建置、辖区范围及地名也多有变化。1949年始设市，1996年，升为地级泰州市。

泰州最早筑城不详。今人根据1955年6月从泰州北城垣出土的南唐升元二年（938）的《泰州重展筑子城记》碑文（1958年藏于泰州博物馆）分析，认为“海陵筑城的最初时间不是南唐，不是吴国，而是唐代”（潘耀：《浅识南唐〈泰州重展筑子城记〉》，载《江苏地方志》2010年第6期）。此前，相当多的文献记载中，泰州筑城均始于南唐。如明万历版《泰州志》载："州城自南唐升元元年（937）升海陵县为泰州，以褚仁规为刺史，筑罗城二十五里，周显德中团练使荆罕儒营州治，增子城。"清道光版《泰州志》也载：南唐烈祖升元元年，因升海陵为泰州，"以褚仁规为刺史，筑罗城二十五里，濠广一丈二尺"。在这些记载中，均称褚仁规所筑为罗城，后周显德年间（954～960）始筑子城。在中国筑城史上，罗城是子城的外围城垣，没有子城，就不会有罗城之谓，反之亦然。因此，在南唐褚仁规筑城之前，泰州已有城池当无异议。同时，根据褚仁规所撰《泰州重展筑子城记》标题强调"子城"来看，很有可能泰州在南唐之前已有子城与罗城的两重城垣。

南唐褚仁规的《泰州重展筑子城记》确实具有很高的研究价值，起码使我们认识了公元938年重修后的泰州子城状况："其城高二丈三尺，环回四里有余。其濠深一丈已来，广阔六步不啻。中存旧址，便为隔城，上起新楼，以增壮贯。仰望而叠排雉翼，俯窥而细甃龙鳞。"另据明嘉靖版《维扬志》载："泰州城，显德五年（958），团练使荆罕儒营州治，增子城，于东北隅更筑罗城。"由此可以判定，泰州的两重城垣格局至迟在公元938～958年间已经存在。

宋、明、清历代，多次扩浚城壕、整修城池，尤以南宋时期修城为繁，并筑堡城。如：南宋建炎三年（1129），通判马尚大规模用砖修城，并疏浚护城河。开禧二年（1206），从提价的官盐抽取部分费用修城。宝庆三年（1227），在知州陈亥主持下，再次大规模拓宽东、西、北三面新的护城河，疏浚南边的旧护城河。元末张士诚弃州城，在堡城基础上改筑新城。

明洪武三年（1370），重建州城，城周长2003.2丈、高2.7丈、基宽4丈、顶宽2丈。设城门楼4座：东曰"海宁"，西曰"阜通"，南曰"迎恩"，北曰"迎淮"（光绪三十四年《泰州乡土地理》称"临淮"），各城门均建外瓮城。设南、

△ 宋城古涵的现代保护 本文照片均由金玉萍摄

△ 南水关遗址整体保护和现代城市环境相协调

△ 南水关遗址受到当地重视与保护

◁ 泰州城墙遗址文物保护标志碑

◁ 南水关遗址文物保护标志碑

△ 在城墙遗址附近设立的大型古城池地雕

△ 在泰州城东南遗址上新建的望海楼

▽ 修缮后的泰州城东段及环境

北水关2座，城顶建窝铺81间。护城河长2380.5丈、宽52丈、深1.1丈。此后，泰州城池多有修缮，也有损毁。

清乾隆三十二年（1767），因年久失修，城池损毁严重，据估算耗用工料银98763两，由所属县分工修葺。三年后，此项工程得以验收，知州王镐撰有修城记。泰州子城，在清道光七年（1827）时，早已毁圮。

20世纪30年代，泰州城墙被拆除，原泰县全县各乡均遣民工参与拆城。所拆城砖皆各运其乡，修桥铺路，公建学校、私修院宅，各司其用，泰州城墙遂余极少遗址。1996年，在对泰州护城河进行局部排水清淤时，发现距城墙墙基7～8米河床处里外设有两排木桩。木桩长1米余，直径约10厘米不等，小半在泥土上，大部仍埋在河泥下，绕墙基外侧而立。2009年12月，泰州在一处单位施工中又发现用石头和青砖砌成的城墙附属建筑水关1座。现存东南段夯土城址为明以前土城墙，长81米、上宽约12米、下宽25米、高约6.3米。

1986年，宋明时期的泰州城遗址被列为市级文物保护单位。

杨国庆

泰州城池：自南唐升海陵县为泰州，筑罗城二十五里。周显德中，增子城于东北隅，更筑罗城，合西旧城，周十里，即今城是也。宋建炎中，通判马尚甃其外，为四门，浚城濠。宝庆丁亥，守陈亥创开东西北外濠，浚南濠。明洪武中，建州城。周围二千三丈二尺，高二丈七尺。南北水关二，濠广五十二丈，袤二千三十余丈。

——清《考工典》第二十卷，引自《古今图书集成》

▽ 泰州东侧护城河

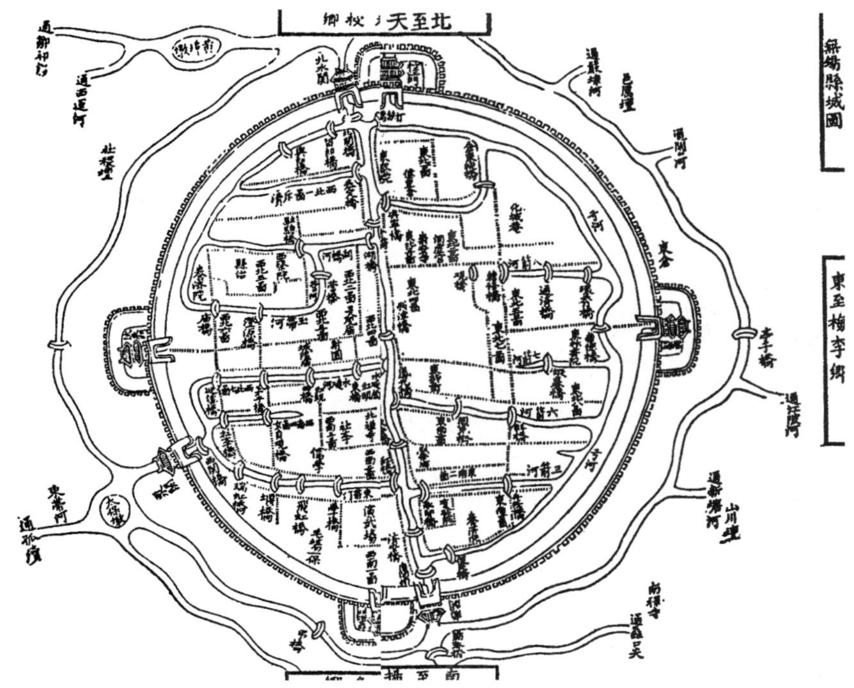

△ 无锡县城图　引自《常州府志》清康熙三十四年刻本，载《中国地方志集成·江苏府县志辑（36）·常州府志》

无锡，位于江苏省南部、长江三角洲平原腹地、太湖流域的交通中枢，自古就是著名的鱼米之乡。2007年，被列为国家历史文化名城。

秦始皇统一六国，派王翦驻守锡地。西汉高祖五年（前202），始置无锡县。此后，随着政权更迭、建置变化，曾称锡县、无锡州、金匮县等。无锡县和金匮县也曾同城分治。1949年后，析出无锡县城和附近郊地，始置无锡市。

无锡建城，始于西汉高祖五年（前202）设县之际，西依梁溪河而筑，分为子城和罗城。据《越绝书》载：最早的无锡城“周二里十九步，高二丈七尺，门一，楼四。其郭十一里百二十八步，墙高一丈七尺，门皆有屋”。梁朝时，无锡两重城郭均已大为收缩。据《元志》（据光绪七年《无锡金匮县志》卷四转引）载，当时“旧罗城周围四里三十七步，子城周围一百三十步”。五代十国时，南唐为抵御吴越王侵犯在无锡城墙外加筑外郭，城郭之间称“夹

◁ 胜利门广场，人行道是城门遗址
本文照片均由金玉萍摄

◁ 正在进行环境整治的夹城里城墙遗址

▽ 新建的南门及南吊桥

△ 当地原住民顾濂江老人介绍解放路向西城墙走向遗址

▷ 2009年，重建无锡望湖门、抚熏楼记碑刻

▽ 2009年新建的无锡南门——望湖门及城楼

城里”。但是，对于无锡早期的筑城，光绪版《无锡金匮县志》中经考证后则称：无锡“城之修筑，宋以前无可考”。

宋乾兴元年（1022），县令李晋卿“重筑旧子城，一百七十七步，东接运河，西距梁溪”。设有城门4座：东曰“熙春”，南曰“阳春”，西曰“梁溪”，北曰“莲蓉”。新辟“顾桥”、“新塘”、“董家”偏门3座，另设水关3座。而据光绪版《无锡金匮县志》载，李晋卿“重筑（无锡）子城，其外城盖未遑及”。因此，建炎（1127～1130）初，金兵南侵无锡时，无锡“无城可守”（据嘉庆及光绪版《无锡金匮县志》）。元人王仁辅在《无锡县志》中说：“今州城虽废，迹有可见，城有七门。”元至正十七年（1357），张士诚占据无锡，始用砖石砌筑城墙，“增广其制，甃以砖石。东抱弓河，周围九里，城高二丈，池深二丈，阔七丈。池外有郭。旧三偏门筑城皆废。止存四正门，水门三”（嘉庆十八年《无锡金匮县志》卷四）。

明洪武元年（1368），无锡再次缮治城墙，周围1620丈、高2丈，四门皆建有城楼。明嘉靖年间（1522～1566），倭寇频繁扰境，无锡城墙却因年久失修毁坏严重，当时文彭（1498～1573）写了一首诗，描述了当时的无锡城：“昔尝经此地，荒草蔽颓垣。狂寇频年至，危城一旦完。”嘉靖三十三年，在无锡知县王其勤主持下，历时70天全面修葺城墙，城墙周长1783.61丈、高2.1丈，“甃以砖石”（乾隆元年《江南通志》卷二十）。在四门外筑造瓮城，修建城楼，并改城门名：东曰“靖海”，西曰“试泉”，南曰“望湖”，北曰“控江”。护城河深2丈、宽1.7丈。城墙上还建有守卒房舍，数步1舍，数舍1台，敌台便于瞭望。建有水门3座，其中南、北水门跨弦河，西水门跨东带河。城池修建完工两天后，有“倭寇至，登陴守之，得不破”（据嘉庆版《无锡金匮县志》）。

入清以后，曾因大水或战火，城池时有损毁，也屡有修缮。雍正四年（1726），在大规模修城时，将工程分派给同城而治的无锡和金匮二县，二县合计修城1854.97丈、城垛3538座、敌台40座。此次分城修治后，二县各自负责所属地段的日常维护，直至雍正九年（1731）因维修经费改由国库提供，方才取消这种临时性的筹资方式。道光二十年（1840），无锡知县李彭龄和金匮知县董用威倡议用募捐形式，修缮70余丈城墙。咸丰十年（1860），太平军占据无锡城后，曾修缮城池并加高垛口。

继宣统二年（1910）拆除无锡北门外瓮城后，拆城呼声不断。1929年、1946年无锡地方政府先后两次向江苏省政府呈请“拆城筑路”的议案，均遭否决。但是在这样的背景下，无锡还是出现了局部拆城，尤其是一些城门的附属

建筑（如外瓮城、敌台等）。其间，随着城市发展，无锡还曾新开城门，以利交通。1913年，在东北角新开光复门，1918年，又在西门辟新西门。据1922年《无锡县志》载："今州城虽废，迹犹可见。"

1949年12月，无锡市第二届人民代表会议讨论通过《关于拆城筑路与取缔违章建筑物的决议》，正式作出"拆城筑路"决策。1950年3月，市政府组成拆城筑路指挥部，4月1日，于吉祥桥堍举行拆城筑路誓师大会，发动7000多人全面实施拆城筑路工程。至1951年3月10日，全长5560米古城墙全部拆除，拓建成16～24米的环城路，即今解放路（《无锡古城墙变迁》，载《无锡史志》2009年4月）。

2011年公布的《无锡市第一批历史地名保护名录》中，与城墙文化有关的"夹城里"被收录其中。

杨国庆

无锡县城池：在运河西梁溪。宋乾兴初，李令晋卿修筑。周围十一里二十八步，高一丈七尺，广如之。濠深二丈，阔七尺。后伪吴甃以砖石。

——清《考工典》第二十卷，引自《古今图书集成》

▽ 当年无锡城护城河现状

兴化城

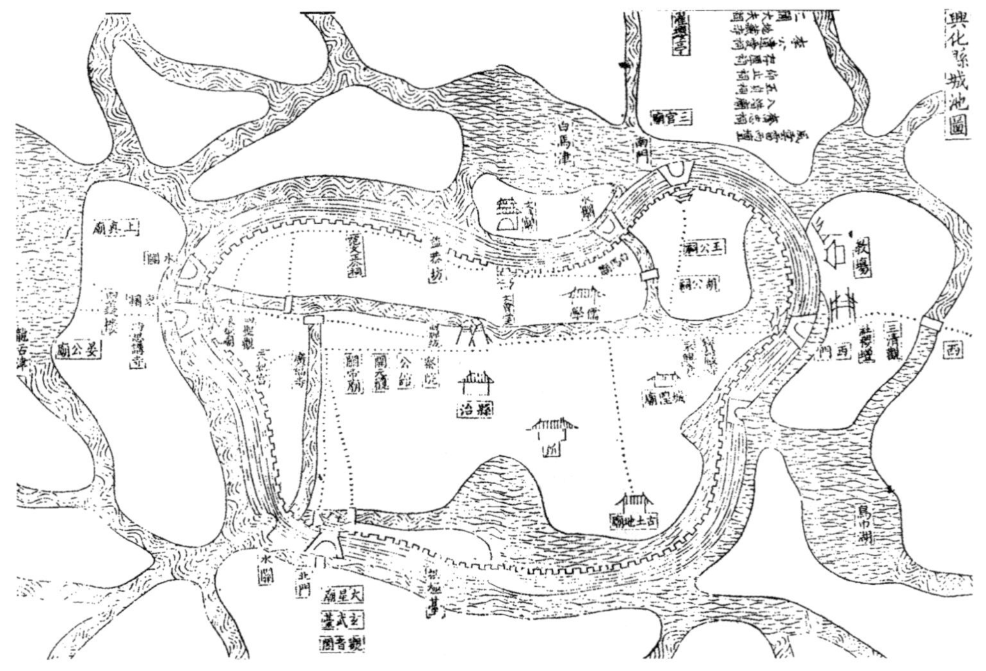

△ 兴化县城池图　引自《扬州府志》清雍正十一年刻本，载《中国方志丛书·华中地方·江苏省·扬州府志（146）》

兴化，位于江苏省中部、里下河腹地，境内河湖港汊纵横交错，密如蛛网，地势低洼，形如“锅底”，故有“水乡”之称。因四面环水，交通不便，地处偏僻，向有“自古昭阳好避兵”的说法。

兴化，又名“楚水”、“昭阳”，是一个有2000多年历史的古邑。五代十国吴杨溥武义二年（920），自海陵县划出部分为招远场，后改为兴化县，这是兴化置县治之始。此后，随政权更迭，兴化县治及县名仅在很短时间有过变化，基本沿袭至1987年撤县建市，改为兴化市。1996年改隶泰州市。

兴化城墙，始筑于宋宝庆元年（1225，《考工典》所载年代有误），当时知县陈垓为抗击金兵入侵，开始筑土城。城周长6里157步、高2.5丈、顶厚1.5丈。城墙设有四门，门上建有城楼。城外设有护城河围护（据清咸丰二年《重修兴化县志》）。元末，城墙废圮。

明洪武五年（1372），守御千户郭德、蔡德、刘人杰等先后用砖重建，城墙高1.8丈，内外环水为护城河。嘉靖十七年（1538），整修城墙，并修筑玄武台，因位于城北而更名为“拱极台”，建有城门和瓮城，原为土筑，后改为砖石构造，具有城防和观瞻双重功效。嘉靖三十六年八月，再修兴化城，历时两年竣工。新城周长约3公里，耗用城砖600.5万余块、石灰12万余石，加高城墙至2.8丈，垛口共1860座，高2.5尺；城墙顶面宽4丈、底宽8丈。墙身前高后低，厚实坚固，既可御敌又能防洪。兴化城墙设有城门4座：东曰“启元”，南曰“文明”，西曰“威武”，北曰“肇魁”。城门上均建有城楼，名曰“观海楼”、“怀曛楼”、“见山楼”、“仰宸楼”。护城河宽2.5丈、深1丈，用“木、石工匠银五百七十四两有奇”。其经费均由当地募捐和罚款所筹集（据咸丰二年《兴化县志》卷一）。万历二十六年（1598），为防御倭寇，知县翁汝进再在城内侧“培城土加厚”，添设石栏于水关以防水患。明末清初，唐甄曾登临城墙，作《兴化县城上登览》：“孤城野水忘黄昏，粳稻菰蒲一水痕。风急直愁沧浪入，秋高常畏大滩奔。鱼龙带雨亘中泽，鹳鹤冲烟过北门。来日忧怀何和道，芰荷香满泛前村。”

清顺治十二年（1655），知县任登级主持修缮城楼和雉堞。此后，至咸丰元年（1851），先后有六次较大规模的修缮城池。同治七年（1868），重

▽兴化城因当年有房屋搭建而幸存的城墙地段　本文照片均由杨国庆摄

△兴化老城墙上的大树根危及城墙

修兴化城的拱极台，当地附贡生徐嵩峻手书的《重修拱极台记》碑刻，置于台基西南角。兴化城墙城砖以明清烧造为主，大多没有砖文，极少带砖文的城砖，仅记年号、窑名等数字。

1912年以后，为方便交通增开小南门、小东门、小北门，至此城墙有了七门，在城墙的东、南、西、北各段仍设水关4座。1946年，拱极台毁于战火，仅存台基。

1958年经江苏省人民政府批准，兴化城墙大部分被拆除，剩余部分因为当时的百货公司仓库、直属粮库等国有企业依古城而建，才侥幸得以保留。据1995年版《兴化市志》记载，兴化城墙"仅存西门、小东门等残垣约400米"。据有关资料考证，当时四处残垣位置分别为：百货公司仓库北端，造纸厂大门南端，健康小学东侧，粮食局仓库后边，每段约100米。

2006年，地方政府开始对兴化古城墙残段进行修缮和修复，计划在东城外城墙的东端，沿城墙走向，继续向东、南方向延伸，经市少年宫至向阳饭店（原老东城门处），全长220米、底宽6.5米、高9米，中间夯土填实，顶部铺砖为游人的步行道。城顶步道宽3米，墙头恢复垛口。还计划"在东北两面各辟两处城门，门上建城门楼，在城楼两侧设踏坡通道，供游客信步城上观光。修缮后的古城墙是整体上体现明代江淮水城特色县级城墙，并与城门和城门楼组建成兴化古城墙遗址公园"。最先修复的是百货公司仓库处（即位于东城外城脚跟巷），该段残墙长65米、高5.5米、底宽1.6米、顶宽1.1米。2009年，笔者实地考察时，收集了部分兴化城墙砖文。

1986年，兴化城墙被列为市级文物保护单位。2002年，兴化城墙被列为省级文物保护单位。

杨国庆

◁ 修复后的兴化城墙新东门城脚根

▷ 兴化城墙的旧墙体

兴化县城池：宋嘉定十八年，知县陈垓始筑土城，周六里一百五十七步，高二丈五尺。城楼四座，水陆各四门。明洪武五年，千户郭德、蔡德、刘人杰以砖更建之。嘉靖三十六年，知县胡顺华加筑城址，共高二丈八尺，厚四尺。辟四门：东曰启元，西曰威武，南曰文明，北曰肇魁。浚濠堑，广二丈五尺，深一丈。万历二十六年，知县翁汝进培土增厚，并置四水关石闸以防水患。

——清《考工典》第二十卷，引自《古今图书集成》

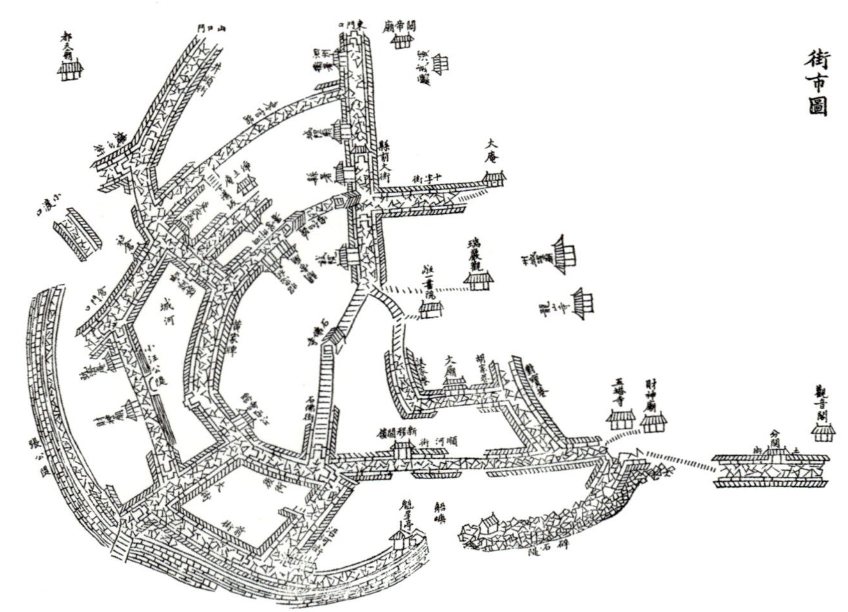

△ 盱眙县街市图　引自《盱眙县志稿》清光绪十七年刊本，二十九年重校本，载《中国方志丛书·华中地方·安徽省（93）·盱眙县志稿》

盱眙，位于江苏省西部，地处淮河下游、洪泽湖南岸。古泗州城遗址、秦代东阳城遗址在其境内。

盱眙，春秋时名“善道”，属吴国，曾是诸侯会盟的地方；战国时，越灭吴，盱眙属越国；后楚国东侵扩地至泗上，盱眙为楚邑。秦始皇统一中国，实行郡县制度时，盱眙建县，县名初为“盱台”（台，音“怡”）。据《中国古都词典》载：“秦二世二年（前208）六月至八月，楚怀王孙心都于此，共三月。其地在今江苏盱眙县东北。”秦末，刘邦、项羽率反秦起义军曾在盱眙休整，官滩镇境内有汉王城、项王城遗址；隋末，炀帝南巡扬州时在盱眙建离宫，名曰“都梁宫”。后因县治设在山上，取“张目为盱，直视为眙”之意，遂名“盱眙”。历史上，盱眙县曾建过都，升过郡、军，还有州、郡也曾在盱眙设治。1955年，盱眙由安徽省划归江苏省，现隶属于淮安市。

盱眙筑城始于六朝（即东吴、东晋、南朝宋、齐、梁、陈六朝），“城小而坚，旧有六门：东曰陈门，西曰玻璃门，南曰南门，北曰水门，东北曰慈氏门，西北曰积宝门”。宋嘉定十一年（1218），修盱眙军城。明永乐年间（1403～1424），城池毁圮。至清光绪七年（1881），盱眙城仅存北门，城门名早已改为“淮汴门”。20世纪50年代，盱眙城的残垣被拆毁。

泗州，是一个存在于北周（557～581）末年到清康熙四十二年（1703）之间的历史地名，州治始设宿豫（今江苏宿迁），辖地大概在今天的泗县、天长、明光、盱眙、泗洪一带。据《凤阳府志》载：“泗州南瞰淮水，北控汴流，地虽平旷，而冈垄盘结，山水朝拱，风气凝翠，形胜之区也。”据清光绪版《淮安府志》载：唐开元二十三年（735），泗州自宿豫迁至临淮（即古泗州城）。泗州隶属虽有变更，治所也有迁徙，但其名一直沿用到民国元年（1912）4月，因废州制，遂改称泗县，直属安徽省。盱眙境内的古泗州城遗址，是康熙四十二年泗州迁治虹县（今安徽泗县）之前被水淹没的泗州城。

北周大象二年（580），始筑泗州土城，先后筑有东、西二城。明初，将二城合一，并在土墙内外用砖石砌筑，城呈椭圆形，城周“九里三十步，高二丈五尺”。清康熙十九年（1680）黄河夺汴入淮，泗州城遭灾，河水多年不退。康熙三十五年夏，特大洪水再度侵袭泗州城，全城最终被河水埋没。据统计，从明万历六年至康熙十九年（1578～1680），泗州城被淹城达29次，平均3.5年就发生一次淹城事件。每次大水淹城，都会发生街巷行舟、房舍顷颓、民多逃亡的惨景。

1974年，在淮河镇城根小学附近发现了一段城墙基础，长约20米、宽约8

▽ 泗州城遗址地面遗存 本文照片除署名外，均由金玉萍摄

米、残高1.2米，垒石而成，后经文物部门派专家现场考察，此遗址为泗州故城遗址。1986年以后，当地政府聘请省内专家先后多次开展了对古泗州城遗址的考古研究。发现如今泗州城遗址只有1/10淹没于淮河里，大部分已经回到陆地，掩埋于地下。古泗州城周长在4.2公里以上，城墙原高10～15米，现残存高度4米，东西大道1.8公里，贯通全城，有一条50米宽的河流横穿城区。全城共设五门，每座城门设有外瓮城，从形状上看酷似少了一条腿的乌龟。有学者认为：古泗州城是中国唯一一座灾难性古城遗址，堪称中国的“庞贝古城”。

在盱眙境内，除上述二城外，重要的城址还有东阳城遗址。据清同治版《盱眙县志》载：秦置东阳县，沿袭汉代。1976年试掘时，发现该城平面呈长方形，遗址大部分保存完整，内外城东西并列相连。发现的城墙总长3471米，墙体宽约20米、残高3～5米，均用黄土分层夯筑。

1982年，汉代东阳城遗址被列为省级文物保护单位。1996年，秦、汉项王城遗址，明代泗州城遗址，分别被列为县级文物保护单位。2013年，唐代至清代的泗州城遗址被列为全国重点文物保护单位。

杨国庆

▽ 考古发现埋于地下的古泗州城西墙外侧砖石结构包墙遗迹

▽ 考古发现埋于地下的古泗州城东墙外侧砖石结构包墙遗迹
本页两图由贺云翱提供

盱眙县城池：县治三面沿山，北阻淮水，古称城小而坚。旧有六门，今存遗址。宋嘉定十一年，修盱眙军城。今北门尚存，名曰淮泝门。

泗州城池：宋筑土城。明初甃以砖石，汴河经其中。周围九里三十步，高二丈五尺，东南西北四门。

——清《考工典》第二十卷，引自《古今图书集成》

▽ 泗州城遗址文物保护标志碑

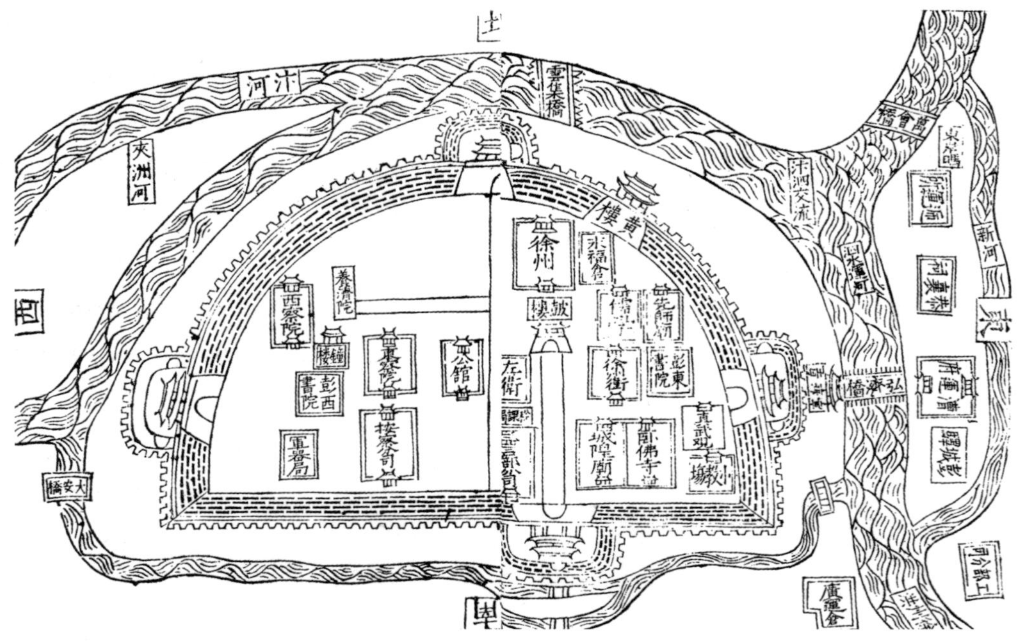

△ 徐州州治之图　引自《徐州志》明嘉靖间刊本，载《中国方志丛书·华中地方·江苏省（430）·徐州志》

徐州，位于江苏省西北部，与安徽、山东相邻。由于徐州特殊的地理位置，自古是兵家必争之地，有自古彭城列九州、龙争虎斗几千秋之说。1986年，被列为国家历史文化名城。

徐州古称“彭城”，又名“涿鹿”。据先秦古籍《世本》记载：“涿鹿在彭城，黄帝都之。”《舆地志》云：“涿鹿本名彭城，黄帝初都，迁有熊也。”夏禹治水时，把全国疆域分为九州，徐州即为九州之一。当时徐州只是作为一个自然经济区域的名称，彭城邑成为这一区域的中心城市。春秋战国时期，为徐国地，彭城为宋邑。秦汉之际，西楚霸王项羽建都彭城。彭城还是西汉、东汉、三国时曹魏和西晋等封国的国都。西汉时期，彭城为刘氏同姓王的重要封国——楚国和彭城国。东汉末年，曹操迁徐州刺史治彭城，改称“徐州”。此后，徐州既是一个行政区域，又是“彭城”的别称。1945年设立徐州市。

徐州最早筑城详情无考，说法不一。据乾隆七年《徐州府志》卷一载：徐州古有四城：其一是古大彭国外城；其二是外城内有金城；其三在其东北有小城；其四在西面又有一城。秦末，西楚霸王项羽建都城于此（万历五年《徐州志》卷一）。南朝刘宋年间（420～479），刺史王玄谟（乾隆版《徐州府志》称“王元谟”）在其城址大规模地筑造城池。南朝陈太建十年（578），城垣被毁。唐贞观五年（631），重建徐州城，有内、外两重城墙。北宋熙宁十年（1077），徐州遭遇大水，知州苏轼率军民增筑徐州城，将东城门改建为高大的“黄楼”，并修筑堤坝以防洪。金明昌五年（1194），黄河决口，其南支改道，经汴入泗、夺淮入海（直到1855年再改道北去），徐州城出现了东、西、北三面皆黄河而南独平陆的情况。金哀宗正大元年（1224），完颜仲德在其城外东南增筑城池，后为明广运仓地。

明洪武（1368～1398）初年，重建徐州城。城墙以砖石垒砌，城周9里余、高3.3丈，城基宽与高相等，城顶宽1.65丈。护城河宽与深均约2丈，设有垛口2638座、角楼3座、窝铺51座。全城开有城门4座：东曰“河清”，西曰“通汴”，南曰“迎恩”，北曰“武宁”（据万历版《徐州志》卷一）。此后，由于黄河水患，徐州城屡建屡毁。明天启四年（1624）黄河决堤，全城淹没，至崇祯元年（1628），水退，淤积泥沙厚达2.5米（部分地段有4～5米），成为“城下城”。大水退后，兵备道唐焕于原址重建，仍难以恢复旧制。

清顺治十八年（1661），兵备项锡引率众大规模修浚徐州城池，修缮毁损地段64处，疏浚护城河1368丈，历时三年告竣。康熙七年（1668），因地

▽ 徐州护城河（即黄河故道） 本文照片均由Cathleen Paethe摄

△ 快哉亭公园内残存的城墙已经修缮

△ 采用现代材料修缮后的城墙顶部

◁ 在古城墙遗址上新建的城墙，墙体内部空间成为商铺，墙体上布满空调设备

震全城毁坏。雍正二年（1724），知州孙诏重新修葺。嘉庆二年至嘉庆五年（1797～1800），扩建徐州城，周长14.5里。咸丰年间（1851～1861），因抵御农民军北伐，在老城周围先后分段增筑外城土垣，设城门6座、炮台10余座。又在黄河以北（今坝子街）筑城，开四门，与府城隔河相望，互为犄角。

1928年，在驻守徐州国民军第一军军长刘峙倡议下，城垣被拆除，仅遗存快哉亭公园内一段约150米的城墙。

徐州城墙由于历史水患等原因，形成了“城叠城”的现象。现存数段地下和地面的城墙遗址，分别以明清的古彭广场地下城遗址、清代的古城墙址之名，于1987年列为市级文物保护单位。2001年，清代的徐州市西门城墙遗址被列为市级文物保护单位。

杨国庆

徐州城池：建筑未详，今城三面阻水，独南路平衍，可通车马。明洪武初因旧城垒石，甃甓，周九里有奇。立门四。

——清《考工典》第二十卷，引自《古今图书集成》

▷ 徐州古城墙标识碑

▷ 徐州古城墙址文物保护标志碑

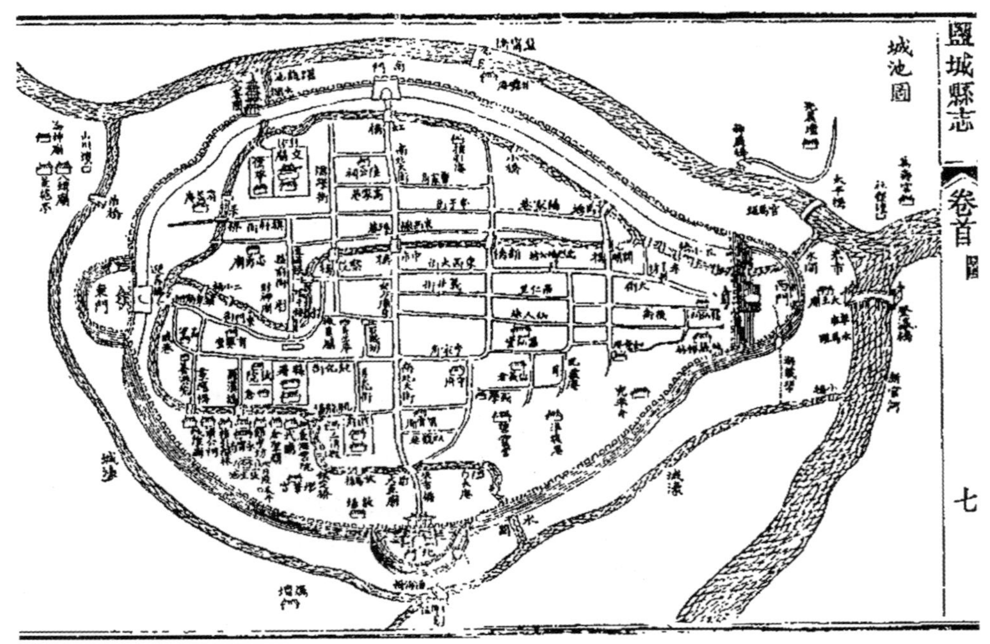

△ 盐城县城池图　引自《盐城县志》清光绪二十一年版

盐城，位于江苏省沿海中部，自古“环城皆盐场”，是东南沿海重要的盐业生产中心，以盛产“淮盐”而享誉华夏，是名副其实的“盐”城。

盐城，周时属青州，此后又先后属吴、越、楚、东海郡。汉元狩四年（前119）建盐渎县，为盐城置县之始。东晋义熙七年（411），改名“盐城”，为现名之始。历史上随着政权更迭，盐城建置、隶属多有变化。1983年，升为地级盐城市。

盐城筑城之始，详情难考。汉元狩四年（前119）建盐渎县治时，恐无城。故光绪二十一年《盐城县志》经分析认为：汉盐渎故城在汉时常为海水满溢，“必不可建城”。而《旧唐书·地理志》亦云：“盐城久无城邑。然则，今之城必筑于有唐以后。然，创始何年？究不可考。”根据文献较多的记载，盐城筑城当始于南宋绍兴至乾道之间（1131～1173），经三次修筑始成土城。

△ 今日环城北路即旧城城址 本文照片均由姜银华摄

嘉定年间（1208～1224），知县尤焴重修。元至正十五年（1355），县尹曹经再次重修土垣。

明永乐十六年（1418），指挥杨清、守御千户冯善为防倭寇侵扰，改用城砖修城，城周7里134步、高与宽各2.3丈。建城门3座：东曰“朝阳”，西曰“安泰”，北曰“拱斗”，各城门均建城楼，并增筑外瓮城和雉堞。另建东、西水门2座、窝铺28座。开挖的护城河深达9尺，围绕城墙的四周。因其城池形如葫瓢，故民间有“瓢城”之称。嘉靖三十六年（1557），府检校祝云鹤重修城池。万历七年（1579），知县杨瑞云以“盐之建城，龙脉发自西北，而□□于东南，不可无南门”为由（乾隆十二年《盐城县志》卷三），新开南城门，并建城楼，取名“迎薰”，居民皆称便利。有孙继皋所撰《新开南门碑记》，详记其事。后来，因城中多有火灾，南门又被塞闭。崇祯十三年（1640），知县张桓在旧南门基址向西数十步的地方新开南门，城门上城楼题字为“文明捷径”，自此“科第日盛，至今仍之”（据乾隆版《盐城县志》）。

入清以后，盐城城池多有损毁，修缮相对并不及时，甚至西城门的外瓮城竟成了贫民结茅栖息之地。直到咸丰六年（1856），太平军战乱时期盐城因城防需要，才另建房舍迁出瓮城内的居民。康熙七年（1668），盐城地震导致城楼、城上窝铺和垛口有不同程度的损毁。乾隆三十二年（1767，光绪版《淮安府志》称“三十九年”，有误），知县朱洛臣申请库银重新维修。道光三十年（1850），盐城东北隅一段城墙坍塌。同治八年（1869），西北隅一段城墙也有坍塌。光绪十三年（1887），北门城楼塌毁。其毁损地段先后得到修缮。至光绪二十一年时，盐城西面的城墙垛口残缺，女墙损毁，亟待修葺。早年深

△ 建造在城墙基础上的环城西路

达9尺的护城河，至清晚期也因年久“难（以）开浚”。

1912年以后，盐城城池逐渐荒圮，甚至被拆除。当年的城墙基址被建成环城路，环城北路、环城西路被俗称为“老城墙”。

杨国庆

盐城县城池： 宋筑土城。明永乐间，指挥杨清、千户冯善始易以砖。周围七里一百三十四步，高二丈二尺，厚如之，池深九尺。万历间，知县杨瑞云建楼、浚池。

——清《考工典》第二十卷，引自《古今图书集成》

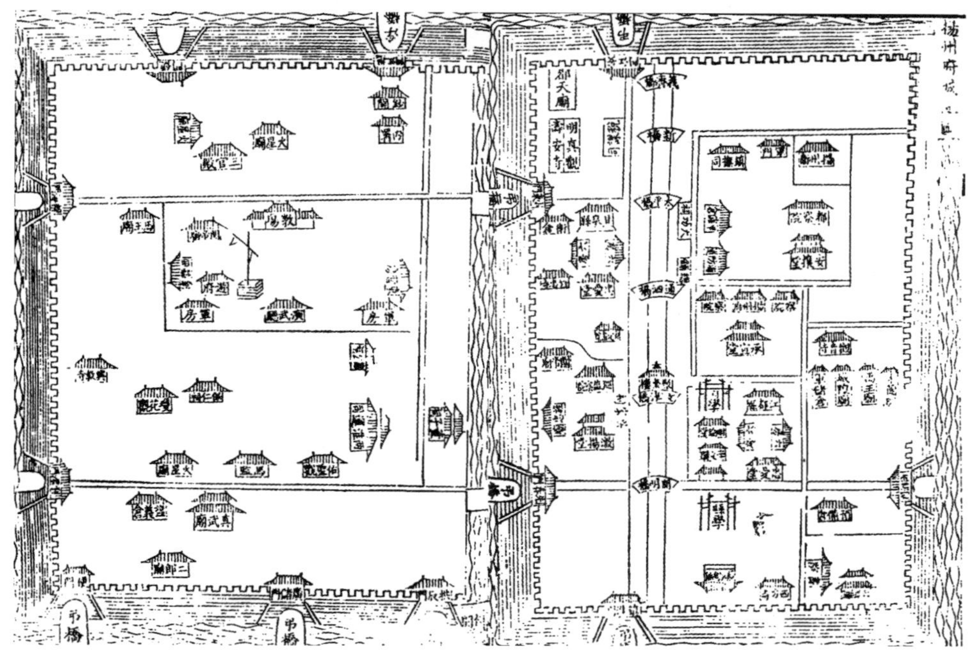

△ 扬州府城池图　引自《扬州府志》清雍正十一年刻本，载《中国方志丛书·华中地方·江苏省（146）·扬州府志》

扬州，位于江苏省中部、长江下游北岸、江淮平原南端，有“竹西佳处，淮左名都”之称。1982年，被列为国家历史文化名城。

“扬州”一名，最早见于《尚书·禹贡》：“淮海维扬州。”这是一个宽泛的历史地理概念，涵盖了今淮河以南、黄海、东海、长江广大地域内的江苏、安徽、江西、浙江、福建等省。狭义上的扬州，在春秋时称“邗”（邗国为周代的方国之一，后被吴所灭），秦、汉时称“广陵”、“江都”等。唐高祖武德八年（625），将扬州治所从丹阳移到江北，从此广陵才享有扬州的专名。此后，名称、建置及隶属屡有变化。明清以后，为扬州府或县。1950年，成立扬州市。1983年，设立地级扬州市。

据《春秋左氏传》载：鲁哀公九年（吴王夫差十年，前486）“吴城邗，沟通江淮”。为扬州建城之始。汉高帝十二年（前195）吴王刘濞建都广陵，并扩建都城，开启了扬州建都史。隋大业元年（605），重修城池为外城，又在城中偏北筑周长约5公里的方形内城（即江都宫城），内外城之间设有城壕。唐建中四年（783），在蜀冈下修筑了规模宏大的罗城，“西踞蜀冈，北抱雷陂（即雷塘）”，周长约12870米，城墙厚约9米。后周显德五年（958），韩令坤在唐罗城东半边的范围内筑新城（即子城），又称“周小城”、“周城”，之后又有改筑，城周12里，并沿用至北宋时期。

南宋建炎元年至三年（1127～1129），扬州为行都。其间建炎元年九月，朝廷命江东制置使吕颐浩修缮城池。次年十月，又再次命浚隍修城，把州城的南沿向南推进靠近运河，全用大砖砌成，称之“宋大城”，城周长2280丈。宋宝祐三年（1255），重修蜀冈上的唐代子城（又称“堡塞城”、“宝祐城”）的北、西、南三面城墙，东城墙沿原南门至北门偏东，面积为唐子城的一半。因此城与宋大城南北对峙，中间相隔两里互无照应，遂于南宋绍兴年间（1131～1162）再筑全长2700米的“夹城”，以封闭的形式连接二城。自此，扬州一地有宝祐城、夹城、大城组成的“宋三城”。

明初，扬州守臣张林（《考工典》记为“张德林”）“以宋城太大，改筑西南隅”城墙（乾隆元年《江南通志》卷二十），使城周9里757.5丈、高3丈、厚1.5尺。设城门5座：南曰“安江”，北曰“镇淮”，西曰“通泗”，东曰“宁海”，东南曰“小东”，各城门均建有外瓮城、城楼。设南、北水门2座，城上置有雉堞、警铺、敌台等附属建筑。嘉靖三十五年（1556），再筑新城，自旧城东南角楼至东北角楼，周10里，计1541.9丈，高厚与旧城等高，设七门。

◁ 扬州北宋东门遗址
杨国庆摄

▷ 扬州城南门遗址　扬州城遗址考古队提供

自明万历年间（1573～1620），知府吴秀、郭光先后修城，疏浚护城河，增加垛口及敌台后，至清代和民国（1636～1949），扬州城屡有修缮，也时有损毁。宣统二年（1910），在小东门南边拆了一段城墙，并在其城基上建造大同剧院（后改名为“大舞台”）。次年，在小东门北边拆了一段城墙，利用面临小秦淮河的城址建设公园。

1916年，全部拆除了新旧城相隔的城墙和大东门城门。1923年，为设镇扬汽车站，在钞关与徐凝门之间新开了一座福运门。1927年，拆除了南门外瓮城及挡军楼。1937年修筑新马路，又开辟了新南门（凯旋门）和新北门（和平门）。

1951年1月28日，开始在新南门进行拆除废城墙工程，共分两个阶段：第一阶段从便益门西向东沿河一直至新南门，实拆128924公方；第二阶段，从便

▷ 扬州东关门　本文照片除署名外，均由蔡理摄

△ 环境整治后的扬州北宋东门外护城河

益门西起经广储门、天宁门、北门、西门至新南门，计188495公方。扬州城墙遂基本被拆除，仅余极少残段（据扬州市档案局编印《扬州大事记》载）。

1996年11月，扬州城遗址（隋至宋）被列为全国重点文物保护单位。2010年国家文物局公布的“第一批国家考古遗址公园立项名单”中，扬州城国家考古遗址公园被列入其中。

杨国庆

扬州府城池： 扬州有城，自春秋吴王夫差城邗沟，楚王熊槐城广陵始也。明初，佥院张德林因宋大城西南隅改筑，仅周九里一千七百五十七丈五尺，厚一丈五尺，高倍之。设门五：南曰安江，北曰镇淮，西曰通泗，东曰宁海，东南曰小东。各门有瓮城、楼橹、雉堞、警铺、敌台相望。南、北水门二，引官河贯其中，曰市河。嘉靖丙辰，筑新城，起旧城东南角楼至东北角楼，周十里，计一千五百四十一丈九尺，高厚与旧城等。城楼五，设门七：南曰挹江，钞关在焉；又东为便门，东南曰通济，东曰利津，东北为便门，北曰镇淮；又北曰拱辰，关北亦为便门。南北即旧城濠口，为二水门；东南即运河为濠，北濠引水注之。万历二十年，知府吴秀浚西北河，甃以石堤，增城堞三尺。二十五年，知府郭光甃石壕未竟者四百余丈，增敌台一十有六。江都县附郭。

——清《考工典》第二十卷，引自《古今图书集成》

仪征城

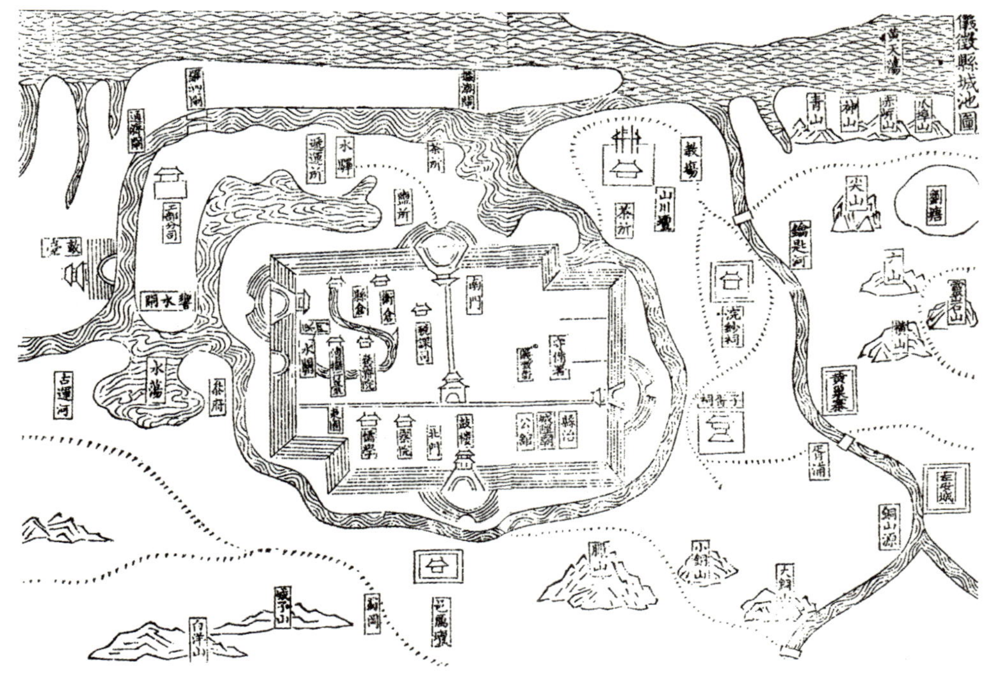

△ 仪征县城池图　引自《扬州府志》清雍正十一年刻本，载《中国方志丛书·华中地方·江苏省（146）·扬州府志》

仪征，位于江苏省中西部，西接南京，东连扬州，南濒长江，与镇江隔江相望。自唐至清，仪征便为水陆要冲，古运河由此通江达淮，隋唐起即成为漕盐运转之处，有“真州往来几经秋，风物淮南第一州”之说。

仪征，古称“胥浦”、“真州”、“扬子”、“仪真”等。春秋时期楚平王七年（前522），伍子胥逃楚投吴，在本地“渔丈人”的舍命帮助下成功渡江，解剑渡江处而得名“胥浦”。唐永淳元年（682）置扬子县，治今扬州南扬子桥附近，属扬州。五代南唐（937～975）改扬子县为永贞县，属江都府。北宋雍熙三年（986），永贞县属建安军；大中祥符六年（1013），真宗敕令升建安军为真州，永贞县属之。天圣元年（1023），因避仁宗赵祯讳，复名扬子县，时仍属真州。元至元十四年（1277）升为路，二十一年复为州。明洪武二年（1369）废真州，改扬子县为仪真县，属扬州府。清雍正元年（1723）因避雍正帝胤禛讳，改仪真为“仪征”。宣统元年（1909）避溥仪帝讳，复名为扬子县，属扬州府。1912年复名仪征县。1986年，撤县设市，为扬州市代管的县级市。

仪征最早筑城不详。有晋代谢安（320～385）在仪征筑“新城”说，其依据为北宋版《资治通鉴》记载：“（谢）安于步丘筑土垒，曰新城。”清雍正元年《仪征县志》载：“新城在东关外，……本谢安镇广陵所筑也。”对此，清康熙中张万寿撰《扬州府志》时，提出不同看法：“谢安新城于甘泉，非仪征之新城，李志以为谢公当年所筑非止一处，语无所本。”另据清光绪十六年（1890）王检心撰《重修仪征县志》载，未言仪征筑城之始，仅称“宋乾德二年（964），升迎銮镇为建安军，筑城一千一百六十丈，门东曰行春，西曰延丰，南曰宁江，北曰来远。寻增济川、通阛，共为六门”，城垣呈梯形。

乾道四年（1168），修缮仪征城，闭通阛门，保留五门，并建城楼。疏浚护城河深“八尺，广且四之。会南河于江，达北河于山，以兼灌溉”。嘉定八年（1215），州守丰有俊筑东城920.8丈，并筑羊马墙830丈，工未竣。嘉定十一年，州守袁申儒继筑西城148丈、东城194丈，并增建朝宗门于运河之南。嘉定十三年，州守吴机始尽筑两翼城，以及修葺城楼、羊马墙、垛口、城屋等附属建筑。宝庆元年（1225），再次大规模修城浚濠。

明洪武（1368～1398）初年，知州营世宝、同治戈文德“因其旧址，增筑之”（乾隆元年《江南通志》卷二十），将宋城东西两翼合一增筑，城“周九里二百四十六步，高二丈四尺，雉堞三千六百二十有奇。建城楼四，戍铺四十有三，是为今城”。而光绪版《重修仪征县志》所载长度、高度有异。嘉

▷ 仪征城墙遗址 本文照片均由陈启东摄

靖三十五年，因倭寇屡犯江淮，知县师儒始用城砖修城。每城门用砖筑27丈有余，城与旧城等高，并建外瓮城。此后，明、清两朝城墙屡有毁损，也多有修缮。

1912年以后，仪征城墙因年久失修，逐步被毁弃。地面仅残存一段南北向宋城土垣，垣长256米、高2.58米、底宽25米、顶宽12米，为版筑夯土结构。

2007年3月，在进行市东郊清真寺河道截污整治工程中，发现仪征东门水门遗址。经考古发掘，表明该水门遗址基础部分保存较为完整，且后期又得以加固，工艺考究，制作精良，使用时间较长，是一处不可多得的水工建筑遗址。同时，它还印证了仪征自宋至明清城市及运遭的发展变迁，具有十分重要的历史研究价值。

2011年，宋代的仪征东门水门遗址被列为省级文物保护单位。

杨国庆

△ 仪征城墙遗址

△ 仪征城墙东门水门遗址

仪真县城池： 自宋乾德中,升迎銮镇为建安军，筑城一千一百六十丈，为门者六：东曰行春，西曰延丰，南曰宁江，北曰来远。又辟济川、通阛二门。嘉定中，郡守丰有俊筑东城，袁申儒继筑西城。吴机始尽筑两城为重濠，千一百余丈。明洪武初，因宋翼城故址增筑之，凡九里二百四十六步，高二丈四尺，上阔五尺五寸，建城楼四。嘉靖三十五年，知县师儒每门甓甃二十七丈有奇，高与旧城准，下辟重门，捍御称便。

——清《考工典》第二十卷，引自《古今图书集成》

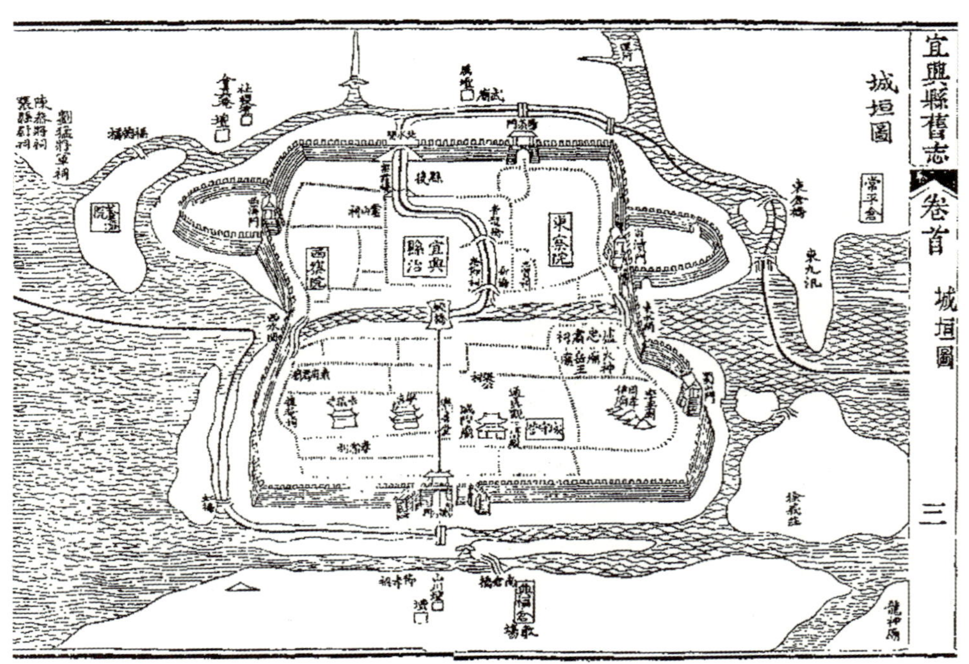

△ 宜兴县城垣图　引自《宜兴县志》清嘉庆二年版

宜兴，古称“荆邑”、“阳羡”，位于江苏省南部，其境内特有一种澄泥陶，颜色绛紫，制品简称“紫砂”，享有“陶都宜兴”之称已数百年。2011年，被列为国家历史文化名城。

秦始皇二十六年（前221），改荆邑为阳羡县，为宜兴建置之始。此后，随政权更迭，建置隶属及名称多有改变。宋太平兴国元年（976），为避赵光义讳，改义兴县为宜兴县，其名沿袭至今。清雍正二年（1724），分为宜兴、荆溪二县，同城而治。1912年，荆溪县撤销，并入宜兴县。1988年，撤县设市，仍属无锡市。

宜兴建城始于孙吴赤乌六年（243），即阳羡县城。城周1里90步、高1.2丈，设二门，有护城河环绕，河宽3.5丈。此城沿用至元末明初，朱元璋部将总制杨国兴攻克宜兴后，加以改筑。

明永乐十四年（1416），大规模拓建宜兴城，城周9里30步、高2.5丈，平面形状略呈方形，设有城门4座：东曰“百渎”，西曰“西溪”，南曰“荆溪”，北曰“阳羡”，又建小东门“蜀山门”。城门上均建戍楼，东门和西门建有外瓮城。城外设有护城河，河深1.5丈、宽3丈余。自成化十四年至嘉靖四十三年（1478～1564），先后大规模修葺城池有六次，并因城防需要增建敌台5座。

入清以后，宜兴城池日常修缮记载不明。光绪八年《重刊宜兴县志》卷一载：“国初以来，城垣递坏递修，其年月不可深考。”雍正四年（1726），分为宜兴、荆溪二县，同城而治后，城池的修缮也一分为二：东半城由荆溪县负责，西半城由宜兴县负责。乾隆二十九年（1764），大规模修葺城墙584丈，以及城墙上的女墙（《重刊宜兴县志》称“马墙”，实为女墙），共耗银9043两，历时三年竣工。道光二十九年（1849），宜兴西北城墙坍塌。直到咸丰三年（1853），时因太平天国农民军起义，在修城资金不足的情况下，又出于城防的需要，由乡坤徐廷抡用在办振公款的资金，修缮城墙的破损地段。咸丰七年，城墙东南地段外侧坍塌，荆溪县令章乃登捐款修葺。咸丰十年，太平军攻占宜兴城池。同治三年（1864），清军才收复宜兴城。两年后，由宜兴和荆溪两县令申请库银，大规模修缮宜兴城池及其附属建筑。在光绪八年《重刊

▽ 新建的宜兴城墙荆溪门　本文照片均由杨国庆摄

宜兴县志》“城垣图说”中，有这样一段精炼的记载：“宜兴城小而固，东西南三面萦绕两氿，会合以达北城，运河环之。”

1912年以后，宜兴城墙逐渐毁损。自1950年后，开始逐渐拆除城墙砖，挪为他用。最后全部拆除，前后约10年时间，昔日护城河多处地段也被填埋，仅余部分地段尚可识别。

2013年3月，笔者实地调查时发现，当地政府在南虹桥附近兴建了一座荆溪门，并对周边环境进行了整治。

杨国庆

宜兴县城池：旧在荆溪北。吴赤乌六年改筑。明初增修，周围九里三十步，高二丈五尺，广如之。濠深一丈五尺，阔三丈。门各有楼。

——清《考工典》第二十卷，引自《古今图书集成》

▽ 宜兴古城护城河

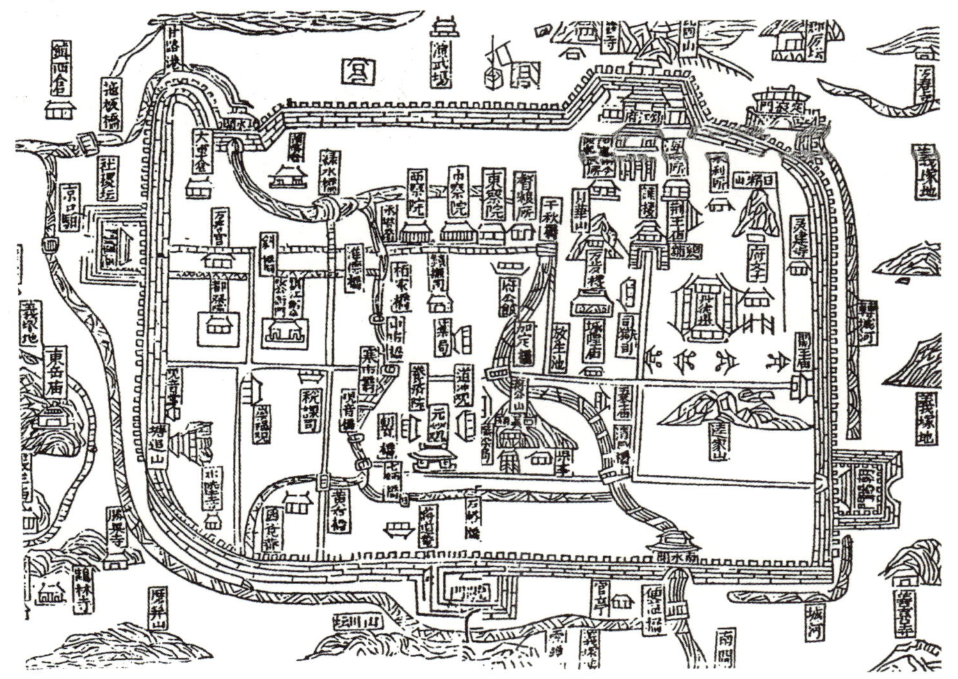

△ 镇江府城图　引自《镇江府志》清乾隆十五年增刻本，载《中国地方志集成·江苏府县志辑（27）·镇江府志》

镇江，位于江苏省南部、长江下游南岸，是座历史悠久的古城，也是吴文化的重要发祥地之一。1986年，被列为国家历史文化名城。

镇江，随着政权的更迭和城市的发展，地名屡有变化，先后有“宜”、“朱方”、“谷阳”、“丹徒”、“京口”、“晋陵”、“润州”等古称。宋政和三年（1113），升润州为镇江府，除明初一度改为江淮府外，“镇江”之名被沿用至今。1949年，析置镇江市。1983年，升设为地级市。

镇江城墙，有据可考的“城”始建于秦汉时期，位于今市区东郊8公里的丹徒镇。据《水经注》载，《地理志》云：“毗陵县，旧会稽之属县丹徒也。北二百步有故城，本毗陵郡治也。”丹徒故城后毁，夷为平地。建安十四年（209），“孙权自吴（今苏州）理丹徒（今镇江），号曰京城，今州（润州）是也”（唐·李吉甫：《元和郡县图志》）。在今北固山前峰筑城，“因

△ 考古发掘出土的镇江铁瓮城城垣外侧包砌砖墙 引自国家文物局文物保护司，江苏省文物管理委员会办公室，南京市文物局编《中国古城墙保护研究》（文物出版社，2001年）

△ 铁瓮城石碑位于镇江烈士陵园入口外侧 本文照片除署名外，均由金玉萍摄

山为垒，俯临江津”，城“周回六百三十步，开南、西二门，内外皆固以砖壁”（南朝·顾野王：《舆地志》），故称“铁瓮城”。其性质为军事小城堡，而非真正意义的“京城”。因此，乾隆元年《江南通志》（卷二十）称：“镇江古有京城。吴有铁瓮城。”

东晋成帝咸和年间（326～334），徐州刺史郗鉴镇守京口，为了平叛军事需要，在铁瓮城以东筑城（今市区花山湾古城墙遗址）。唐大和年间（827～835），在铁瓮城东西加筑夹城（乾隆版《江南通志》）。乾符年间（874～879），增筑夯土的外郭，城“周二十六里十七步，高九尺六寸”，设城门10座，形成唐代镇江从里向外的子城、夹城和罗城（外城）格局，奠定了后世镇江府的范围。宋代曾对城墙有两次较大规模的改筑和修缮，元代疏于修

▷ 20世纪中叶，镇江城墙边的水运 引自《中国城郭概要》（中文大学出版社，1979年）

葺城墙，甚至一度被毁弃。

明洪武元年（1368），朱元璋部将耿再成依照旧城遗址重建土城。之后，由驻军指挥宋礼以砖石更筑城墙，城周9里13步、高2.6丈，筑城门4座：东曰“朝阳”，北曰“定波”，南曰“虎踞”，西曰“金银”，另设南、北水关2座。明万历十二年（1584），拓筑城垣以卫府治，城周13里。明万历二十一年，复加高城垣3尺，并于府署后的城头增加瞭望台1座，与北固山相对，台上开有13个门洞，当地人称之为“十三门”，用于瞭望和狙击，并不供人通行。

入清以后，镇江城墙虽常有损毁，但也屡被修固。如康熙元年（1662），镇海大将军刘之源主持修缮过，垛口有3700余座。

▽ 镇江古城墙护城河 杨昊玉摄

△ 停车场旁边这栋大楼，基本建造在老北门段的城墙上

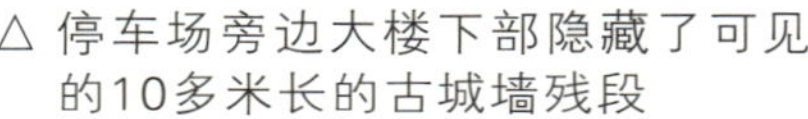

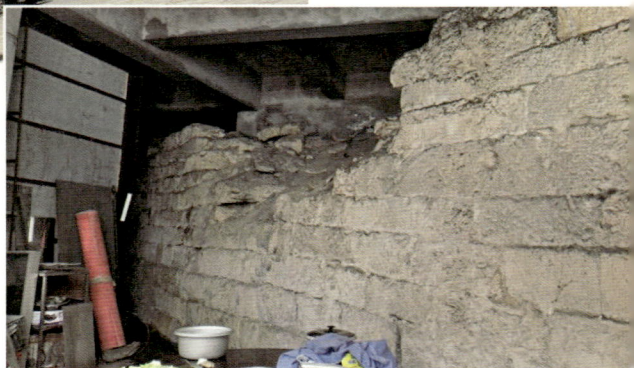

△ 停车场旁边大楼下部隐藏了可见的10多米长的古城墙残段

△ 定波门遗址石碑，位于青云路巷内停车场

咸丰三年（1853），太平军占领镇江，又在府城的西北筑城（又称“新城”），从“十三门”起，经过龙埂，直上北固山后峰峰顶，沿江向西至运河入江口，再沿运河而南，到老西门桥口为止，全长6里200步。此新城于光绪三十三年（1907）被拆毁，旧府城于1928年后才陆续拆除。

自1985年发现太平军建的新城遗址后，1991年发现东吴铁瓮城遗址（详见刘建国《铁瓮城遗址考古研究》，载江苏省文物局《江苏省文物科研课题成果汇编》2003），2009年又发现了唐宋时期的西垣遗迹，填补了镇江城墙被拆毁后的城市发展印记。

1993年，镇江城墙遗址（包括东吴铁瓮城遗址、花山湾唐宋古城墙遗址）被列为市级文物保护单位。2000年10月，该遗址被列为省级文物保护单位。1987年，太平天国新城旧址被列为市级文物保护单位。1999年，明代定波门瓮城遗址被列为市级文物保护单位。

杨国庆

镇江府城池：旧土城，周二十六里十七步，高九尺六寸。明洪武元年，指挥宋礼更筑，甃以砖石，周九里十三步，高二丈六尺。万历十二年，知府吴撝谦于府后附城，筑垣以卫府治。二十一年，周回城垣复加高三尺，迤北附垣增建虚台一，与北固山相对。门四：东曰朝阳，西曰金银，南曰虎踞，夹城向北增设一小门，北曰定波。水关二。丹徒县附郭。

——清《考工典》第二十卷，引自《古今图书集成》

▽ 镇江古城墙遗址保护标志碑 杨昊玉摄

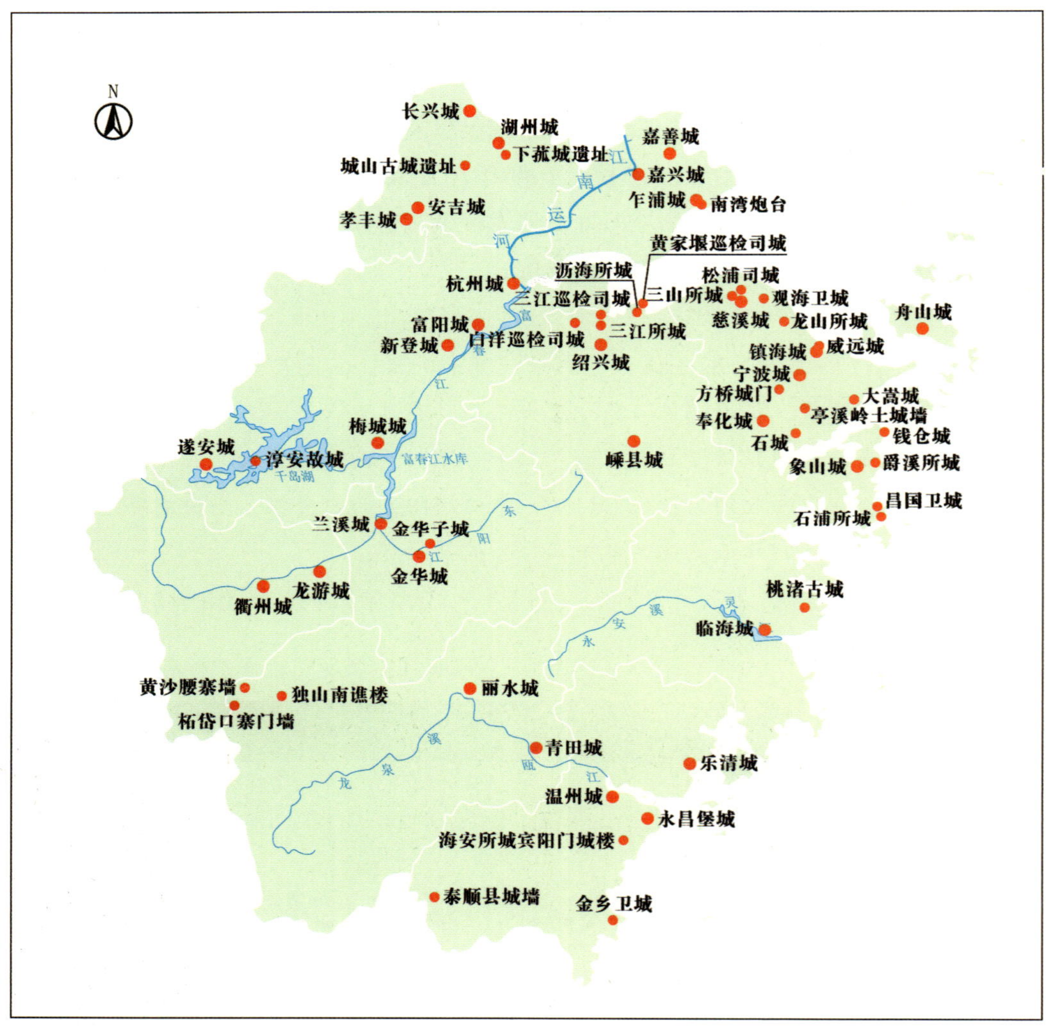
N
长兴城
湖州城
下菰城遗址
城山古城遗址
嘉善城
嘉兴城
乍浦城
南湾炮台
安吉城
孝丰城
黄家堰巡检司城
沥海所城
杭州城
三江巡检司城
三山所城
松浦司城
观海卫城
慈溪城
龙山所城
舟山城
富阳城
白洋巡检司城
三江所城
新登城
绍兴城
镇海城
威远城
宁波城
方桥城门
大嵩城
亭溪岭土城墙
奉化城
石城
钱仓城
梅城城
遂安城
淳安故城
千岛湖
富春江水库
嵊县城
象山城
爵溪所城
昌国卫城
石浦所城
兰溪城
金华子城
金华城
龙游城
衢州城
桃渚古城
临海城
黄沙腰寨墙
独山南谯楼
柘岱口寨门墙
丽水城
青田城
乐清城
温州城
永昌堡城
海安所城宾阳门城楼
泰顺县城墙
金乡卫城
江南运河
富春江
东阳江
灵安溪
永安溪
龙泉溪
瓯江

浙江

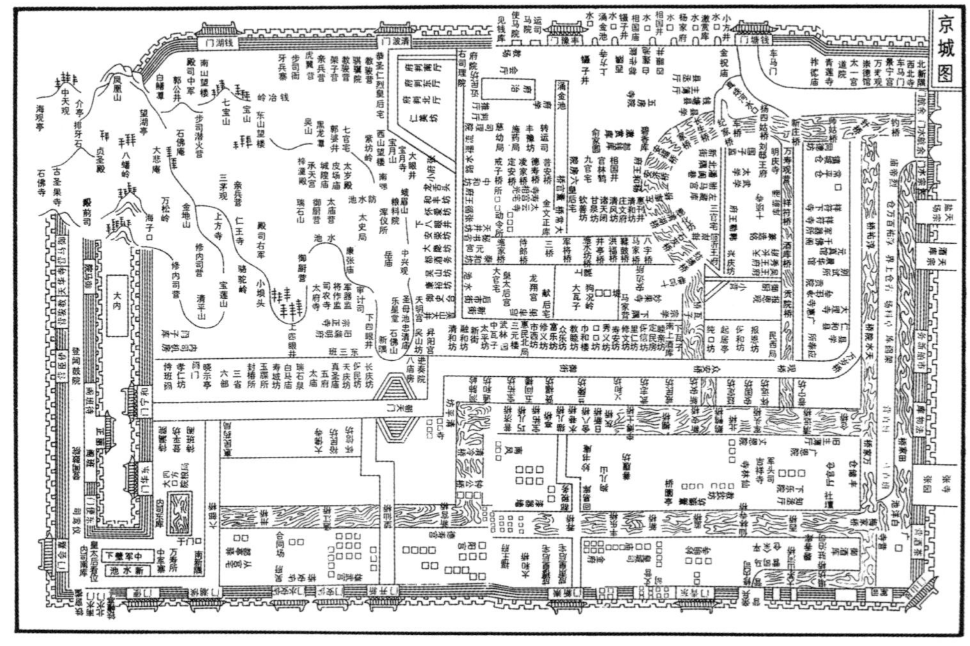

△ 京城图　引自《咸淳临安志》清同治六年补刊

杭州，旧称“临安”，位于长江三角洲南翼、杭州湾西端、钱塘江下游、京杭大运河南端。浙江省省会，也是国家历史文化名城和著名的风景旅游城市。被13世纪意大利旅行家马可·波罗赞为“世界上最美丽华贵之城”，素有“上有天堂、下有苏杭”之称。1982年，被列为国家历史文化名城。

杭州设县治始于秦朝，称“钱唐”。南朝置钱唐郡。隋朝开皇九年（589）废钱唐郡，置杭州，“杭州”之名首次出现。南宋建炎三年（1129），高宗南渡至杭州，升杭州为临安府。绍兴八年（1138），南宋正式定都临安。至元二十一年（1284），江淮行省改称江浙行省，杭州为省治始此。至正二十六年（1366），杭州路改为杭州府，沿至明、清两朝。1912年，以原钱塘、仁和县地并置杭县。1927年，析出杭县城区，始设杭州市。1949年，杭州市为浙江省直辖市，并为浙江省省会至今。

杭州最早筑城尚难定论，对于秦汉时期的钱唐县址具体位置、有无筑造城垣、城垣规模等情况，古代史书记载和学界众说纷纭、莫衷一是。从南朝齐永明三年（485）至南朝陈（557～589）的文献记载中的间接资料看，当时钱唐县似乎已筑有城墙。依据历代府志记载，杭州筑城始于隋文帝开皇十一年（591），隋越国公杨素平定江南叛乱后，为加强杭州防御，在柳浦西依凤凰山建造州城墙。当时城墙周长36里90步，城墙平面略呈“腰鼓”状，故有“腰鼓城”别称。设城门4座：西北曰“钱唐门”，南曰“凤凰门”，北曰“盐桥门”，东曰“炭桥新门”。

吴越国正式建立（907）后，吴越王钱镠为强化其统治和加强杭州城防需要，曾先后三次扩建城池。早在唐昭宗大顺元年（890）闰九月，钱镠亲其役，“筑新夹城，环包家山，洎秦望山而廻，凡五十里。皆穿林架险而版筑焉”（乾隆四十九年《杭州府志》卷四），当年竣工。唐昭宗景福二年（893），钱镠又亲率军民20余万人，“新筑罗城”，周长共70里，城门“南曰龙山，东曰竹车、南土、北土、保德，北曰北关，西曰涵水、西关”（另据《吴越备史》载，此城设城门10座，备考）。时人罗隐撰有《杭州罗城记》。吴越天宝三年（910），“是岁，广杭城。大修台馆，筑子城”，遂引发民怨。有人在署府门前夜呼：“没了期，没了期，修城财了又开池。”吴越王钱镠出门接见并改其句：“没了期，没了期，春衣才罢又冬衣。”抱怨者遂散去。

自南宋绍兴八年（1138），临安（即杭州）正式被南宋定为都城，直至南宋结束，城池先后经过多次扩建和修缮。最后定型的临安城为内外两重。外城设城门13座：南曰“嘉会门”；北曰“余杭门”；东有7座门，曰“便门”、“候潮门”、“保安门”、“新门”、“崇新门”、“东青门”、“艮山门”；西有4座门，曰“钱湖门”、“清波门”、“丰豫门”、“钱塘门”，均建有城楼。其中便门、东青门、艮山门的城门，未设瓮城。全城设水门5座，曰“北水门”、“南水门”、“保安门”、“天宗门”、“余杭门”。因城区街市的布局，故有“东门菜，西门水，南门柴，北门米”的民谚流传。

△ 南门凤山门 引自《中国城郭概要》（香港中文大学出版社，1979年）

内城又称“皇城”，位于凤凰山东麓，在北宋杭州的州城基础上扩建而成。内城周长9里，设城门4座：南曰“丽正门”，东曰“东华门”（又称“东苑门”），北曰“和宁门”，西曰“西华门”（据《武林旧事》载）。另据《梦梁录》卷八载：“……寨门外左右俱置护龙水池。沿寨向南，有便门，谓之东便门。”

元代，朝廷采取“禁天下修城，以示一统”的政策，杭州“内外两城，日为居民所平”（乾隆四十九年《杭州府志》卷四）。元至正十九年（1359），农民义军张士诚征派民夫对杭州城池进行修缮和改筑，“城周六千四百丈有奇，高三丈，厚视高加一丈”。贡师泰《杭州新城碑》、杨维桢《筑杭城杵歌》、刘基《筑城辞》、郎瑛《七修类稿》卷四，对此均有直接记载或间接描述。

明代，杭州城池多有毁损，也多有修缮和改筑。城门减为10座，名称也有更改。东城门5座：曰“候潮门”、“永昌门”（旧名“新门”，俗称“草桥门”，清代改名“望江门”）、“清泰门”（旧名“崇新”，俗称“螺蛳门”）、“庆春门”（旧名“东青”，俗呼“菜市”）、“艮山门”（俗呼“坝子”）；西城门3座：“清波门”（俗呼“暗门”）、“涌（涌）金门”、“钱塘门”；南城门1座：“凤山门”（宋称“嘉会门”，元称“和宁门”，俗呼“正阳门”）；北城门1座：“武林门”（原“余杭门”，俗称“北关门”）。城门各建有城楼2座，唯湧金门无瓮城，仅建1座楼，故全城旱城楼合计19座，城门匾额皆由善于楷书的杭州前卫百户吴东升书写。水城门有6座，位于凤山门、候潮门、艮山门、武林门、湧金门、庆春门之侧，其中艮山水门、武林水门上建有楼。全城有雉堞（垛口）9833座、将台50座、警铺171所。

明嘉靖年间（1522～1566），因倭寇入侵和掳掠，为加强杭州城防需要，于清波门南城上筑带湖楼，东南城上筑定南楼，凤山门西城上筑襟江楼，艮山门南城上筑望海楼（俗称“跨海楼”）。隆庆五年（1571），为防盗贼，又在城西城上筑严警楼。此外，还大规模修城浚濠，尤以万历三十一年（1603）修城规模较大。万历四十年，在全城雉堞上，每垛又用鱼脊石板一片覆盖，耗银1700余两。崇祯十五年（1642），巡抚董家恒采纳督学副使王应华（风水家）所言，“塞十门城穴十分之二”（据旧志，转引自乾隆四十九年《杭州府志》）。

清代，杭州修城在1784～1864年期间，因文献缺失情况不详，其他时段的杭州城池修筑皆见诸地方志。清顺治七年（1650），在城内西北隅增筑满洲驻防营，周10里，设旱门5座、水门3座。顺治十五年，增高女墙，垛口并二为一。此后，虽时有损毁，也时有修缮。同治三年（1864），清军收复被

△ 临安城东城墙基础及护基木桩（2006年发掘） 本文照片除署名外，均由郑嘉励提供

太平军占据的杭州城后，开始不断大规模修葺城池。

清光绪三十三年（1907），沪杭甬铁路设车站于清泰门内，清泰门城墙被拆除数十丈。1912年后，杭州相继拆除城墙，钱塘、涌金、清波等城门也被拆毁，并用城墙砖石建了湖滨路、南山路，辟湖滨公园，从此，西湖和城区连成一片。随后，又拆除了凤山、武林、望江、艮山、候潮五门。1959年，因拓建环城东路、环城北路和延伸环城西路，尚剩的庆春门，及残余的东北城墙、西城墙的北段也被拆去。

1983年后，中国社会科学院考古研究所和浙江省文物考古研究所等单位经联合钻探和发掘，相继确认南宋临安城的北垣、东垣及西垣所在。在北垣西端拐折与凤凰山连接处发现一段夯土城墙墙基，宽9.6米，墙基外有包砖，这与文献记载其西面以凤凰山为屏障相吻合。江城路古城墙遗址位于杭州市上城区紫阳街道水陆寺巷22号内。城墙呈南北走向，从外观看，初步判断为明清时期城墙，墙体用块石叠砌，残高约4米、通长约50米、宽约10米。1994年，杭州市在原明清10座城门遗址附近竖了10块古城门标示碑。2008年初，在环城东路与庆春路交接处新建的一段66米城墙（疑似庆春门遗址）上，杭州古城墙陈列馆建成并免费对外开放。2001年，杭州南宋临安城遗址被列为全国重点文物保护单位。

杨国庆

▽ 南宋钱塘门遗址考古现场

▽ 近年在杭州东段城墙遗址上新建的庆春门，城楼上设杭州古城墙陈列馆 金玉萍摄

杭州府城池：隋杨素筑，周三十六里九十步，唐因之。景福二年，苏杭等州观察使、开国侯钱镠新筑罗城。自秦望山由夹城东亘江干泊钱塘湖霍山范浦，周七十里。城门十：曰朝天，曰龙山，曰竹车，曰新门，曰南土，曰北土，曰盐桥，曰西关，曰北关，曰宝德。宋绍兴二十八年，增筑内城及东南之外城，附于旧城，为门十三：东曰便门，曰候潮，曰保安，曰新门，曰崇新，曰东青，曰艮山；西曰钱湖，曰清波，曰丰豫，曰钱塘；南曰嘉会；北曰余杭。水门五：曰保安，曰南，曰北，曰天宗，曰余杭。元至正十六年，张士诚据浙西，更发五郡民夫修筑，周六千四百丈有奇，高三丈，厚、高加一丈，而杀其上，得厚四之三。东自艮山门至候潮门，视旧拓开三里，而络市河于内。南自候潮门迤西，则缩入二里，而截凤山于外。东西比旧差广，门仍一十有三。二十六年，明太祖取杭州，遂因之为省城，门省为十。东城五门：曰候潮，曰永昌，曰清泰，曰庆春，曰艮山；西城三门：曰清波，曰涌金，曰钱塘；南城一门，曰凤山；北城一门，曰武林。为水门四：在凤山、候潮、艮山、武林各门之傍，门各有楼。涌金门无，月城共十有九。水门楼止二：武林、艮山。雉堞九千八百三十三堵，将台五十座，警铺一百七十一所，制多仍旧，城周围五千五百丈，高三丈六尺，下广四丈或三丈七尺，上广三丈二尺有差。成化十一年，左布政使甯良议于钱塘门左、涌金门右开九渠之一为河，以导湖水。上其事，从之。于是开为水门，阔七尺，高九尺，入深四丈九尺。嘉靖三十四年，提学副使阮鹗增筑钱塘月城，雉堞高二尺。都抚都御史胡宗宪令于北关外登云桥筑东、西敌楼二座，俱高六丈，阔四丈，周二十二丈，上有雉堞，下为门二。又于清波门南城上筑带湖楼，东南城上筑定南楼，凤山门西城上筑襟江楼，各一座，高二丈八尺，周一十二丈。三十五年，巡抚都御史阮鹗令于白塔岭、兵马司银杏树、月塘寺各筑敌楼一座，俱高五丈，阔二丈，周一十六丈。武林、钱塘二门外各浚池，甃闸，上构吊桥，环城皆有深池。顺治十五年，总督李率泰檄府，增高女牆并二为一，兼檄各府州县。仁和、钱塘二县附郭。

——清《考工典》第二十卷，引自《古今图书集成》

◁ 昔日护城河和新建的一段城墙及庆春门 金玉萍摄

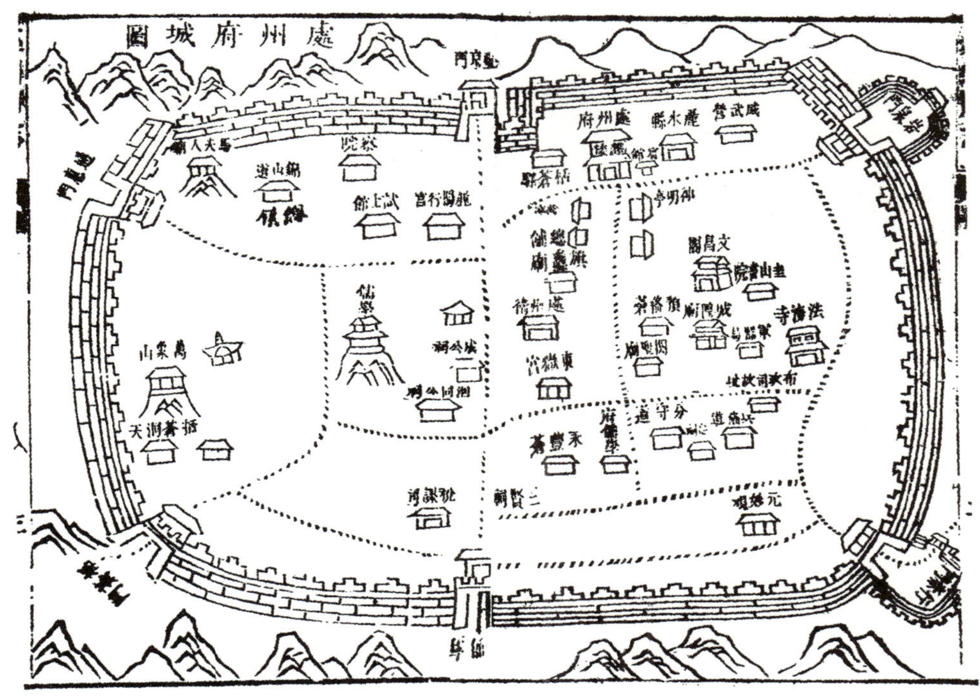

△ 处州府城图　引自《处州府志》清雍正十一年版

丽水，旧称“处州”，位于浙江省西南部，同福建省南平市辖的浦城、松溪、政和及宁德市的寿宁县交界，境内多丘陵，有“九山半水半分田”之说。

东汉时，属松阳县。隋开皇九年（589），设立处州。此后，随政权更迭，建置及隶属均有变化。自明朝景泰三年（1452）起，处州府辖丽水等10个县。1968年，改称丽水地区，辖丽水等县。1986年，撤县，始设县级丽水市。2000年，撤销丽水地区，设地级丽水市，原县级丽水市改设为莲都区。

处州始筑城池不详。唐中和元年（881），黄巢农民义军部将卢约（？~907）占据处州后始筑城墙（据光绪三年《处州府志》卷五转引“黄裳记”）。另据雍正十一年《处州府志》等籍记载，卢约“率部攻克处州城”、“初府城在城东七里，……盗卢约窃据”，表明处州在卢约之前已有城墙。详情待考。宋宣

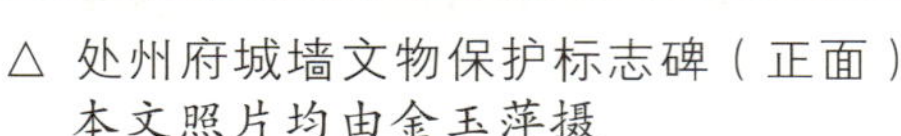
△ 处州府城墙文物保护标志碑（正面）
本文照片均由金玉萍摄

△ 处州府丽阳门段城墙

和四年（1122），平定民反之后，知州黄烈在唐城的基础上主持大规模修城，动用民夫4.4万人，耗资245万（据“黄裳记”）。

元至元二十七年（1290），处州路总管干勒好古、万户石抹良铺、丽水县县尹韩国宝等官吏主持修城。在元至元年间（1264～1294）全国许多城墙被拆除的情况下处州却仍筑城的情况并不多见，但也将旧城规模缩小了一半。新城设城门6座：北曰“望京”（后称“丽阳”），东曰“岩泉”，东南曰“行春”（后称“下河”，俗称“夏河”），南曰“南明”，西南曰“括苍”，西北曰“通惠”（后称“左渠”）。

明嘉靖四十二年（1563），处州城墙已因年久失修破损严重，甚至“夜扃门越者，如从枕席上过”（道光二十六年《丽水县志》卷二转引“卢勋记”）。知府张大韶主持修葺城池，采集斜方格形块石包砌，“颇称坚致”。护城河采用自然河流和人工开挖相结合的方式，环以城墙外侧。崇祯七年（1634）冬，行春门城楼垮塌，知府朱葵主持修复，并书城楼匾额“开泰楼”。不料，次年五月，山洪暴发，冲垮括苍、南明、行春临河地段城墙，大水入城淹没许多房屋。大水过后，朱葵等官吏再次主持修复。

入清以后，地方政府对处州城池多有修缮，主要是因洪水、飓风等自然灾害的毁城。其中雍正七年（1729）三月至八年五月的维修规模较大，由总督李卫提议，丽水县知县王钧等官吏主持修缮，还围绕城墙修建了周1850多丈的马路（此据雍正版《处州府志》，其他诸志，皆称是城墙的长度）。竣工后的城墙，城身高3.5丈，城垛高7.4尺，城宽1.7丈。建炮台4座、窝铺8座、城楼6座。唯有南明门的外瓮城设有左、右二门，“以分应水、火”。右门常年关闭，“居民可免火患”，城楼上供奉元武画像，“以镇南方”（据雍正版《处州府志》）。道光十四年（1834），由乡人谭学铭捐资修城。咸丰八年（1858）和咸丰十一年，太平军先后两次占据处州城。同治元年（1862），清军攻城时，曾使城墙“大坏”。同治六年，知府清安征集民资和罚款作为修城资金，修葺城墙和护城河。至此清代大规模修缮至少达九次。

1912年以后，处州城墙逐渐损毁。

20世纪80年代时，丽水城墙仅残余望京门段、行春门段、南明门段、括苍门段四段城墙。具体为南明门及瓮城，南明门东段城墙，万象山南麓城墙，丽阳门49米砖砌城墙，以及泄水闸口、护城河遗址、城壕、行春门段等古城墙相关遗址和遗存，沿江古城墙有的被埋在地下。2005年，丽水处州城墙被列为省级文物保护单位。2006年，对南明门及两侧古城墙做了修缮，复建了城楼。

附：

黄沙腰寨墙 位于丽水市遂昌县黄沙腰镇黄沙腰村后山山腰上，清代建筑。清咸丰年间（1851～1861），村民为避太平天国之乱，而依山建山寨。现

▽ 处州府南明门

△ 处州府南明门外瓮城

存寨墙为块石垒砌，长约32米、厚1.1米、高3.3米，西面开有一寨门，块石砌筑，高2.7米、宽1.1米，可容单人进出。门北面墙上建有两个内小外大的瞭望孔。

柘岱口寨门墙 位于丽水市遂昌县柘岱口乡柘岱口村，建于明代。寨墙大块石垒砌，现存长33.62米、高4米、底宽2.72米、顶宽0.5米的拱形寨门，面阔1.77米，进深下部2.72米、上部1.14米，高3.06米，条石台基房拱，前后置抱鼓石。

独山南谯楼 位于焦滩乡独山村南，距村150米，明代建筑。康熙五十一年（1712）、乾隆二十五年（1760）、道光十七年（1837）曾多次修葺。1986年，拆旧更新。现存南谯楼由三部分组成，分别为谯楼（寨门，前半部属石券门，后半部属木质层楼）、寨墙（长约110米）和古道。

杨国庆

处州府城池： 初，在今城东七里。唐中和间，徙今地。据山为城，因溪为池，城高三丈五尺，周七百九十二丈。门六：北曰望京，东曰岩泉，东南曰行春，南曰南明，西南曰括苍，西北曰通惠。城楼六，雉堞三千有六，守舍六十有九，月城四，望楼二，敌楼四。丽水县附郭。

——清《考工典》第二十卷，引自《古今图书集成》

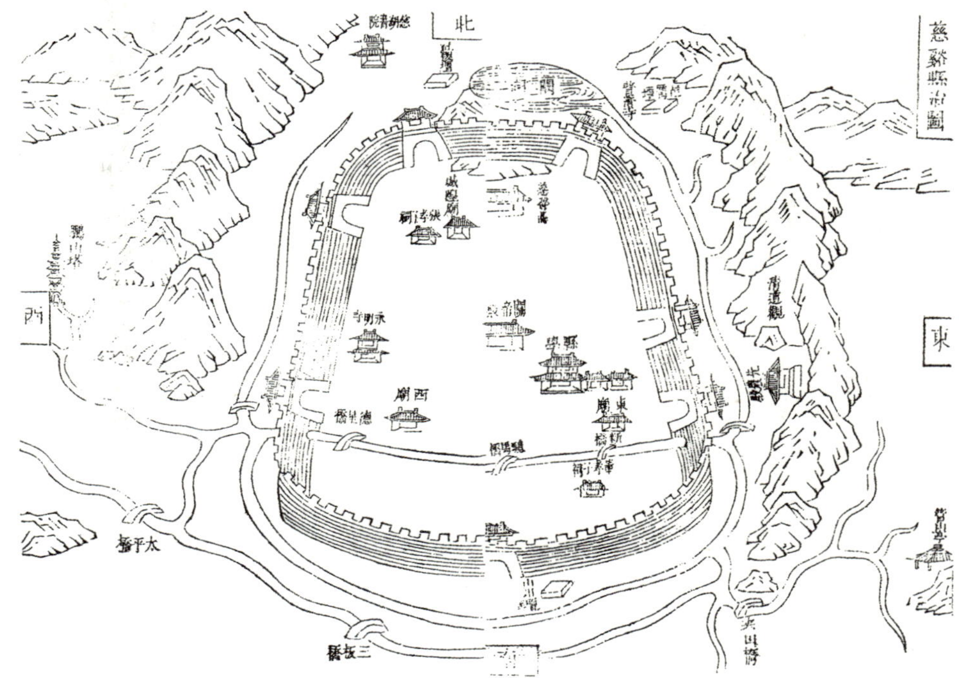

△ 慈溪县治图　引自《宁波府志》清乾隆六年补刊本，载《中国方志丛书·华中地方·浙江省（198）·宁波府志》

慈溪，位于宁波市西北部，距宁波市中心50余公里。北临杭州湾，南同宁波市区、余姚市交界。市境因有“母慈子孝”的传说故事而名扬。

春秋时，属越国，并置句章城。战国时，又属楚。秦时，置句章县，属会稽郡。唐武德四年（621），废句章县，析置鄞州、姚州。武德八年，废鄞州，复县。开元二十六年（738），始称“慈溪”，迁县治于今宁波市慈城镇。此后，随政权更迭，隶属多有变化，然建置及县名基本不变。1954年，县治从慈城镇迁至浒山镇。1984年，慈城镇划归宁波市江北区管辖。1983年，慈溪县属宁波市。1988年，改设慈溪市（县级）。

慈溪筑城，始于越王勾践（前496～前465年在位）时，在余姚江畔的城山，又称“勾践大城”。唐开元二十六年（738），房琯赴句章任县令时，有感于当地董黯（汉代名儒董仲舒六世孙）“汲水奉母”的故事，迁县治于浮碧山以南，并改“句章县”名为“慈溪”（俗称“慈城”）。旧志（包括乾隆三年《慈溪县志》卷一）均称：慈溪“藩篱不设，四民蒙业安堵者千余年”，直到明代才开始重新筑城。但是，据光绪二十五年《慈溪县志》卷二考：明以前实已有城，至迟在“宋代已有之”，并引《延祐志》记载“慈溪县城，周围五百六十丈”。元初，朝廷下令毁天下城，慈溪城遂废。

明嘉靖三十一年（1552），慈溪县境濒海，屡遭倭寇侵犯，开始议筑城池。嘉靖三十五年四月十一日，慈溪再遭倭寇入侵，“市井室庐一空”，“民居幸全者，三之一耳”（据明·冯璋《建邑城记》等）。朝廷震怒，下令工部尚书赵文华等臣负责建城。于同年冬开始营建城池，次年秋天竣工，耗资6万余金，还占用了500多亩的民田。该城三面环山，唯南边临江，城周1643丈（约9里余）、基宽2.2丈、顶宽1.6丈、连垛口高2.5丈。先开大城门4座：东曰“瞻岳”（后改名“镇海”），西曰“萃宝”（后改名“望京”），南“拱寿”（后改名“景明”），北“拱辰”（后改名“环山”）。又于城的东、西各开一小门、一水门。四座大城门上均建有城楼，六座大小城门旁各设有登城马道，并建外瓮城6座。建垛口2381（后为2616）座、敌台31座（后改为敌楼28座）、巡警所5座（《考工典》第二十卷记为：4座，后改为警铺27）。护城河长9里5步、宽3丈（参考明·叶照《建城记》等文献），因城北据山一段，

▽ 慈城昔日的护城河　本文照片均由金玉萍摄

◁ 慈城小东门及城墙走向遗址的现代保护

▷ 慈城小东门遗址的现代保护展示

没有开挖护城河，但偏东有阚湖通其东侧的护城河。天启四年（1624），新开小北门，名“辅极”。时人刘伯渊撰有《新开小北门记》，详述其事。

清顺治十五年（1658），当地官吏奉命大规模修城，城周如故，唯城高2.7丈（其中垛口高8尺），有城门7座、城楼4座、兵马司7座、马道步道6处、垛口1058座，吊桥东、西、南3座。雍正六年（1728）及道光二十年（1840），当地官吏集资或捐资先后修缮慈溪城池。时人邵正笏撰有《重修慈溪县城记》，详述其事。道光二十五年，在城的东、西、北三面各建敌楼1座，唯“南门未建，防火灾也”（据光绪二十五年《慈溪县志》卷二转引《溪上遗闻别录》）。咸丰十一年（1861），县城为太平军攻占，因护城河多处淤塞，太平军曾率军民疏浚。同治二年（1863），知县赵曾逵筹款修缮垛口和城上窝铺。同治四年，增造南门敌楼1座。光绪八年（1882），知县邹文沅主持对慈溪城墙损毁地段进行全面勘察，并修缮环城马路，公布城外马路私自垦种禁约。次年七月，暴雨冲毁城墙、毁坏城楼。道光十年起，开始大规模修城，并重建东城敌楼，修葺城门及垛口。此后，直到光绪十年，对慈溪城池的大规模修缮，短短50年间竟达七次之多。

1937年12月，侵华日军攻占南京城后，许多人都没逃出去而遭遇杀戮。慈溪地方政府为便于战时疏散城内民众，遂组织民众将慈溪部分城墙拆毁。1949年以后，仅存的城墙也逐渐被拆除。

△ 三山所城北城门

△ 三山所城护城河

2010年11月，在慈城镇大东门地块进行了考古发掘，发现了明代慈溪城墙大东门瓮城的遗迹，以及其他附属建筑。当地结合城市建设，对慈溪城墙遗存进行了保护。

附：

观海卫城 位于慈溪境内，明洪武二十年（1387）由汤和主持始筑，开二门。永乐十六年（1418）增筑二门。城周4里274步、高2.4丈、宽3丈。四门均建城楼，并建外瓮城。全城设敌楼28座、警铺36座、垛口1370座、吊桥4座。明成化（1465～1487）重修城垣后，洪常撰有《重修观海卫城垣厅治记》，详记其事。清初，曾有修缮。同治十二

▽ 三山所城北城门内侧

▽ 三山所城北城门文物保护标志碑

年（1873）后停修，逐渐毁圮。

龙山所城 隶属观海卫，明洪武二十年（1387），汤和在定海县龙头场石塘围之址，筑城凿池，建一门。永乐十六年增筑三门。城周3里17步、高2.5丈、宽2丈。四门均建城楼，并建外瓮城。全城设敌楼和警铺各20座、垛口856座、吊桥3座。清初，属镇海县，曾有修缮。后废。

三山所城 隶属观海卫，明洪武二十年（1387），汤和主持营建，位于慈溪的浒山城区，周3里128步、高1.6丈。明永乐十六年，增6尺。有四门，各门均建有城楼、月楼、敌楼、外瓮城。水门1座。护城河深1.3丈、广3.8丈，设吊桥4座、窝铺6座、垛口635座、墩台7座。自清代始，三山所的军事功能渐失，演变成邑人生活场所和商贸集散地。1954年后，三山所成为县城所在地。现仅存北城门遗址。2003年12月三山所城被公布为市级文物保护单位。

松浦司城 位于慈溪城北40里，明洪武二十年（1387）始筑城墙。周长169丈，设二门。清雍正年间（1723～1735），城已毁圮。

杨国庆

慈溪县城池：嘉靖壬子，始筑。城距郡四十里，高二丈有奇，址广二丈四尺。为门五，门各有楼：东瞻岳，西萃宝，南拱寿，北拱辰。天启间，新开小北门，名辅极。又穴水门于东南之左右，罗以月城。城上敌楼三十一，警铺四，雉堞一千五十八，周一千六百四十三丈，延袤十里，外为池九里，北半里际山无池。顺治十五年，增高并堵。

——清《考工典》第二十卷，引自《古今图书集成》

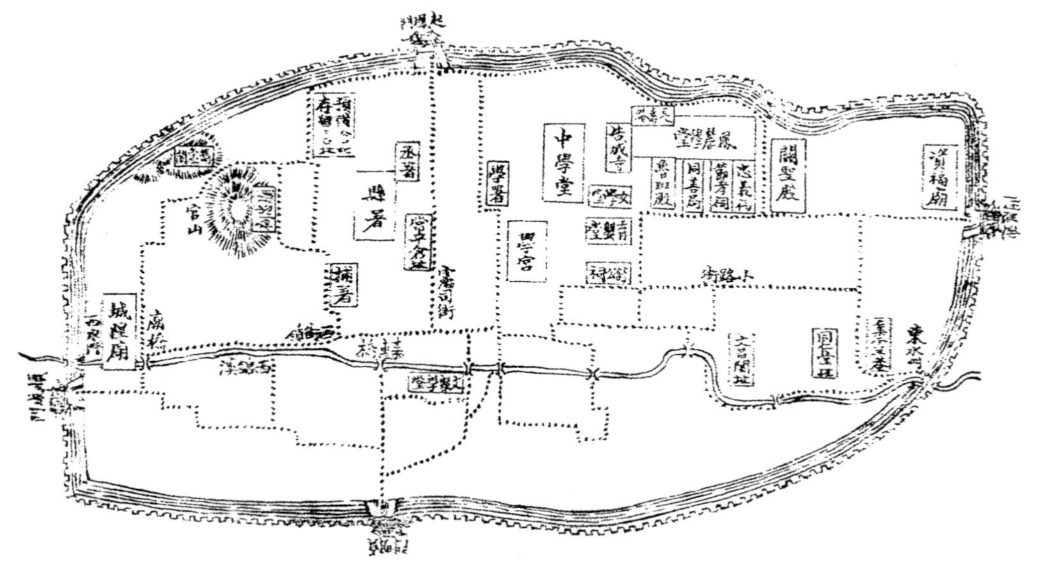

△ 奉化县城图　引自《奉化县志》清道光三十四年刊本，载《中国方志丛书·华中地方·浙江省（204）·奉化县志》

奉化，位于浙江省东部、宁波市区南郊的象山港畔。其地形有“六山一水三分田”，“山多西南来，水多东北去”之称，溪河盘旋，地形复杂。

秦汉时，奉化地属鄞县。唐开元二十六年（738），始置奉化县，隶属明州。此后，随政权更迭，建置及隶属多有变化，然“奉化”一名沿袭至今。明清时，奉化基本为县属宁波府。1927年，直属浙江省。1983年，奉化改为宁波市属。1988年，奉化撤县设市（县级市）。2016年，奉化撤市设区。

奉化最早筑城无考。据光绪三十四年《奉化县志》引《宝庆志》载：“唐建县治，城垣无考。宋有城，周环六百四十八丈。”又引《延祐志》载：“元为州，城因之，城门无名。今莫详其处。”而光绪十一年《奉化县志》卷四描述早期的奉化城门：奉化初有城壕“通桥，四面跨街头附民房，建立四门，俨如土围式”。这种描述可能反映了奉化早期城墙的起源。

明洪武二年（1369），奉化改州为县时，县有城。但是，建造年代及规模均无考，仅据县志语义不详的记载，“后废”（光绪版《奉化县志》卷四）。而明嘉靖年间（1522～1566）张时彻在《城垣碑记》中则称：奉化“……不城不隍，自开国以来，盖百八十余年”。因此，明初时奉化有无城墙，仍有争议。

对后世影响最大的奉化城墙，营造于嘉靖三十四年（1555），由知县萧万斛（地方志及《考工典》均称“解”，此据张时彻《城垣碑记》）主持大规模兴筑城池。嘉靖三十一年，倭寇入侵浙东沿海“破都攻邑，殆无虚日”。据明《嘉靖东南平倭通录》记载倭寇的暴行：“官庾民舍，焚劫一空。驱掠少壮，发掘冢墓。束婴竿上，沃以沸汤，视其啼号，拍手笑乐。捕得孕妇，卜度男女，刳视中否为胜负饮酒。荒淫秽恶，至有不可言者。积骸如陵，流血成川，城野萧条，过者陨涕。”倭寇令人发指的凶残行径，朝野闻之震惊，百姓恐慌。为此，奉化知县萧万斛认为，唯有筑城，才能保一方平安。此举得到全城民众大力支持，称“非父母恩德不及此，敢不惟命”（引自张时彻《城垣碑记》）。根据风水先生的占卜，奉化开始筑城的吉日，选择在嘉靖三十四年正月初五，并于同年十二月六日竣工，共耗资12350多两，直接参与筑城专业技工373名。城墙的规模以四面旧城门为界，每面城墙各开有城门及城楼，城墙全长1018多丈、高2.4丈（《考工典》记为“一丈四尺”）、基宽1.2丈、顶宽1丈。设城门4座：东曰“迎恩”，西曰“顺成”，南曰“贞明”，北曰“起凤”，均建城楼。又于城的东、西各建水门1座。时人张时彻、王交、姚江、胡正蒙各撰有建城记，详述其事。其中《城垣碑记》还记载了建城后的效果：城墙“雉堞连云，崇墉刺日，屹若金汤之固。由是，贼凡三过其县，仰而睇之：旌旗戈戟，遍于楼橹，辄辟易以走蒸。黎得保生聚，靡有荡析，凡皆成城之功也”。

明末清初，因听信风水先生之言，奉化城南门几经变故。万历年间（1573～1620），由于奉化城中经常发生火灾，民众听信风水之说，向知县提请移筑南门。清顺治四年（1647），知县蔡周辅相信堪舆家的话，将旧南门堵塞，向东移40余丈的地段破墙开新南门，并筑外瓮城。顺治十五年，知县王奂增筑城垛厚2尺、高4尺。并改四门名：东曰“太乙”，西曰“金嶂”，南曰“薰时”，北曰“拱极”。康熙十三年（1674），知县曹鼎臣再将南门迁回旧址。不料康熙二十三年夏，南门城楼火灾，其他各城门楼也相继毁圮。两年后，知县施鼐曾重建四门，并修城垛。雍正七年（1729），知县王纬奉命大规模修城，并重建城楼。此后，奉化城池经历多次毁损，也曾有多次修缮（旧

△ 石城墙体砌筑方式 本文照片均由金玉萍摄

志载“光绪辛未南门圮，重修”，光绪无“辛未”年，有误）。光绪三十四年（1908）时，奉化四门已恢复了嘉靖时城门的旧名。

1912年以后，奉化城墙逐渐毁圮，部分城墙砖石被铺筑于锦屏街道、岳林街道和东门一带。正明村一带还留有少量的城基，当年城砖仍有少量散落在市区。

附：

石城 位于奉化区袭村镇应家棚村中心。光绪版《奉化县志》载：明嘉靖三十一年（1552）四月间，倭寇由港口登陆，进犯应家棚，义士汪较率弓弩手与寇血战，寇溃退，较亦死之。清初修筑石城，一直到同治年间，都在此设兵防守。1949年后，石城为应家棚瑞云小学所用，现为村老年协会活动场所。石城略呈长方形，面积5000平方米，东西宽67米、南北长76米，高3米左右、原厚1丈左右，外层用条石砌成。1987年，被列为县级文物保护单位。

杨国庆

奉化县城池：距郡南八十里。明嘉靖壬子，知县萧万解筑。高一丈四尺，址广一丈二尺，面广一丈，周一千一十八丈，延袤七里。为门四，门各有楼，穴水门于西为上水门，于东为下水门。城上周设雉堞，城外东、南、西三面临溪，北负山，不设池。顺治四年，知县蔡周辅塞旧南门，开新南门于县东。戊戌年，知县王奂增高城垛，名四门：东曰太乙，西曰金嶂，南曰薰时，北曰拱极。

——清《考工典》第二十卷，引自《古今图书集成》

△ 小学大门及学校围墙，大多是石城城墙遗址

△ 石城文物保护标志碑

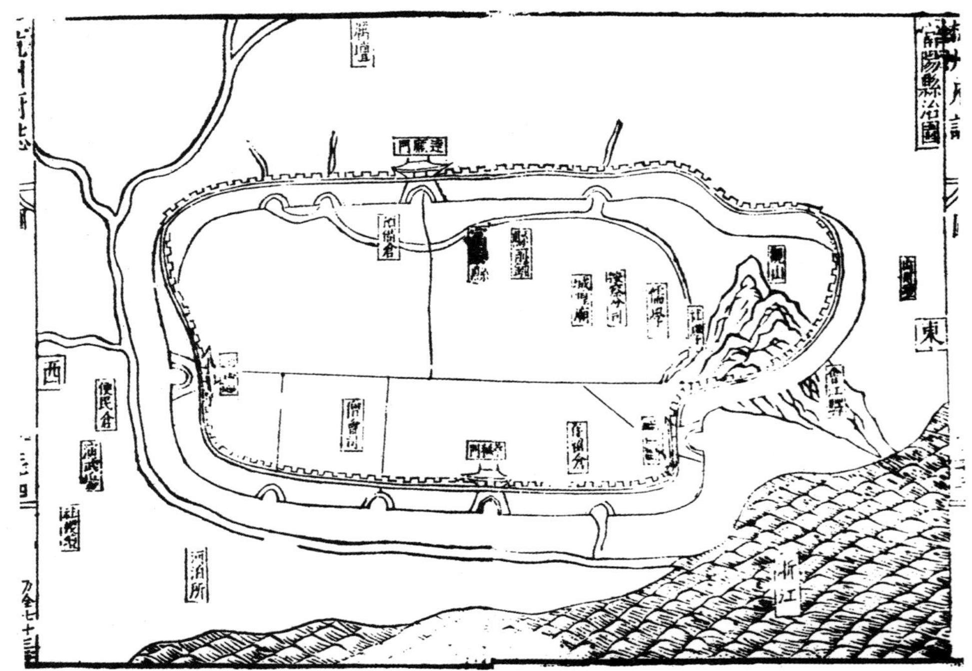

△ 富阳县治图　引自《杭州府志》明万历七年版

富阳，位于浙江省北部，东接杭州市萧山区，有“杭州西大门”之称。富春江横贯全境，既赋山城之美，又具江城之秀，是典型的江南山水城市。

秦王政二十六年（前221），置富春县，属会稽郡。新莽始建国元年（9），改名“诛岁”，仍属会稽郡。东汉建武元年（25），复名“富春”。东晋太元十九年（394），为避简文帝生母太后郑阿春讳，更名为“富阳”，“富阳”之名始于此。此后，隶属虽有所变，但其县的建置基本稳定。1958年，改属杭州市辖县。1994年，撤县建市，属杭州市辖县级市。2015年，撤市设区。

富阳筑城，“自累朝以来，改筑不止一处”。据文献记载，先后有汉代建造的汉古城，三国吴黄武五年（226）建造的东安郡城，“侯景之乱”时（547～552）建造的湖洑古城，唐咸通十年（869）建造的唐古城，五代时建造的五代古城（始建年代不详），元至正十六年（1356）重筑的荣国寺古城等（上述均据光绪三十二年《富阳县志》卷九）。再考其他文献，其中说法有多处不合，待考。

最后营造的富阳城池，建造于明嘉靖三十五年（1556），由知县桂轨所筑。其城走势为：东跨观山，西临苋浦，南俯大江，北带后河。该城周1000余丈，“厚二寻，高一丈四尺”，城墙两侧均用石块砌筑，垛口1200座，沿城的内外均修筑马路。开城门4座：东曰“升平”，南曰“萃和”，西曰“康阜”，北曰“达顺”（1922年《杭州府志》“达”作“连”，有误），各门均建有城楼。又开筑小门3座，以便行人出入；开水门，以便疏流。有人称该城始筑于唐咸通十年（869），由县令赵讷所筑（1922年《杭州府志》卷五转引）。但多数文献认为这是两座不同的城，新城于旧城的东南，两城相距270步。另据《读史方舆纪要》引城邑考称：富阳城“明嘉靖三十五年，复营砖城，周四里有奇”，其中所载的筑城材料与各志有异。隆庆五年（1571），分守参政李淑于儒学之前，新开城门，取名“文明”，城门上建有一座石亭。

清代，富阳地方官吏对城池多有修缮，但其维修力度有逐渐松弛之势。康熙十年（1671），知县牛奂主持大规模修城，计修全城1446弓。竣工后，牛奂亲自撰写了修城记。不久，城墙多处出现坍塌。康熙二十年春，知县钱晋锡

▽ 现存的富阳古城墙残存地段 本文照片均由金玉萍摄

△ 富阳城墙文物保护标志碑

△ 鹳山山脚下的城墙遗存

自捐俸禄，修筑东门和南门地段城墙，又新建南门大观楼。竣工后，钱晋锡也亲自撰写修城记。雍正七年（1729），知县朱永龄主持开挖和疏浚北门外一带的护城河，又在城外西北修建水坝，以蓄潮水。

自1912年以后，富阳城墙逐渐毁圮，最后大部分因城市建设被拆除。

目前，在富阳区富春街道社区鹳山附近，还保留了三段总长约200余米的残存城墙，残高1.1～6.01米，用青石错缝砌筑。

2012年，富阳古城墙被列为县（市）级文物保护单位。

杨国庆

富阳县城池：唐咸通十年筑，后徙建荣国寺西北隅，周一十二里，高二丈一尺，阔二丈，警楼一十二座，铺七百一十九所。五代时，土城在今县东南，钱氏乃垒砖石为之。元至元十六年，重筑，周三里。后毁。明嘉靖三十五年，知县桂軏筑城于古城东南，广六里，厚一丈六尺，内外俱甃以石。城门楼四，雉堞一千二百堵。为门四：东升平，南革和，西康阜，北达顺。又开三小门，以便门出入。并开水门，以疏奔湍。隆庆五年，分守参政李淑于儒学之前，城阙门曰文明。池东南，以长江为险。

——清《考工典》第二十卷，引自《古今图书集成》

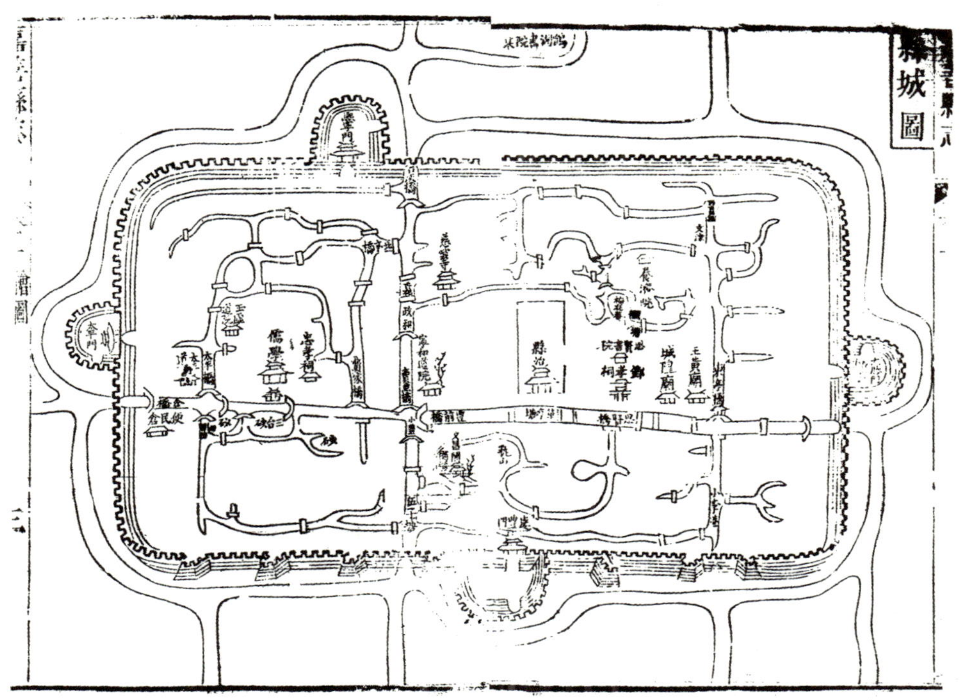

△ 嘉善县城图　引自《嘉善县志》清雍正十二年版

嘉善，位于江、浙、沪两省一市交界处，境内一马平川，典型的江南水乡。当地对“嘉善”一名，有“地嘉人善”之趣解。

明宣德五年（1430）之前，嘉善隶属其他府县。宣德四年三月，巡抚、大理寺卿胡概巡视江南后，以地广赋繁奏请划增县。次年三月，始置嘉善县，隶嘉兴府。1958年，撤销嘉善县置，并入嘉兴县。1961年，恢复县置。1983年，嘉善县隶属嘉兴市。

嘉善筑造城池较晚。明宣德五年（1430），虽立县治，但没有建造城池。嘉善最早筑城，始于正德五年（1510），由知县胡洁所建的“宾旸门”和“平成门”，“以备启闭”。而大规模筑造城池的想法，则始于嘉靖三十二年（1553）。因有倭寇之警，巡抚王忬会同知府刘悫商议筑城事宜后，命通判邓迁负责督其役。由于制定的城址为方形，涉及了许多民居拆迁的问题，刘悫遂亲自查勘逐一解决。自嘉靖三十三年十月动工，到第二年三月竣工，动用民工上万人，占用良田353亩，耗费各项银两约35857两，其中20000银两由国库支出，其余取之丁田租费。城周6里（计1488丈，据嘉庆五年《嘉兴府志》考证：实际为1785.6丈）、高2.3丈、厚2.2丈。设城门4座：东曰“大胜”，西曰“太平”，南曰“庆丰”，北曰“熙宁”（城门名，均以所在地的坊名而定）。设城楼4座、外瓮城及望楼各4座、水门5座（清嘉庆五年时已塞其一），旁设台5座、墩台12座、窝铺36间、垛口2664座（《考工典》记为“雉堞两千六百四”）。城周有护城河，宽6丈。时人姚宏谟撰有《筑城成功碑记》，详载其事。万历二十年（1592）和崇祯八年（1635），嘉善县地方官吏对城池均有修缮。只有崇祯二年，知县蔡鹏霄不仅没有修城之举，

▽ 嘉善城墙残存地段外环境　本文照片均由金玉萍摄

△ 嘉善城墙残段及护城河

△ 嘉善古城护城河今貌

反而拆除城上窝铺16间，不知出于什么原因。

入清以后，嘉善县历任官吏修城不止，平均约12年就有一次修城之役。其中乾隆三十二年（1767）修城规模较大，修缮残破城垣65段，总长390.5丈，重建或修葺城楼4座，又修炮台6座，共计耗费纹银6769两。咸丰十年（1860），太平军占据嘉善县城时，曾将垛口加高数尺。战后，有风水先生提出："不利文风"（据光绪二十年《嘉善县志》卷二）。意思是垛口太高了，对当地科考或文化不利，遂于光绪七年（1881）先拆除了巽（先天八卦指“西南”，后天八卦指“东南”）段的新增垛口，恢复了原来的高度。

1912年以后，嘉善县城墙因年久失修，逐渐毁圮。1949年以后，由于市政建设需要，嘉善城墙陆续被拆除，一部分城墙砖被附近的人们用来砌房屋。地处西南角的一段，因靶场（俗称“陆军操场”）需要被意外地保存了下来。

现存嘉善城墙位于魏塘镇子胥社区西城半岛小区南侧，城址占地495平方米，坐北朝南，南侧墙面下部用条石砌成，共7层，每层0.25米，其上再用砖一侧一平、一侧二平垒砌，墙内为夯土，残长27.4米、高5.5米。东、西两侧连接块石筑成的墙体。2004年，嘉善城址被列为县级文物保护单位，在残墙南、北两端各立有一块标志牌。

杨国庆

嘉善县城池：明宣德四年，分县。嘉靖三十二年，巡抚王忬建城，水门五，陆门四：东大胜，西太平，南庆丰，北熙宁。月城、望楼、墩台、窝铺悉具。周围一千四百八十八丈，高二丈二尺五寸，连堤址厚二丈二尺，雉堞两千六百四。池周于城，阔六丈。顺治十五年，知县方舟增高并堵。

——清《考工典》第二十卷，引自《古今图书集成》

▽ 嘉善城墙墙体不同建材及砌筑方式

▽ 嘉善城墙文物保护标志碑

嘉兴城

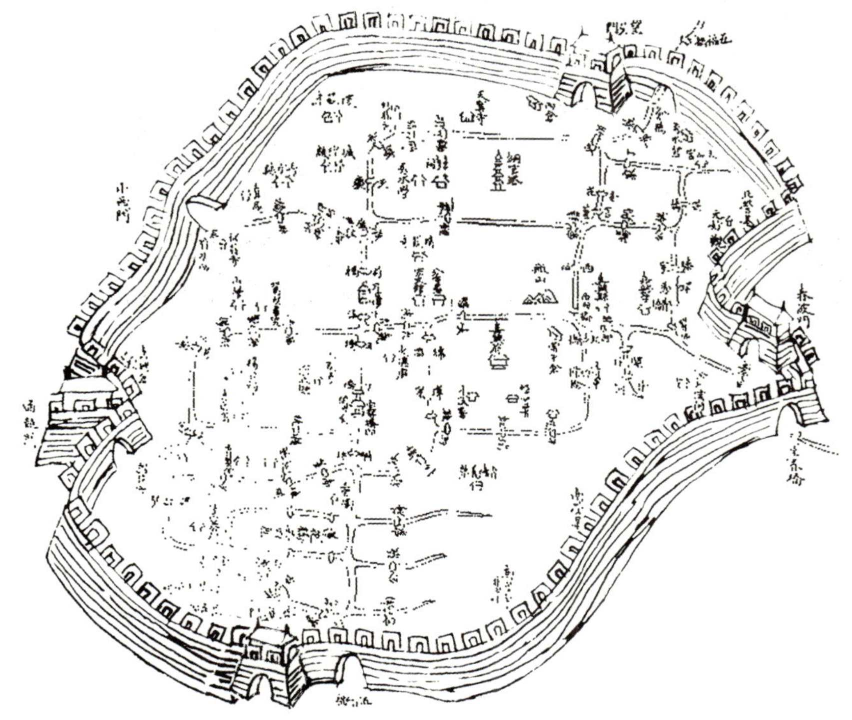

△ 嘉兴府城图　据《嘉兴府志》清光绪五年版，张君重绘

嘉兴，位于浙江省东北部的东南沿海、钱塘江与东海交汇之处，有江、海、湖之形胜。2011年，被列为国家历史文化名城。

嘉兴，秦时置县，称“由拳”，属会稽郡。吴黄龙三年（231）“由拳野稻自生”，吴大帝孙权以为祥瑞，改“由拳”为“禾兴”。赤乌五年（242），又改称“嘉兴”。此后，随政权更迭，建置及隶属均有变化。明宣德五年（1430）后，嘉兴或府或县的建置基本未再变动。1983年，设嘉兴市（地级市）。

嘉兴城萌于秦汉，初创于三国（子城），形成于唐（罗城）。

三国吴黄龙（229～231）时，始筑城墙。城周长2里10步，高、厚均为1.2丈。设正门1座，城楼名曰“丽谯”。唐末，由于子城外兴建了罗城，故原城改称为“子城”。子城曾先后为县、州、军、路、府的衙署，太平天国的听

△ 嘉兴子城文物保护标志碑 本文照片均由郑嘉励摄

王府和民国的西大营，是历代嘉兴行政中心所在地。光绪三十四年（1908），重修子城谯楼及东、西两侧城墙。现存的子城及谯楼是1990年重修的，长约百米，垣墙为砖石结构。

唐乾宁三年（896），嘉兴守臣曹信筑嘉兴府城（据嘉庆五年《嘉兴府志》卷四考证，认为筑城时间应当在此之前）。另据光绪三十四年《嘉兴县志》卷三称：唐文德元年（888），吴越制置使阮结筑城。但此说并不足信，嘉庆五年《嘉兴府志》已做考证。五代后晋天福五年（940），被拓为州城。城周12里、高1.2丈、厚1.5丈（《考工典》记为“周围二十二里，高二丈二尺，厚一丈五尺”），建城门4座并建城楼。宋宣和年间（1119～1125），知州宋昭年主持修缮城垣。后因兵乱，城遭损毁。德祐元年（1275），守臣余安裕主持重修。元至元十三年（1276），因朝廷下令毁江南郡县城，罗城遂平，而子城却幸存。至正十六年（1356），时天下大乱，民众举兵反元。嘉兴守臣方道叡复建罗城（光绪三十四年《嘉兴县志》称“至元十六年”，有误）。至正二十四年，同知缪思恭主持重筑，但未竣工。

明洪武三年（1370），知府吕文燧、谢节始将元末重筑的城墙竣工。新修筑的城墙比旧城西南角缩小了3里，使城周为9里13步，城墙增高2尺（《考工典》记为“三尺”）、宽1丈，设敌楼25座、垛口3415座。增设外瓮城4座、吊桥4座、城门城楼4座。环城的护城河深1.2丈、宽22丈（《考工典》记为“阔二十一丈”）。比较少见的是：城与护城河之间的空地，任凭民众自建房屋，但每年要征收费用，供修城之需。嘉靖三十三年（1554），倭寇犯境，由于事先官民早有防备，嘉兴府所属的嘉兴县与秀水县各修城其半，倭寇侵犯之时全城得以免遭其灾。嘉靖三十九年，知府侯东莱奉命大规模修城，耗费国库工料银18600多两。改城门名："春波"改为"澄霁"，"通越"改为"阜成"，"澄海"改为"迎熏"，"望吴"改为"拱辰"，并重建敌楼27座（《考工典》称"二十八座"）。时人吴鹏撰有《修城记略》，详载其事。自万历七年（1579）至四十八年，嘉兴府先后修城达四次。其中最后一次修城规模最大，并将城周2000丈的城墙加高2尺，建造窝铺、箭楼、登城马道，耗费工料银约4585两。天启二年（1622），当地官吏修缮护城河的堤岸200余丈。

入清以后，嘉兴府城虽时有损毁，但都能得到及时修缮。嘉兴府所辖的嘉兴县和秀水县因同城而治，故对府城日常维修也分而负责：嘉兴县负责城墙段长1386.9丈，垛口1115座，东、南城门楼各1座；秀水县负责城墙段长780.82丈，垛口734座，西、北城门楼各1座。清顺治十年（1653），澄霁门城门楼毁，嘉兴知县张厥修重建。顺治十五年，奉命将嘉兴府城增高，垛口合二为

▽ 嘉兴子城

一。康熙十六年（1677），当地乡民金珩等人建议："每年各里输城砖五十块，石灰一百斤，贮修城"（嘉庆五年《嘉兴府志》卷四）。道光二十四年（1844）至二十七年大规模维修城池时，耗费工料银88700余两。同治三年（1864），清军在攻占太平军守御的嘉兴城池中，炮火轰塌北门城墙及其他多处地段。战后，对毁损地段进行了及时修葺。在此后的五年内，先后重建城楼、修缮城垣工役几乎没有间断。

1928～1929年，昔日的嘉兴府城墙被拆除，并于城基筑路，名为"环城路"。

目前，位于嘉兴市建设街道紫阳社区府前街、城区中心稍东偏南的嘉兴子城，则保存基本完好。

1981年，嘉兴子城被列为市级文物保护单位。2005年，被列为省级文物保护单位。

杨国庆

嘉兴府城池：唐乾宁中，守臣曹信筑。五代，吴越王钱元瓘拓为州城。宋，谓之军城。元，谓之路城。罗城周围二十二里，高二丈二尺，厚一丈五尺。水、旱门各四，门各有楼，门外各置吊桥。东曰春波门，西曰通越门，南曰澄海门，北曰望吴门，惟澄海水门。明初，更筑，较旧缩三里，高倍于旧三尺，面阔一丈。敌楼二十五，女墙三千四百一十五，月城、门楼、吊桥悉具。池周围绕城，阔二十一丈，深一丈二尺。嘉靖三十九年，知府侯东莱增筑，改春波曰澄霁，通越曰阜城，澄海曰迎薰，望吴曰拱辰。重建敌楼二十八座。万历四十四年，知府庄祖诲，盖造窝铺、箭楼、马坡。天启二年，知县杨齐修筑城堤及堵。顺治十五年，增高城垛，并二为一。康熙四年，嘉兴知县林逵重筑子城，周围二里十步，高、厚俱一丈二尺。敌楼，明嘉靖三十三年议建，于海盐塘筑一座，名镇海；于汉、魏二塘筑二座，名镇汉、镇魏；于秀水杉青闸筑三座，名上青、中青、下青。嘉兴、秀水二县俱附郭。

——清《考工典》第二十卷，引自《古今图书集成》

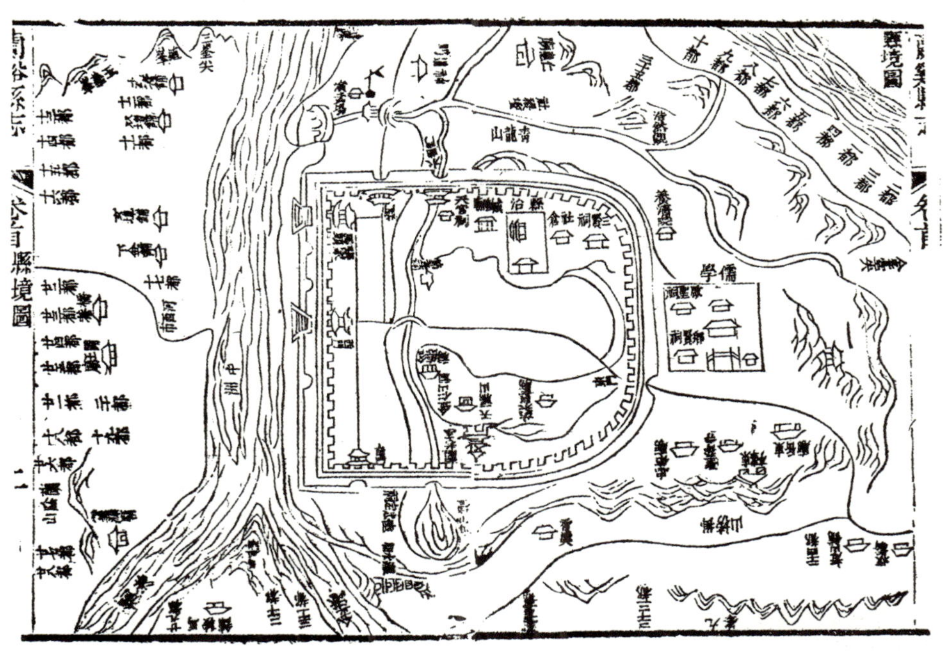

△ 兰溪县境图　引自《兰溪县志》清嘉庆五年版

兰溪，位于浙江省中西部的金华市西部，地处钱塘江中游。自古有“三江之汇”、“六水之腰”、“七省通衢”之称。

兰溪，在唐以前，均隶属于相邻郡县。自唐咸亨五年（674）“溪以兰名，邑以溪名”，始设兰溪县置。此后，随政权更迭，建置及隶属略有变化。明清时，隶属金华府。1985年，改县为市（县级），仍隶金华市。

兰溪筑城之始不详。诸多文献仅依据宋代洪遵《东阳志》的记载：“城周二里三百二十三步，高一丈五尺。子城周一里三百四十五步。”另据康熙版《金华府志》载，旧城设城门4座：东曰“上门”，西曰“溪门”，南曰“迎麾”，北曰“北门”。对于兰溪这大、小二城，文献既没有建造年代，也没有何人因何故所筑的更加详实记载。而子城则年久毁圮。外城“历代修筑，文献无征”（康熙版《兰溪县志》）。

元至正十八年（1358）十月，朱元璋部将胡大海攻克兰溪，在继续进攻婺州受阻后，退回兰溪开始筑城，以加强城防（此见刘辰《明初事迹》，其他诸多文献记载不详）。并将四门改名为：东门曰“安政”，南门曰“明德”，西门曰“清波”，北门曰“拱宸”（《考工典》记为“拱辰”）。元至正二十五年六月，因山洪暴发毁城。同年九月，金华同知冀权来兰溪亲自负责修城之役，修补城墙780余丈，又新开小西门（后称“隆礼门”，俗称“水门”），以便百姓出入。竣工后，冀权“取春秋之法，直书其事”，并刻碑立于城隅。此后，兰溪城多次遭遇洪水，城西、南两段城墙多处受损。正统十三年（1448），浙江按察司佥事陶成在镇压流寇后，认为兰溪地处“要冲”，命人伐木为栅栏，以弥补兰溪城西、南两面破损处；对东、北两面基本完好的城墙也进行了修补。不久，西、南两面木栅朽坏，并“渐被民侵越”。正德七年（1512），因有盗贼扰民，次年，陶炎奉命依照旧城基址修筑城墙，拆除城墙周边被百姓侵占之处，拆卸的民居台阶等石料垒为陡岸，并在其上建以女墙。并建造南、西、北三面城楼。正德十三年，有人提议拓广兰溪城池，遭到当地人郑璀反对：将城墙建在山上，固然可以避免敌人登山俯瞰。但是，“扩城必须以人实之，山既陡峻不可以居，则空城谁与为守？”（郑璀：《拓城议》，引自光绪十五年《兰溪县志》卷三），扩城之议遂罢。明中后期，兰溪将全长865丈的城墙，按“民、物、皆、宁、泰、城、垣、永、奠、安”十字，均分

▽ 新建的兰溪西门城楼 本文照片均由金玉萍摄

▽ 从江面远眺今日兰溪城

为10段，形成城制，以便维修时分段派工。

入清以后，兰溪城墙多次被大水冲坏，又经数任地方官吏修缮，使城墙既可御敌，又能防洪。乾隆四十九年（1784），兰溪城西门段城墙堤出现损坏，乡绅方永祥捐资修补。乾隆六十年夏，连日大雨，兰溪洪水暴涨，冲坏城堤数丈。嘉庆元年（1796）春，知县张许带头捐资百金，乡绅纷纷慷慨解囊集资修城。于当年冬天竣工，修城长59.6丈。同治二年（1863），清军收复被太平军占领的兰溪城后，知县江绍华主持修补城墙。同治四年，大水冲塌部分城墙。三年后，知县陶鸿勋捐资修城。光绪八年（1882）五月，大水再次冲塌沿河城墙20余丈，百余丈地段的垛口损坏。知县王嘉福捐资修补。

1912年以后，兰溪城墙逐渐毁圮。1949年以后，除西城沿江路一带城墙因具有防洪功能被保存外，其余地段城墙先后被拆除。1987年，《兰溪城关镇志》由浙江人民出版社出版，其中对兰溪城墙有较详实的介绍。

现存的兰溪古城墙位于兰溪市天福山社区沿江路，该段城墙南起冷饮厂，北至兰江大桥，长约500余米，红条石垒砌。从北至南分别有朱家码头、柳家码头、水门码头、官码头等五座拱券城门。1995年和1996年，新建了柳家城楼、西门城楼、朱家码头城楼、官码头城楼等附属建筑。

1992年，兰溪古城墙被列为市级文物保护单位。

杨国庆

▽ 兰溪古城西门及城门外的浮桥

△ 兰溪老城墙与新修建的城墙

兰溪县城池： 旧城，久废。明初年，修之。改东门为安政，南为明德，西为清波，北为拱辰。周七百八十余丈。乙巳夏，同知冀权重修，又辟小西门，以便出入。正德癸酉年，守土者寻本城旧迹，尽出民所侵，砌石为陡，岸上为女墙。又改创南、西、北城楼。

——清《考工典》第二十卷，引自《古今图书集成》

◁ 兰溪古城墙文物保护标志碑

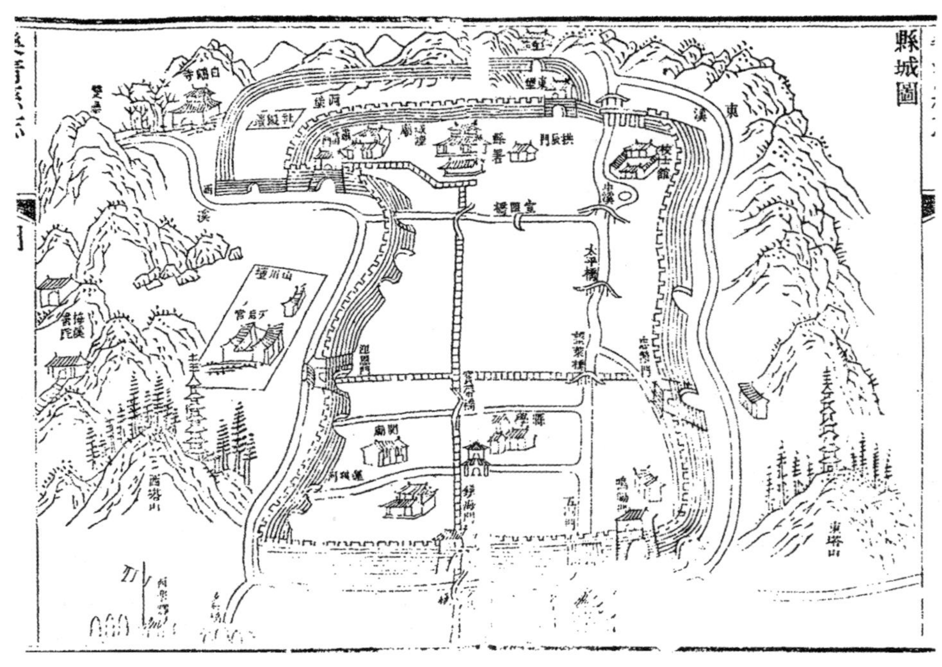

△ 乐清县城图　引自《乐清县志》清光绪二十七年修，民国元年补刊

乐清，位于浙江省东南沿海，东临乐清湾与台州为邻，南濒瓯江和温州市区相望。

东晋宁康二年（374），析永嘉郡之永宁县置乐成县，属永嘉郡，为建县之始。开皇十二年，裁乐成县入永嘉县。此后，随政权更迭，建置及隶属多有变化。五代后梁开平二年（908），改县名为“乐清”，被沿用至今。1981年，乐清县归温州市管辖。1993年，撤销乐清县，设立乐清市（县级），由温州市代管。

东晋宁康二年(374)，乐清建县之初，仅用木栅为城。据隆庆(1567~1572)县志载：“县治旧以两溪萦带，洪水时发，不可城，惟用木栅。”直到唐天宝三载（744），始筑城墙，城周仅1里、高1.2丈、宽2.4丈。城墙虽小，也建有城门4座：东曰“登瀛”，南曰“清远”，西曰“承流”，北曰“祥云”。

△ 蒲岐所城护城河 本文照片均由金玉萍摄

△ 保泰门（东门）现状

△ 定安门（西门）外侧

△ 修缮中的南门

△ 今日镇武门（北门）

△ 蒲岐所城新建的城外登城步道

△ 定安门及新修的城楼

△ 镇武门的两座城门之间外墙体构造

宋时被沿用，到元时城已荒废。明洪武六年（1373），为防倭寇骚扰，乐清再次商议筑城，百姓深感艰难。遂利用东塔、西塔两塔山为石城，到溪边树以木栅以联通。在木栅外设护城河，水陆各建有门。洪武二十年，因在沿海遍置数量众多的卫城、所城，乐清城再次荒废。永乐年间（1403～1424），该城址在县志中已被列为“古迹”，但护城河尚存（详见永乐版《乐清志》卷六）。

明正德年间（1506～1521），由知县林有年主持复建城门6座：南曰“文明”、“通济”，东南曰“鸣阳”，西南曰“迎恩”，东北曰“拱辰”，西北曰“肃清”，各城门以民壮守之。嘉靖三十一年（1552），乐清附近的黄岩因无城遭倭寇入侵。于是，都御史王忬、知府龚秉德亲自视察选址，并命知县杨钥主持建城。新城全部采用块石砌筑，城的东、西两面到达塔山的山脚，南面拓展到三桥。城高2.4丈、基宽2.2丈。建城门3座：中曰“镇海门”，东曰“鸣阳门”，西曰“迎恩门”。在金银溪出水口建水门1座，又以四寨（叠岩、鲤池、大岩头、花山）为翼。但是，城墙外侧附近的民居因不愿被拆，致使城外防御空间不足而留下隐患。嘉靖三十七和三十八年，倭寇接连来犯，由于“山高城低，下瞰若平地”，而且城外民居贴近城墙为寇所利用，城池差点被攻破。战后，同知尹尚孔奉命大规模修筑城池，并拆除邻近城外的民居。南城依旧，东城包小河（即东溪），北城至翔云峰山脚，西城到西溪。设大城门6座、小城门4座，均建有城楼。乡人侯一元撰有《城记》，详述其事。万历六年（1578），知县黄仁荣筑造敌台14

△ 西门文物保护标志碑

△ 重修蒲岐所城民众捐款碑

座。万历二十一年，推官王尹麟增筑敌台4座。万历三十四年，复开翱云门（后又堵塞）。

入清以后，地方历任官吏重视城池的修葺，但在清中晚期时，文献记载不详。其中大规模修缮至少三次：其一，雍正四年（1726），知县唐传性捐俸1257两银，重筑城垛1604座，又建北门外瓮城，竣工后，有《重修乐清县城记》详载其事；其二，乾隆三十二年（1767），在地方官吏主持下，为避水患新开东溪支流，而“城绝水灾，……永为一邑之利”（光绪版《乐清县志》转引《旧志》）；其三，嘉庆元年（1796）八月，因飓风损坏城墙多处。知县李珍大规模修缮城池。当时，城墙周长8里多，城身外长1407丈、高2.3丈；里长1402丈、高1.8丈；城基宽1.4丈、顶宽9尺。城北因紧挨着山，没开挖护城河；南面临河；东、西两面依附溪水为护城河。设大城门6座，均建城楼：东曰“忠节”，南曰“镇海”，西曰“迎恩”，北曰“拱辰”，东南曰“鸣阳”，西北曰“肃清”；小城门4座：曰“东皋”、“文笔”、“箫台”、“仓桥”。设全城敌台18座、城垛1720座。城的东、西面设水洞5座，其一在东城，另四座均在西城。到光绪二十年（1894）时，仅有宝带河水门“可通舟楫”，其余皆塞。

1912年以后，乐清城墙逐渐毁圮。1938年，为防侵华日军空袭时便于疏散人口，县长李乃常奉省府令，征集壮丁，拆除了部分城墙。1943年，私立乐成初级中学兴建校舍时，以石砌的古县城城墙为界，形成东西两半的校园。

1949年时，在原县署及丹霞山麓尚有部分古城遗迹，其余仅为城墙遗址。

2012年6月，位于市人武部后的一小段城墙曾出现过险情，对它进行了局部修葺。

附：

在乐清的民间，流传一句俚语：“处州十县九无城，乐清一县九条城”（另在浙江平阳县也有一句民谚：“处州十县九无城，平阳一县九条城”）。这“九条城”，是指清末尚存的包括县城在内的城池与民堡。据光绪版《乐清县志》记载，各类大小不等的城有：乐清县城、磐石寨城、大荆城、蒲岐所城、后所新城、黄华寨城（旧名“许公堡”）；□□堡（东皋山下，1521年筑。1900年时已废）、鹗渚堡（又称“鹗头城”）、县后堡（实为“石埭堡”，堡内又有“东堡”和“西堡”之称，其南城与乐清的北城共用一墙）、寿宁堡、永康堡、福安堡、宁安堡、石梁堡。俚语中所谓的“九条城”，其实是一种泛指，以形容县境内城多的意思，并非是实数。

乐清境内的这些大小城池或民堡，有的已经毁圮，有的部分尚存遗址或遗迹，并被列为省级文物保护单位。

杨国庆

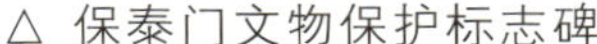

△ 保泰门文物保护标志碑

△ 蒲岐所城北门文物保护标志碑

乐清县城池：唐天宝三年，筑。周一里。元，废。明初，为石城，又废。正德间，令林有年始置六门。嘉靖壬子，令杨钥城之，为水门而翼以四寨，曰叠岩、鲤池、大岩、东山。戊午、己未间，同知尹尚孔始大城之四周，高二丈，东、西厚一丈三尺，南、北厚一丈，周九里三十步。东北贴山无壕，南附河，西附溪为壕。门六：东南鸣阳，南镇海，西迎恩，西北萧清，北拱辰，东忠节。小门四，曰：东阜、文笔、箫台、仓桥。万历丙午，复开翱云门。六年，令黄仁共筑敌台十四座。二十一年，推官王尹麟增筑四座。

——清《考工典》第二十卷，引自《古今图书集成》

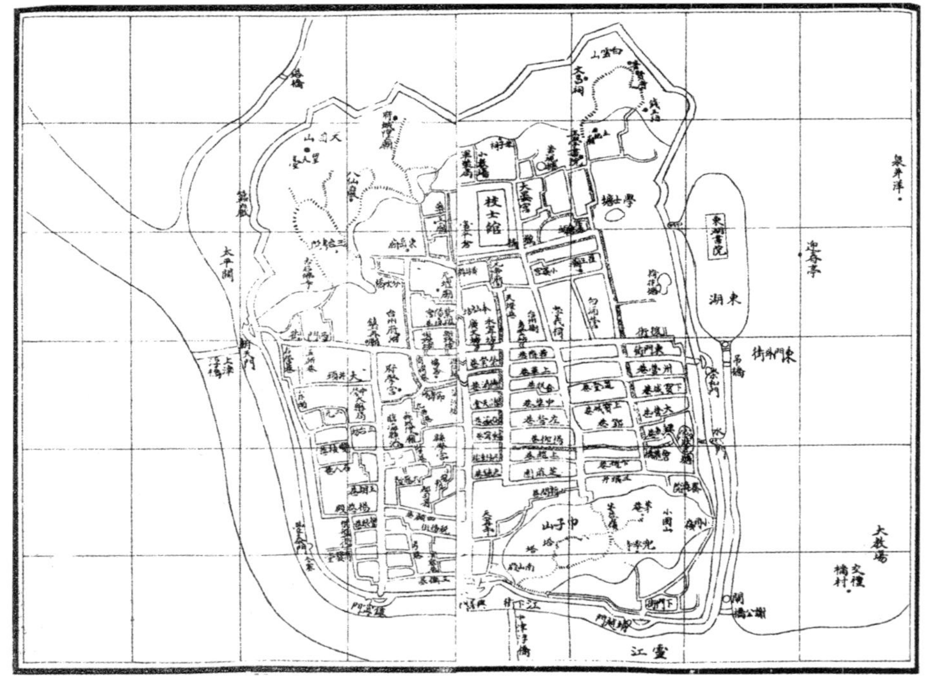

△ 临海县城图　引自《临海县志》民国二十三年重修铅印本，载《中国方志丛书·华中地方·浙江省（218）·临海县志》

临海，旧称“台州”，位于浙江省沿海中部。1994年，被列为国家历史文化名城。

临海，自东吴黄武元年（222），析章安县西部及永宁县部分境域置临海县，始有“临海”之名。吴太平二年（257），析会稽郡东部置临海郡，郡治初在临海，后迁章安。隋开皇九年（589），废郡设立临海县（非旧临海县，其范围与临海郡相同），县治仍在章安。开皇十一年，移县治于大固山（即今日临海）。唐武德四年（621），设置台州治所于临海。自唐至清，临海历来为台州的州、郡、路、府治所。1949年，成立台州专区，驻地在临海。1986年，临海撤县设市。

据清末《临海县志》载：临海城“始筑时，不可考”。另据《辞海》及《历史文化名城》等籍载：临海筑城始于东晋（317～420）末期，“东晋时孙恩起义，曾与郡守辛景大战于此。临海旧城相传为辛景抵御孙恩所筑”。此后，至隋开皇九年，再筑小城：“隋平陈，并临海镇于大固山，以千人护其城”（引自《嘉定赤城志》卷十九，转引《壁记序》）。临海扩建城池于唐初，有两种说法：其一为“唐武德间，刺史杜伏威所迁，李淳风所择”；其二为“唐尉迟敬德所造”。今人依据宋《嘉定赤城志》所载“州城隍庙，在大固山东北，唐武德四年（621）建”，推论为“州城亦当筑于武德年间”（《历史文化名城》第76页）。

宋代，是临海城（即台州城，下略）发展的一个重要时期，不仅城墙毁损与修缮比较频繁，城门、城墙及护城河也多有增删拓浚。宋太平兴国三年（978），吴越国钱氏向宋太宗再次表示臣服，“献其两浙诸州”，并下令原吴越国境内“堕其城，示不设备”。台州城也不例外，拆除了所有城垛，“所存惟缭墙”。大中祥符年间（1008～1016），又修复城垛。庆历五年（1045），“海溢，城坏”。朝廷派遣太常博士彭思永赴台州，命县令范仲温等组织军民修城，由苏梦龄等负责其役，历时一个月竣工。熙宁四年（1071）“浚东湖，以受水”，即将东城墙“缩入里余”，并对东湖通向灵江的渠道改建为护城河，最终形成沿袭后世的临海城基本格局。旧志称临海城周长18里，实测周长6287米。设城门7座，门上皆设城楼：东曰“崇和”（楼名“惠风”），南曰“兴善”（楼名“超然”），西南曰“镇宁”（楼名“神秀”）、“丰泰”（楼名“霞标”），东南曰“靖越”（楼名“靖越”），西曰

▽ 临海古城沿江边段保留较好的瓮城与城墙　以下两图引自国家文物局文物保护司，江苏省文物管理委员会办公室，南京市文物局编《中国古城墙保护研究》图版33、43（文物出版社，2001年）

▽ 沿江边凸出城墙一面圆一面方的墩台

“括苍”（楼名“集仙”）、“朝天”（楼名“兴公”）。南宋淳熙二年（1175），郡守赵汝愚大修临海城池，计用工15376，耗资21.79万贯，用米4600石。绍定二年（1229），因大水毁城，浙东提举叶棠亲自督修城池，并在城外加筑捍城，城内增筑高台，塞括苍、丰泰二门。此后，因大水或暴雨毁城发生多次，亦得到及时修缮，《临海县志》称：“自宋以前城凡八修，元明间虽修葺非大役……”表明宋代临海城池产生的一定影响。但是，文献未载临海城门拱券的改建，曾有学者认为现存的城门拱券是宋制。笔者于2012年3月实地考察时，在其东南的靖越门拱券内侧原始墙上发现一块标有“后所”字样的砖文。“卫、所之制”始于明初，据此可以推断临海城门拱券非宋制，而是改筑于明初。元末，平定浙东民反后，因台州城池损毁严重，“雉堞皆错朽坏”，护城河淤塞，因而大规模修葺城池。竣工后，“邦人始莫不大悦”。刘基撰有《台州路新修城濠碑》（载成化版《诚意伯刘先生文集》）详述其事。

明、清两朝时，地方政府因防倭寇、防水患等，对临海城池多有修缮或增筑之举。戚继光（1528～1587）在临海时，会同台州知府谭纶改造了临海古城的部分结构，创造性地修筑了二层空心敌台，极大地增强了防守能力。由于戚继光北上京城后，曾主持大规模修缮加固长城，并在居庸关至山海关之间建造了1489座空心“敌台”，这些经验正是在江南城防建设中积累的，故今人亦将临海城称为“江南长城”。

清顺治十五年（1658），摄兵备道兼知府胡文烨、府事推官王阶主持大规模督修城池，“垛口增高三尺，并三为一，规制巍壮，屹然改

▽ 台州朝天门外瓮城内 本文照片除署名外，均由杨国庆摄

▽ 台州1914年修缮时镶嵌城门上方的“古丰泰门”匾额

△ 台州弧形马面

观，称金汤焉”（清末《临海县志》卷二）。康熙五十一年（1712），台州知府张联元在靖越、兴善、镇宁、朝天四门外加设瓮城，增强了城池防洪能力。

历代对临海城池的评价，具代表性的是明临海人王士性在《广志绎》所称：两浙“十一郡城池，唯吾台最据险，西、南两面临大江，西北巉岩插天，虽鸟道亦无”。除此，还有北宋苏梦龄《台州新城记》，南宋陈观《筑城议》，元周润祖《重修捍城江岸记》，今人有《历史文化名城临海》等可参阅。

1912年以后，由于临海城有1/3的长度是沿灵江修筑，因其突出的防洪功能而不断得到修葺。经文物部门实测，临海城墙总长度为6286.63米，现存4671.63米，其中沿江的2370米仍保留历史原状。城墙宽度一般为下9米、上4米，通高7米；原有七门，现存靖越、兴善、镇宁、朝天四门，门皆有外瓮城。滨江的“马面”不同于一般城墙的方形，呈半方半弧或半方半斜形状。

2001年，台州府城墙被列为全国重点文物保护单位。2011年，《台州府城墙文物保护规划》获专家通过。2012年，临海城墙被列入“中国明清城墙”申报世界文化遗产组合项目，进入国家文物局预备名单。

附：

桃渚古城　位于临海市桃渚镇城里村。明正统七年（1442）六月，开始建造，至次年建成。嘉靖三十八年（1559）戚继光与倭寇大战于桃渚，战后戚

△ 台州镇宁门外瓮城

△ 台州兴善门外瓮城

△ 台州靖越门外瓮城

△ 临海城台历次修缮形成了砖石混砌

◁ 临海砖砌城墙损坏地段

△ 临海城门砖砌纹饰

△ 临海石砌城墙结构（局部）

继光在城的东西两角建造了两座敌台。据《台州府志》和《临海县志》记载：桃渚城“城高二丈一尺，周围二里七十步”，现实测城周长1366米，占地约115566平方米。软墙及垛口已毁，现存高度一般在4米，平均宽度5米。城基本上呈方形，西、南二面临旷野，北面自西城角东延90米开始上跨后所山至东北转角敌台计210米，东城墙从转角处沿山而下经180米进入平坦地带。城原有敌台12座，敌台均建在“马面”平台上，南城有一座“马面”在1949年后被拆。城门分设于东、南、西三面，三门均建外瓮城，门呈拱券形。

杨国庆

台州府城池：周一十八里，唐杜伏威建。宋再筑。庆历中，守元绛增作九门，捍外水，疏内水之壅，析为三支。嗣后，屡经修筑。门凡七：南曰镇宁、北曰兴善、东曰崇和、西曰括苍、东南曰靖越、西南曰丰泰、西北曰朝天。今存五，西南、西北俱塞。顺治十五年，增高并堵。临海县附郭。

——清《考工典》第二十卷，引自《古今图书集成》

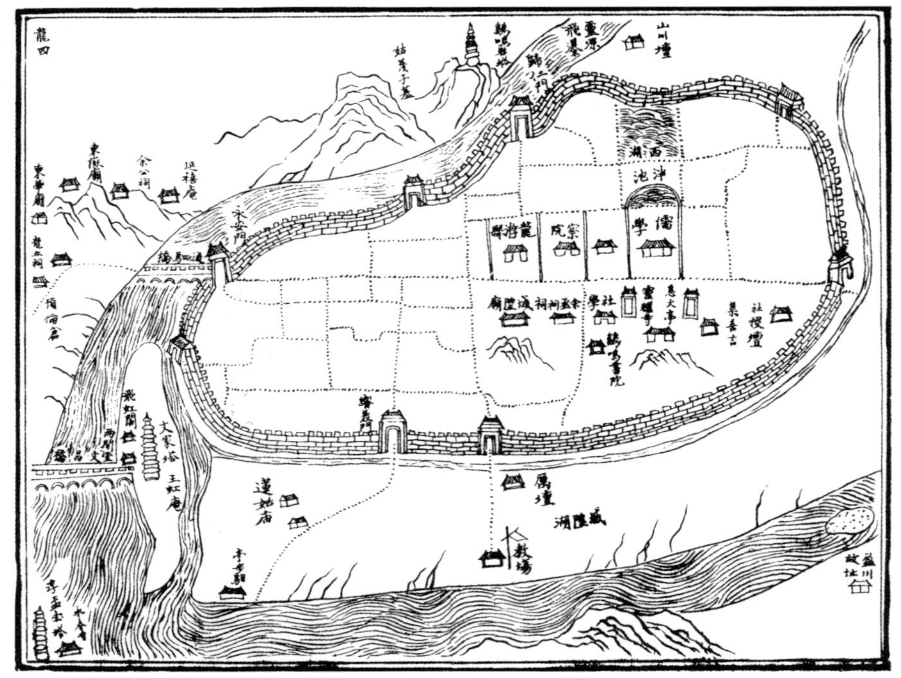

△ 龙游县城图　引自《衢州府志》民国十八年辑，民国二十六年铅印本，载《中国方志丛书·华中地方·浙江省（602）·衢州府志》

龙游，位于浙江省西部、金衢盆地中部，北靠建德，东临金华市区、兰溪，南接遂昌，西连衢江区。是浙江东、中部地区连接江西、安徽和福建三省的重要交通枢纽，素有“四省通衢汇龙游”之称。

春秋时期，建有“姑蔑”古国，“其地在瀫水南三里”（光绪八年《龙游县志》卷二）。秦王政二十五年（前222），秦灭楚，于姑蔑之地设太末县（一作“大末”），隶会稽郡，为龙游建县之始。唐贞观八年（634），更名龙丘县。五代十国吴越宝正六年（931），吴越王钱镠以“丘”与“墓”近义不吉，又据县邑丘陵起伏如游龙状，遂改“龙丘”为“龙游”。此后，随政权更迭，建置、隶属及地名均有变化。明、清两朝，均为县治，隶属衢州府。1985年，龙游县归属衢州市。

龙游筑城始于姑蔑故城，由于年代久远，早已毁圮。自唐、宋、明就有诗人为此怀古写诗。至明时，该城址仅余四座城门，因时启闭。明隆庆二年（1568），衢州知府汤仰以龙游需建造城池上报朝廷。获准后，又与同僚及下属官吏负责建城之役，调用三年军饷8000余两，以及地方集资共计一万数千两纹银，用于筑城之需。于当年冬天开工，次年夏天竣工，龙游知县傅性敏继任后参与其事。该城周6里（光绪八年《龙游县志》卷二载“十里”，今从万历四十年《龙游县志》），垛口2840多座，“高一丈六尺，基广一丈三尺，面九尺”。设城门4座：东曰“永安”，南曰“归仁”，西曰“太平”，北曰“向义”，各有城楼，门外均建有吊桥，并设有官厅各3间。每座主城门旁均开有便门，上建小屋。万历元年（1573），知县涂杰（《考工典》载“万历九年”、“余杰”，均有误）增缮警铺、敌台各7座。竣工后，涂杰撰有《建龙游城记》，详记隆庆建城之事。崇祯年间（1628～1644），因兵乱，龙游县城遂堵塞便门4座。

▽ 龙游古城归仁门(大南门)遗址 王莹摄

△ 新修的龙游古城墙垛口 本文照片除署名外，均由金玉萍摄

△ 复建的归仁门遗址广场

入清以后，地方官吏对城池仍十分重视，不断修缮城池。康熙十一年（1672），知县许瑄认为四座便门常年封堵后，对城内百姓出入不便，遂开四座便门如旧，并对四座主城门也进行了加固修缮。雍正八年（1730），知县秦文超修葺城垣。嘉庆二十五年（1820），知县杨鸿主持城墙维修及周边环境整治。此后直到咸丰年间（1851～1861），因自然损坏和兵乱毁损，城墙坍塌32丈、垛口109座。同治十年（1871），在浙江巡抚杨昌浚及所属官吏捐资带动下，共集资数百金，于同年七月兴修龙游城池，以及修缮毁坏的城楼。竣工后，勘查委员王联元、知县李宗□对龙游城池共同调查的结果是：城周972丈，垛口1168座，炮台3座。光绪年间（1875～1908），龙游也有修城之役。

1912年以后，龙游城墙逐渐毁圮。1949年以后，因城市交通建设需要，拆除了城墙，城基改筑成了道路。

2003年，在龙游县龙洲街道小南门灵江畔，因城市挖排污渠道，发现了一段龙游城墙的城址。该城址属于当年南门“归仁门”段城墙防洪坝墙，约100米。其整体结构自东向西依次为防洪坝墙、马路、城墙。

2006年，龙游古城址被列为县级文物保护单位。

杨国庆

龙游县城池：明隆庆间，令傅性敏筑。延袤六里，雉堞二千八百四十有奇，高一丈六尺，址一丈三尺，面四之一。池，深、广一丈有奇。门四：东永安，南归仁，西太平，北向义。门各有楼，又有便门。万历九年，令余杰增缮，警铺、敌台各七所。

——清《考工典》第二十卷，引自《古今图书集成》

▷ 龙游古城墙遗址现代保护展示段

▷ 龙游古城墙文物保护标志碑

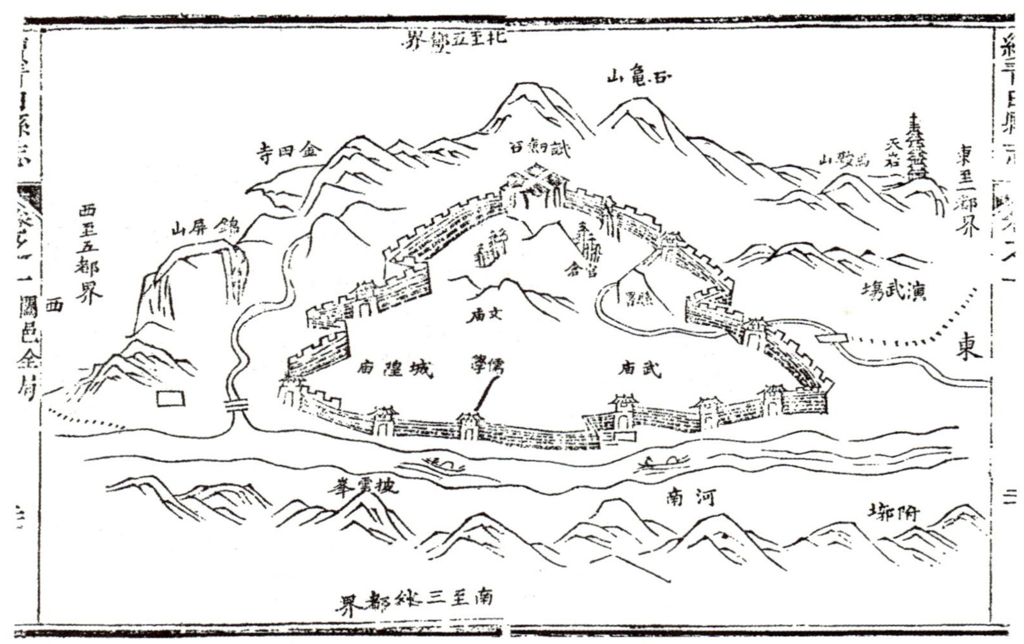

△ 青田县城图　引自《续青田县志》清乾隆四十二年版

青田，位于浙江省东南部、瓯江中下游、温州与丽水市（古处州）之间。境内山峦起伏、溪谷纵横，素有“九山半水半分田”之称。

春秋战国时期，今青田境域属瓯越地。唐景云二年（711），刺史孔琮奏请分栝苍县建立青田县（因县城北隅山麓水田盛产青芝而得名，又名“芝田”），隶属栝州（后改名“处州”，今丽水市）。此后，隶属多有变化，县的建置基本没变。2000年，属地级丽水市。

青田最早筑城不详。建县虽早，明中叶之间有无筑城，文献记载却甚少。仅称“青田因山为城，阻水为池，形胜甲一郡”（光绪二年《青田县志》卷二）。

明嘉靖三十五年（1556），因常年遭受倭寇骚扰，“杀掠无算”，且青田为处州的屏障，在地方名流和官吏共同倡议后，由县令李楷、县丞熊缨主持，采用集资形式在鹤城镇分段营造青田城墙。城高2.8丈、厚2丈。设城门4座：东曰“龙津”，西曰“锦屏”，南曰“清溪”，北曰“丹山”，后又开西北城门曰“赵山”。设水城门4座：东南曰“行春”（《考工典》有误），正南曰“石柱”，偏西曰“中坊”，西南曰“大埠”。两年后（1558）四月十七日，倭寇万余人再次侵犯青田，由于新筑了城墙，倭寇连续攻打七天，死伤200多人而退。全城百姓“欢呼动地”，由乡人陈中州详记其事，并刻碑立于清溪门之侧。嘉靖三十八年，知县丁一中上任后，“周阅城垣”，认为城外的东、北二面，山高于城，于防御不利，遂带头捐出俸金若干，倡议官民各自捐款改筑龙津、丹山二门，并增筑城墙百余丈。有黄中《改城门记》详述其事。此后，青田城墙数次遭遇洪水而坍塌，但均得到地方官吏的及时修补。

入清以后，青田屡遭洪水，城墙多有损毁。历任地方官吏也及时修缮，但“属有名，无其实”（引自《邑绅士修城碑记》）。乾隆二十年（1755）冬，朝廷动用库银兴修浙江省各地城垣，按各地城池重要地位分“急工”和“次工”办理。青田地属山区，属小邑，没被列入兴修名单。在邑侯吴捧日（乾隆二十七年任知县）的极力斡旋下，青田终于获准大规模兴修城垣。乾隆三十三年，修缮后的城墙周长993.5丈，城外高1.6～2.4丈不等，城内高5～6尺至1.4～1.5丈不等。城顶宽8尺～1.6丈不等，城基宽1.4～1.9丈不等。城墙设垛口724座、炮台4座、城门9座。其中动用库银2954两，修缮35处坍塌地段；其余城墙剥落处和城楼等项资金，由地方官吏、乡绅和百姓集资所得。乾隆四十年、道光二十一年（1841），青田城墙均因瓯江大水毁城后，又有大规模的修缮。

1912年以后，青田城墙逐渐毁圮，唯有南面临江城墙因防洪需要

▽ 晚清时的青田城，临江的城墙依稀可见 韩鹏提供

△ 从护城河对岸远眺青田城 本文照片除署名外，均由金玉萍摄

而得以留存。当地文物部门提供的资料表明，青田残留城墙，位于鹤城镇欧江北岸临江一带。现残存983米，由东至西设有水门6座：曰“行春”、“石柱”、“清溪”、“中坊”、“大埠”、“登瀛”。残墙高7～10米不等、基宽4～5米，城顶均用0.5米厚的花岗岩铸成龟背形条石铺盖。筑城用方块石斜砌，城墙角条石以“一顺一丁”筑砌；清溪、登瀛二门用材规范，以花岗石拱券做法。各水门内设防护门板石槽，石材均取自当地的花岗岩。

当地有句俚语，说“处州十县九无城，唯有青田半条城”。俚语前半句，基本符合实情。据清《考工典》载，处州所属的缙云县城、松阳县城、遂昌县城、云和县城、龙泉县城、景宁县城、宣平县城等均没建城墙，只建数量不一的“关门”。而俚语的后半句，则说法不一。有的称：临江一带因有水凭依，不设城堞，仅铺龟背式石板，不像城墙，故称青田城墙为“半条城”。也有的称：现在临江路一带长约千余米的防洪堤，保存较为完好，故称“半条城”。待考。

1987年，青田城墙被列为县级文物保护单位。

杨国庆

青田县城池：明嘉靖三十五年，县丞熊缨筑城，高二丈八尺，厚二丈。门四：东龙津，西锦屏，南行春，北丹山。三十八年，令丁一中改筑城门。

——清《考工典》第二十卷，引自《古今图书集成》

▽ 青田古城墙残存地段

▽ 登瀛门及墙体上生长的乔木

▽ 修缮后的石柱门（水门）

▽ 青田古城墙遗址文物保护标志碑

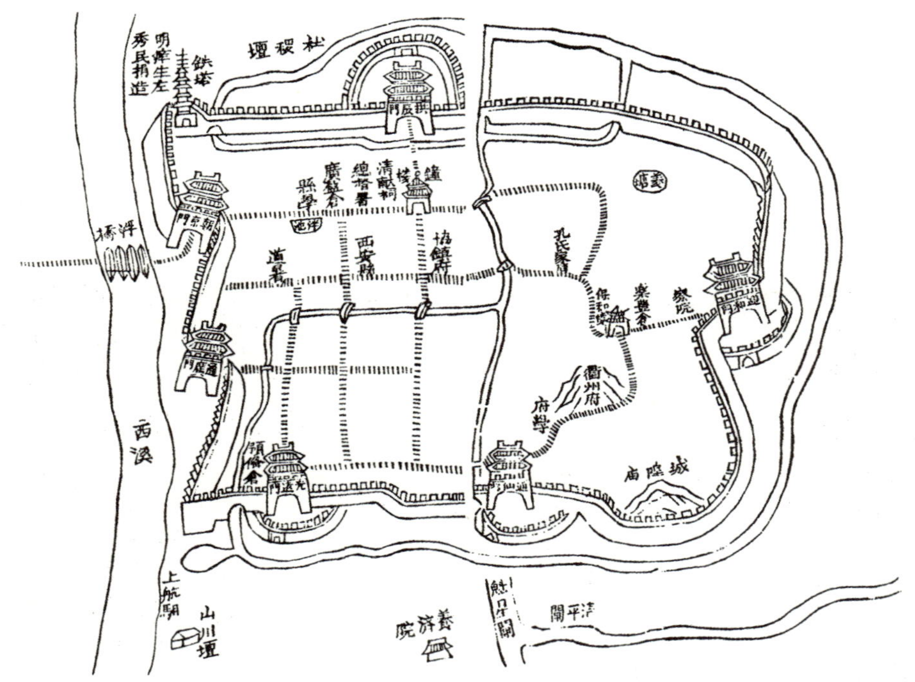

△ 衢州府城图　引自《衢州府志》清康熙五十年修，清道光八年重刊本，载《中国方志丛书·华中地方·浙江省（195）·衢州府志》

衢州，位于浙江省西部、钱塘江上游，是闽、浙、赣、皖四省边际中心城市，也是历代兵家必争重镇。1994年，被列为国家历史文化名城。

秦王政二十五年（前222），于吴越之地置会稽郡，今衢州属会稽郡之太末县。东汉初平三年（192），析太末县置新安县，为衢县建县之始。建安二十三年（218），析新安县置定阳县。晋太康元年（280），改新安为“信安”。唐武德四年（621），析婺州于信安置衢州，“衢州”州名始于此，信安遂为州治。咸通时期（860～874），改信安为“西安”。此后，随政权更迭，建置及隶属多有变化。明清时，为衢州府。1979年，复为衢州市。1985年，衢州市升为地级市。

衢州筑城虽早，但详实情况已无考。据《西安县志》（嘉庆十六年刻本卷七）载：衢州故城有三座，其一为唐末时的寨城；其二疑为定阳故城；

其三疑为瀔州故城。宋宣和三年（1121），因北宋末年农民起义领袖方腊（？～1121）占据衢州，知州高至临遂于龟峰筑城（另有一说，该城为唐城遗址。待考）。该城周4050步、高1.65丈、宽1.1丈。建城门6座：东曰“迎和”，南曰“礼贤”（俗称“通远”，后改名“光远”），西曰“航远”（俗称“水亭”，后改名“朝京”），北曰“永清”（俗称“浮石”，后改名“拱辰”），小南门曰“清辉”（俗称“前湖”、“魁星”，后改名“通仙”），小西门曰“和丰”（俗称“埭堰”，后改名“通广”），各城门均建有城楼。绍兴十四年（1144），衢州暴发洪水，冲毁城墙，知州林待聘主持修复城垣。此后，衢州城发生多次大水毁城，在地方官吏和民众参与下也屡次得以重建。其中最大的一次是嘉定三年（1210）五月，大水毁城近1/5。同年九月，衢州再次遭遇洪水。两次水灾后，知州孙子直立即组织军民修城，计5032尺。工未竣，孙子直离任。次年春，在继任知州綦奎主持下方才竣工。嘉定十一年，知州魏豹文重新修葺六座城门楼。元至正年间（1341～1368），为防御反元义军，监郡伯颜忽都遂依照元初被毁的旧城址（嘉庆十六年《西安县志》卷七等典籍均载：此为“子城”。另据光绪八年《衢州府志》考，此说无据），重新筑城，城周9里30步。

明洪武四年（1371），衢州知府黄奭大规模修缮城池，在迎和门、通仙门、光远门、拱辰门的城门外增筑瓮城，并建城楼（参考郑辰《清节祠记》）。明弘治十二年（1499），由于衢州府城年久失修，有多处毁损，知府沈杰主持大规模修缮城池，并开挖城南石室堰通护城河的渠道，作为护城河的补给水源。嘉靖十八年（1539），知府李遂等官吏疏浚护城河。嘉靖三十九

▽ 衢州府城（通仙门）文物保护标志碑 本文照片均由杨国庆摄

▽ 衢州古城镶嵌在墙体上的文物保护标志碑

年，知府杨准主持修葺城池。竣工后，时人王玑撰有《杨公河记》，载其事。自万历至崇祯年间（1573～1644），历代官吏对衢州城池均有修葺。崇祯十三年（1640），知府张文达经多方筹集资金，得2390两纹银，用于修缮城池。竣工后亲撰《重修郡城记》，详载其事。

入清后，衢州修城不止。仅从顺治五年（1648）至嘉庆十五年（1810），衢州有记载的修城就达13次之多，其中不少次是为改善城河水利。咸丰八年（1858）和咸丰十一年，太平军先后多次围攻衢州城池，对城墙造成严重破坏。战后，地方官吏对城池进行了维修和疏浚。

1912年以后，衢州城墙因城市交通和侵华日军战祸等因先后受损，甚至部分地段被拆除。1932年，曾在城西破墙开门，命名为“西安门”。

自20世纪80年代以后，文物部门结合城市建设，先后在大南门等多处地段发现城墙遗址或城墙砖，其中有砖文的为“嘉定三年”、“修城砖使”。衢州现存城墙共分为11段，总长约1700米，有城门6座。城墙外侧护城河基本完整。1998年，复建了城西的朝京门城楼。

2006年，衢州城墙被列为全国重点文物保护单位。

杨国庆

衢州府城池： 故城凡三，俱废。宋宣和三年，守高至临城龟峰，高一丈六尺五寸，广一丈一尺，周四千五十步。为门六：东曰迎和，北曰拱辰，大西门曰朝京，小西门曰通广，大南门曰光远，小南门曰通仙，门各建楼。城外三面浚濠，西阻溪。嘉定十一年，守魏豹文新六门城楼。元至正间，监郡伯颜忽都因子城旧址筑新城，又于门外包以月城，复建层楼于

▽ 衢州砖砌拱券城门

▽ 衢州城墙上射孔

△ 修缮后的衢州城门及城楼

△ 衢州城遗址保护标识段

△ 衢州古城门遗址

△ 衢州城墙错缝砌筑处

各门之上。明万历中，守洪纤若重建大西门城楼。天启初，守林应翔重建北门城楼。崇祯十三年，守张文达增修城垛，高四尺，添造窝铺三十六。西安县附郭。

——清《考工典》第二十卷，引自《古今图书集成》

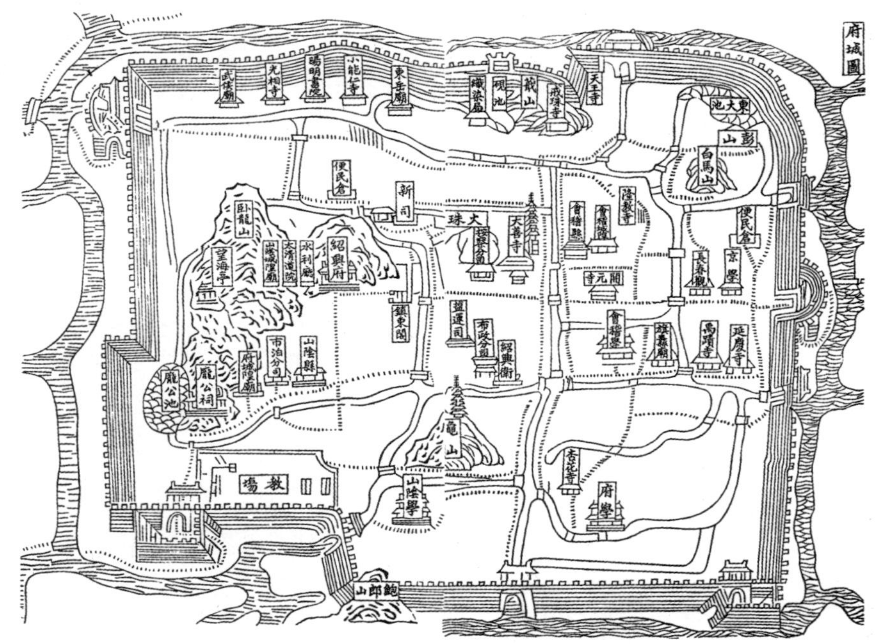

△ 绍兴府城图　引自《康熙会稽县志》民国二十五年绍兴县修志委员会校刊铅印本，载《中国方志丛书·华中地方·浙江省（553）·康熙会稽县志》

绍兴，位于浙江省中北部、杭州湾南岸，境域内河道密布、湖泊众多，素有“水乡泽国”之称。1982年，被列为国家历史文化名城。

春秋时期，於越民族以今绍兴一带为中心建国，称“越国”。秦王政二十五年（前222），称“会稽郡”。晋称“会稽国”，为东扬州治所。隋开皇九年（589），改置吴州，治会稽县。大业元年（605）起称“越州”，此后“越州”与“会稽郡”名称交替使用。南宋高宗赵构取“绍奕世之宏休，兴百年之丕绪”之意，于建炎四年（1130）年底，改元绍兴，并以国号赐予越州，改越州为绍兴府。此后，随政权更迭，建置及隶属多有变化，但其名沿用至今。1949年，析绍兴县置市。1983年，设地级绍兴市。

绍兴早期城池，多有迁徙（乾隆五十七年《绍兴府志》卷七）。城初创于春秋晚期，由越国大臣范蠡“观天文，拟法于紫宫”后所筑。“小城周千一百二十一步，一圆一方，西北立龙飞翼之楼，以象天门，东南伏漏石窦以象地户，陆门四达以象八风。外郭筑城而缺西北，示服事吴也，不敢壅塞，内以取吴。故缺西北，而吴不知也”（乾隆版《绍兴府志》）。还筑大城，又称“范蠡城”，城周20里72步，各开水、陆三门。另据《越绝书》载：“句践小城，山阴城也。周三里二百二十三步，陆门四，水门一。”隋开皇十一年，越国公杨素修郡大城，周24里250步，史称“罗城”。又修小城为子城，周10里。唐、宋时期，历代地方官吏对城池均有修葺或疏浚。宋宣和（1119～1125）初年，在修城时缩其城的西南，城池变小。南宋嘉定十三年（1220），知府吴恪整修府城。嘉定十六年，郡守汪纲重加缮治，并修诸城门，史称“宋城”，城周长24里，设城门9座。元至正十三年（1353），浙江廉访佥事笃满帖睦尔大规模修城，开挖并疏浚护城河，开始用石头砌筑其城的外侧，城的高度与厚度不一。修建城楼9座、敌楼5座、外瓮城13座（含部分水门）、窝铺125座、垛口8540座。五年后，重修城池。

明嘉靖二年（1523）秋，因暴风毁城近半，知府南大吉主持修缮。次年冬，修葺绍兴城的坍塌地段，并新烧制城砖用于砌筑垛口。崇祯十六年（1643）秋，因有民反，乡绅余煌为城防所虑，建议绍兴府署修缮城池。由府事推官陈子龙主持修城，增设耳城五处“以捍之”。

清顺治十五年（1658），绍兴地方政府受命修葺城墙，增高垛口6.4尺，将原垛口二合一，宽约1丈，垛口中间设孔洞，可射箭或火铳，每10座垛口设置炮台1座，整座城池蔚为壮观。康熙六十年（1721），台湾海峡时有民乱。因绍兴近海，朝廷命知府俞卿主持修补城垣749丈，历时数月告竣。俞卿为此撰有修城碑记，还手书各城门的门额，城门名也略有变更。雍正七年

▷ 1930年代，绍兴城水门
南京城墙保护管理中心藏

△ 城门、水门及护城河 本文照片除署名外，均由金玉萍摄

▽ 新建的迎恩门及城楼（左侧为水门）

△ 绍兴古城墙遗存 白灵摄

▷ 在绍兴城遗址上新建的城门及城墙 白灵摄

▷ 绍兴府治围墙及植被 白灵摄

△ 昔日迎恩门外的迎恩桥，2013年被列为全国重点文物保护单位

△ 水门近影

（1729），绍兴知府顾济美奉命修缮城池。乾隆十一年（1746），山阴知县林其茂遵旨修城。乾隆二十三年八月，因风潮冲毁城垣数段。乾隆二十五年七月，山阴知县万以敦修缮毁损城垣。乾隆三十一年，会稽知县舒希忠重修。此后，绍兴城虽常有损毁，但也时有修缮。嘉庆八年（1803），绍兴城周23里余，开城门9座：东之南曰“东郭”（水门），正东曰“五云”，东之北曰“都泗”（水门，《考工典》记为“都赐”），南之东隅曰“稽山”，正南近东曰“植（一说“殖”）利”（水门，俗称“南堰门”），正南曲而西折曰“西偏”（水门），南之西隅曰“常禧”（俗称“岸偏门”），西之北曰“西郭”（旧名“迎恩”，古卧薪处，有水、陆二门），北之东曰“昌安”（即三江门，有水、陆二门）。全城原有垛口3614座，改造并垛为1650座。

自1912年以后，绍兴“城无所用，已拆除数处，以利公路之通达”（据1931年《绍兴地志述略》第6页）。1922年，因建萧绍公路，拆除西郭门至昌安门段城墙为路基。1931年，拆除西郭、昌安、都泗、东郭、植利、西偏等水城门，以水利交通和引排水。1938年，拆除城墙。20世纪50年代末，绍兴城基辟为环城公路。今水偏门至大校场半壁弄口段，仍保存明清城垣少量残基。

附：

在清代，绍兴周边古城还有数座，分列如下：

三江所城 明洪武二十年（1387）由汤和主持营建。位于绍兴城北30里浮山之阳，城周3里20步、高1.8丈，设城门4座并建城楼，水门1座，城北无门，还建有外瓮城3座、敌楼3座。全城设窝铺20座、垛口658座、墩台7座，并

"引河水为池，可通舟楫"。

三江巡检司城 由汤和主持营建。位于绍兴城北40里浮山北麓的龟山之上，与三江所城南北相峙。城周1里20步、高2丈、厚1.8丈，西边开一门，上建城楼，城顶设窝铺4座、垛口366座。

白洋巡检司城 由汤和主持营建。位于绍兴城西北50里大海中的白洋山，城沿山而建，城周110丈、高1.1丈、厚1丈。设城门1座、城楼1座、窝铺4座、垛口176座。

黄家堰巡检司城 位于绍兴城东北80里。旧在沥海所城西，距绍兴城东北60里，由汤和主持营建。后被海潮冲毁，于弘治年间（1488～1505）迁徙于此。城周140丈、高1.3丈、厚2.5丈。南、北城门设外瓮城，建城楼1座、窝铺4座、垛口110座。护城河深1.2丈、宽4.5丈。

沥海所城 位于绍兴城东北70里。城周3里30步、高2.2丈、厚1.8丈。设城门、城楼、角楼、敌楼、外瓮城各4座，兵马司厅4座，窝铺16座，垛口611座，墩台4座。护城河深1.5丈、宽5.5丈。

至清代已废弃之城，计有：苦竹城，位于绍兴城西南29里，据传为勾践灭吴后加封范蠡儿子时所筑；越王城，位于绍兴西南47里；石城，位于绍兴城北30里；阳里城，又称"范蠡城"，设水、陆各一门；北阳里城，又称"大夫种城"，"径百九十四步"；古城，吴山阴县令朱然筑；钱清城，位于钱清镇，元末张士诚守将吕珍所筑。其他还有数座古城遗址。

杨国庆

绍兴府城池：范蠡筑，陆门三，水门三。周二十里七十二步，不筑北面。隋开皇中，越国公杨素大城之，周四十五里，高一丈七尺五寸，上广一丈五尺，下广二丈七尺。女墙七千六百五十，皆高五尺。宋嘉定十六年，守汪纲重修诸门：曰五云，曰都赐，曰东郭。二门皆水门，曰稽山，曰殖利，曰偏门，与殖利皆水门。曰常禧，曰迎恩，有水陆二门。曰三江，亦水陆二门。明崇祯十六年，推官陈子龙、乡绅余煌增设耳城五处。山阴、会稽二县俱附郭。

——清《考工典》第二十卷，引自《古今图书集成》

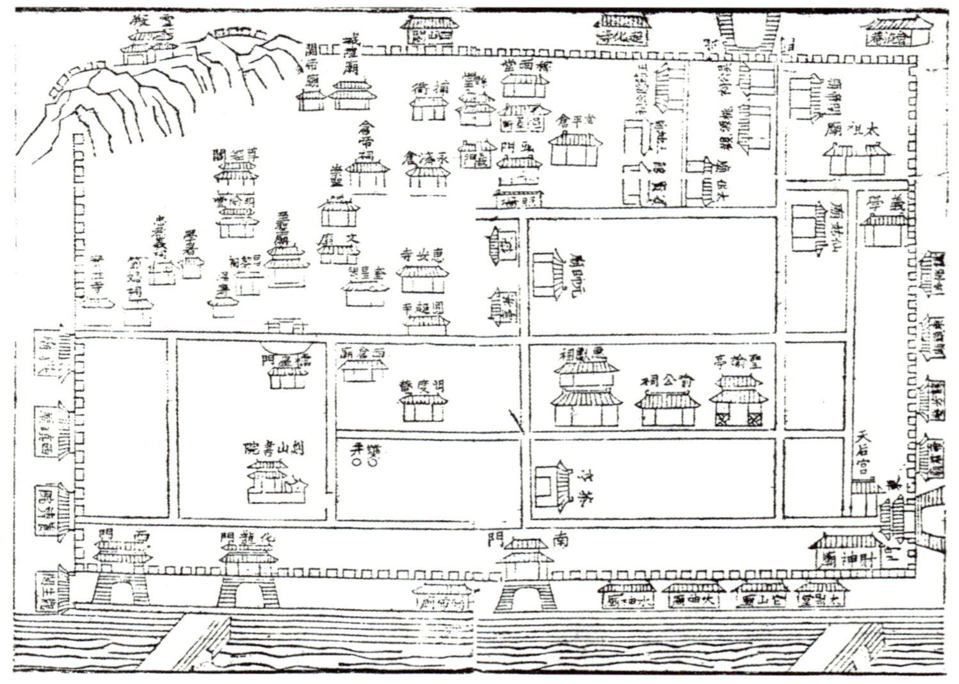

△ 嵊县县城图　引自《嵊县志》清同治九年刊本，载《中国方志丛书·华中地方·浙江省（188）·嵊县志》

嵊县（今嵊州市），位于浙江省中部偏东、曹娥江上游、四明山和会稽山南麓。中国越剧发源地，2012年被评为“中国最佳休闲小城”。

嵊县，汉时称“剡”，并设县。唐武德四年（621），剡县立嵊州及剡城县。武德八年，嵊州与剡城县又恢复原名剡县。宋宣和三年（1121），剡县改名嵊县，始有“嵊县”之名。此后，其建置及名均被历代沿袭。1995年，撤县设市，改名为嵊州市（县级市），隶属绍兴市。

嵊县筑城之始不详。据《嘉泰志》等典籍载：三国时吴的剡县县令贺齐始筑，其具体位置，诸文献记载并不一致。又称：贺齐迁县治于“今县城，盖（贺）齐所创也”（据乾隆五十七年《绍兴府志》卷七）。文献记载表明贺齐先后两次筑造了城池，这显然不符合情理。但是，剡州城与剡县城确为两座城池则无疑，只是文献记载距离有远有近，详情待考。据《水经注》载：当地老人称，剡县城“不得开南门，南门开则有盗贼”（据乾隆版《绍兴府志》）。

宋宣和三年，因有民反，城垣遭毁。第二年平乱后，由县令张诚发修缮城垣。宋代管晋撰有《张令修城记》，记其事。庆元年间（1195～1200），嵊县城三次遭遇大水，冲毁城墙，地方官吏也三次主持修城。“元制，禁民无完城”（道光八年《嵊县志》卷二）。嵊县城渐毁圮，仅存五门。

明洪武（1368～1398）初，信国公汤和奉命修筑东南沿海卫所城池，取嵊县城砖石移筑临山卫城。弘治七年（1494），知县臧凤认为“城虽可缓（修），然水害急，不可无堤”。于是，多方筹集资金，在城旧址筑堤245丈，“高三仞，广如之”，乡人称之为“臧堤”，或称“臧圩岸”。时人李闵撰《臧圩岸记》，述其事。弘治十一年，大水毁堤后，再修。明嘉靖三十四年（1555），倭寇屡犯浙东，知县吴三畏力主修城，参考其故址筑城，“高二丈有奇（《考工典》第二十卷记为‘三丈有奇’），厚一丈有奇，周围共一千三百丈有奇，内外具甃以石。为门四：东曰拱明，西曰来白，南曰应台，北曰望越”。城门上各有楼，并设外瓮城。在东北陡门、北门右、东门右、西门左的城上均建有亭或阁。还建有窝（警）铺24座、敌台4座。嵊县城池再

▽ 新修的嵊县古城墙顶面　本文照片均由金玉萍摄

次完备，当年倭寇两次来犯，均因城固而返。时人王畿撰有《吴令筑城碑记》，载其事。万历十二年（1584），知县万民纪听取民意，“门以龙名，龙出则云流雨集，将利益于物”（引自周汝登《重开化龙门记略》），重开化龙门。此后至1911年，嵊县城墙或因战乱，或因水患，大规模修城、重建城楼约10次。

1912年以后，嵊县城墙年久失修，逐渐毁圮。

1949年以后，嵊县城墙逐段被拆除，拆卸的砖石被挪为建房、建院墙等用。现残存嵊州市老城区南边、全长1169米地段的城墙被城市交通分割成四段，墙体实测残长939.6米，地表墙身高3.13～3.73米，顶部宽4.19～5.41米。断面呈正梯形，墙体外侧条石叠砌，内侧块石垒筑，中填夯土，条石压顶。城内还散落许多当年带砖文的城砖，其中有“道光辛丑”（即道光二十一年，1841年）的铭文。据同治九年《嵊县志》卷二载：道光八年，重修通越门城楼。道光二十二年，“城多坍塌，知县杨召劝令阖邑捐资重修，城乡富坤董其事”。而该砖文的出现，则表明在1841年之前，嵊县已有修城之备。2003年，修复文化广场段城墙。

1988年，嵊县剡湖街道城隍坊社区老城南边的城墙，以“剡城城墙”之名列为县级文物保护单位。2006年又以“嵊县古城墙”之名，列为省级文物保护单位。

杨国庆

▽ 嵊县块石垒砌的外侧墙体

▽ 嵊县古城墙墙体构造

嵊县城池：吴贺齐建。宋庆元初，令叶范因溪流湍瀑，累石为堤百余丈，城赖以全。明年水大至，令周悦又增筑一百二十余丈。明初，信国公毁城，移砖石，筑临山卫城。嘉靖三十四年，知县吴三畏筑城备倭，高三丈有奇，厚一丈有奇，周一千三百丈有奇。为门四：东拱明、南应台、西来白、北望越。门各有楼，有月城。敌台四。

——清《考工典》第二十卷，引自《古今图书集成》

△ 嵊县城墙残段的端头处理

▽ 嵊县古城墙及文物保护标志碑

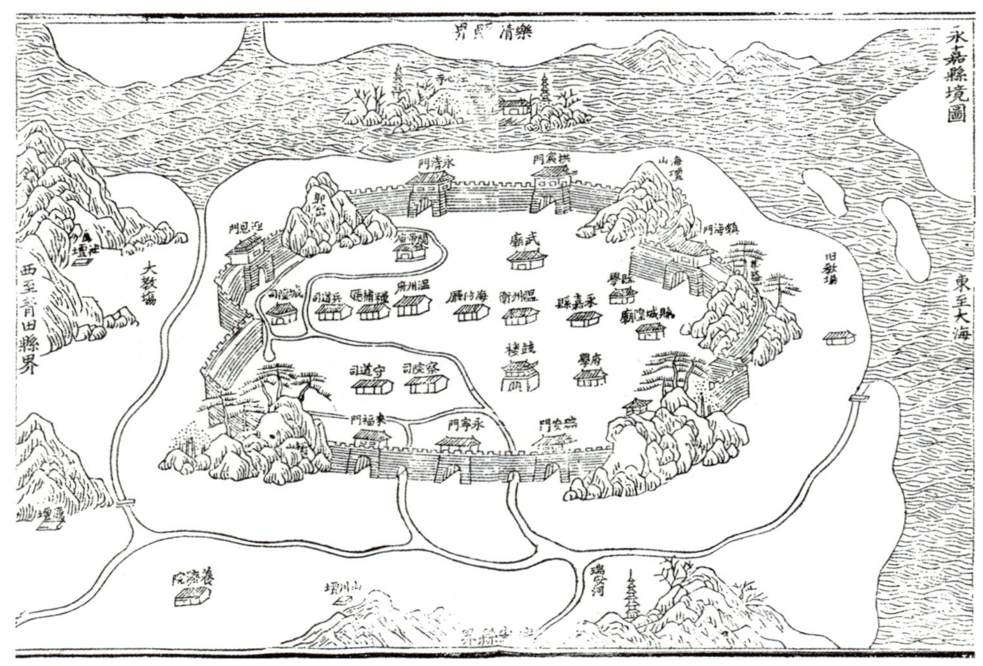

△ 永嘉县境图　引自《温州府志》清乾隆二十五年刊，民国三年补刻本，载《中国方志丛书·华中地方·浙江省（480）·温州府志》

温州，位于浙江东南沿海、瓯江下游的南岸，南接福建宁德市，西与丽水市相连，北与台州市毗邻，是一座山水江海交融的滨海城市，也是中国沿海港口城市之一。

东汉永和三年（138），析章安之东瓯乡置永宁县，县始于瓯江北岸，为温州建县之始。东晋太宁元年（323），置永嘉郡于瓯江南岸。唐上元二年（675），始置温州，因地处温峤岭以南，冬无严寒，故称“温州”。此后，随政权更迭，建置及隶属均有变化。1981年，温州地区和温州市合并建立地级温州市。

温州筑城始于东晋太宁元年（323），因“置郡始城”。由郭璞占卜（选址）开始定于瓯江北岸，后发现城基松软，乃迁城址于瓯江南岸。因江南诸山状若星斗，遂“跨山为城，名斗城”；“悉用石甃”（康熙二十一年《永嘉县志》无载。乾隆三十年《永嘉县志》转引万历府志，见载），亦称“岩城”。相传当时有白鹿衔花而过，故又名“鹿城”。此城东、西附山，北临江，南环会昌湖。后被沿用至后梁开平（907～911）初年。吴越王钱镠第七子钱传（元）瓘（887～941）任温州刺史时，在城内增建内城（子城），周3里15步（其中子城的南门后被改建为鼓楼，现存谯楼于1981年被列为市级文物保护单位，1994年8月按原貌修复），原旧城则成为外城（罗城）。宋宣和年间（1119～1125），农民义军首领方腊率部围城，城中守将采纳刘士英建议，将低薄的西南段城墙“取甓加筑”，周3947步。建炎年间（1127～1130），增筑城楼和马面。嘉定年间（1208～1224），嘉定留守元刚重建城门10座。元初，朝廷禁修城郭，“毋得擅修”，城墙多有损毁。至正十一年（1351），因防海寇，重修城墙及战棚窝铺、敌台炮座。

明代，地方政府对温州城池比较重视，不仅有常规的日常修缮，还根据火兵器的不断发展，增筑相应的城墙附属设施。洪武十七年（1384），指挥王铭（《考工典》记为“王明”）开始增筑（增筑内容不详）城墙。嘉靖三十七年（1558），倭寇侵犯温州城，城楼被毁。次年，修葺垛口及复建城楼，增筑敌台8座。万历二十五年（1597），在知府刘芳誉主持下，大规模修缮温州城池，并增筑敌台15座（康熙版《永嘉县志》称“二十座”）。开城门7座：东曰“镇海”（俗称“石窟门”）；南曰“瑞安”（俗称“大南门”）、“永宁”（俗称“小南门”），两门旁各有水门；西南曰“来福”（俗称“三角门”）；西北曰“迎恩”（俗称“西郭门”）、“永清”（俗称“麻行门”）；北曰“拱辰”（俗称“双门”，清光绪年间已改称“望江”）。每座

▷ 温州城墙（局部） 本文照片除署名外，均由郑嘉励摄

◁ 修缮后的温州残存城墙与市民生活

◁ 温州华盖山城墙文物保护标志碑

城门均建有外瓮城，城外的护城河也全部得到疏浚。

清顺治十五年（1658），因屡有海警，副将杨和申请重修温州城。将全城原垛口4151座合并为1987座（康熙府志及乾隆三十年《永嘉县志》均称“雉堞并两为一”，实为虚词），增设窝铺67座、敌楼36座，以及设置神威火炮（据光绪十四年《永嘉见闻录》载：镇海门上下各设有大炮1门，迎恩门设大炮1门）。光绪年间（1875~1908），来福门上设有大炮3门：其中一门为崇祯九年（1636）造，另二门为康熙十五年（1676）造，炮身上铸有“温州城守营字号”，重5000斤。经查：康熙十四年，反军都督曾养性占据温州城时，曾“将城西一带，倍增高阔，而又筑腰城”（康熙版《永嘉县志》卷一）。而康熙十五年所铸之炮，为此役双方在来福门争战时所铸，故《永嘉见闻录》称之“亦一奇事”。战后，修缮城池如旧制。雍正七年（1729）正月，总督李卫奉谕转令知府泰炌督县重修城池。此后，乾隆二十八年（1763）、道光二十年（1840）、同治十年（1871）均有规模不等的修城。其中道光二十年修城的两万余两经费来自府、县官吏及乡绅的共同捐款。

1912年以后，温州城墙逐渐毁圮，甚至大部分因城市建设而拆除。

20世纪末，温州城墙仅残存两段，位于市区的华盖山麓：北段呈西北—东南走向，残长67米、残高4.3米、残宽7米；南段呈南北走向，残长30米、残高2.5米、残宽9米，西侧靠山，保护范围以城墙向外延伸5米为界。城墙两侧为块石砌筑，内部为混土夯筑。

2000年，华盖山城墙被列为市级文物保护单位。2013年初，有关部门修复了该段城墙，并用新材料加高和加筑了垛口。

附：

明清时期，温州为府治，所辖范围的城墙除了县城，还有数量众多的卫城、所城。如：泰顺县城墙（今称“罗阳古城墙遗垣”，位于温州市泰顺县罗阳镇南内村）、金乡卫城（位于苍南县金乡镇狮山村）、海安所城宾阳门城楼（位于瑞安市塘下镇海东村东门街108号）等。

杨国庆

▽ 修缮前的金乡卫城来爽门　本文附照片均引自江苏省建筑园林设计院有限公司编《苍南县金乡卫城城墙修复设计》

▽ 修缮前的金乡卫城西门

◁ 金乡卫城北门段城墙现状

◁ 金乡卫城北门段登城步道

温州府城池：晋太宁元年，筑。宋建炎间，增置楼橹。嘉定间，留守元刚修建十门。明洪武中，指挥王明增修。嘉靖三十八年，缮城堞、楼橹，四面筑敌台八座。万历二十五年，守刘芳誉增筑敌台一十五座。城周一十八里，计二千七百七十七丈八尺，高三丈五尺，面阔一丈二尺，广九百七十六丈，袤九百九十六丈四尺。东壕七百七十六丈，西壕六百七十丈五尺，南临大河为壕五百丈，北临大江为壕五百七十一丈。门七：东曰镇海；南曰瑞安、永宁，两门旁各有水门；西南曰来福；西北曰迎恩、永清；北曰拱辰。旧西北有陆门二：曰安定，曰江山。东北有水门一，曰奉恩。今并塞。永嘉县附郭。

——清《考工典》第二十卷，引自《古今图书集成》

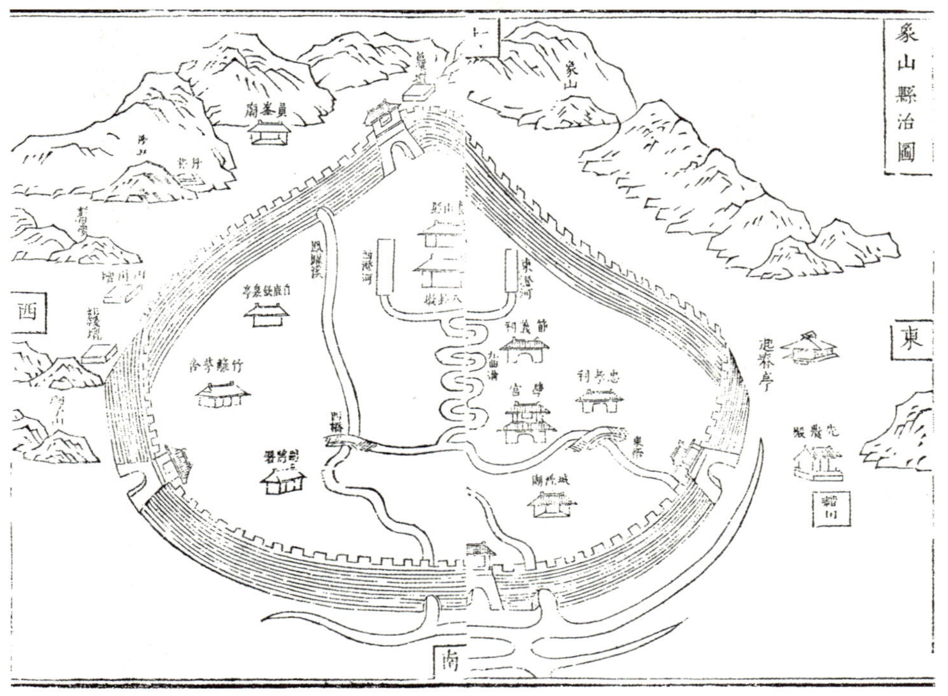

△ 象山县治图　引自《宁波府志》清乾隆六年补刊本，载《中国方志丛书·华中地方·浙江省（198）·宁波府志》

象山，位于浙江省东部沿海宁波市的东南部，象山港与三门湾之间，三面环海，因县城西北有山“形似伏象”，故名“象山”。象山港为著名深水良港，有“东方不老岛，海山仙子国”之称。

春秋时，象山为越国鄞地。汉为鄞县、回浦两县地。唐初分属宁海及鄮县。唐神龙二年（706），象山始立县，属台州。广德二年（764），改隶明州（明代改称“宁波”）。此后，随政权更迭，其建置及隶属多有变化。1983年，宁波地、市合并，象山为宁波市属县。

象山，筑城较晚。自唐神龙二年（706）象山立县时，初无城墙（据1927年《象山县志》卷一考证：唐立县时，有土城，不久毁圮）。宋治平年间（1064～1067），知县林旦乃版筑土城，开城门4座：东曰“登瀛”，西曰“登台”，南曰“登明”，北曰“登云”。环以护城河，周105步，穿东、西二门。绍兴二十年（1150）时，城毁圮，几为平地。

入明以后，对象山筑城一事，时有议论。直到嘉靖三十一年（1552），因有倭寇之患，知县毛德京请巡抚王忬上奏朝廷，申请营造象山城池。获准并拨建城专款12400缗，不足部分由当地民众解决，历时两年竣工。该城周1809丈多、高1.6丈、基宽2丈、顶宽1丈。开设城门4座，门各有楼：东曰“宾旸”（《考工典》第二十卷记为“宾阳”），南曰“来薰”，西曰“迎恩”，北曰“拱极”。设垛口1231座、敌台24座、警铺24座、水门3座（北门1座、南门2座）。城外西北之半为堑，其余为护城河。天启七年（1627），知县潘起鹏主持重修城池。竣工后，乡人应云鹭、周希程均撰有修城记，详述其事。又因象山城墙平面状如蚶子，故又俗称“蚶城”。

入清以后，象山城池因战祸或自然损毁不少，地方官吏多有修缮。自顺治十一年至光绪三十一年（1654～1905），象山城池修缮至少进行了12次。其中，乾隆二十一年（1756），知县曹鑾主持大规模修城，耗费库银17000缗有余。道光二十年（1840），乡人欧孔章重修象山城池时，耗资也达到了17000缗有余。先后两次大规模修城，耗资之多，均超过了明嘉靖三十一年建城时的费用。

1912年以后，象山城墙逐渐毁圮。

附：

昌国卫城 明洪武年间（1368～1398），几经迁徙，于洪武二十七年由指挥武胜始筑城池。永乐十五年（1417），指挥谷祥重修。据文献记载，昌国卫城直到乾隆二十一年（1756）仍有大规模修缮。该城“高二丈三尺，广一丈，延袤七里”（道光十四年《象山县志》卷三），开四门，各门均建有城楼，建外瓮城。城外建有吊桥3座，在西、南二门侧各开水门。城上建垛口1914座、警铺72座、敌楼36座。护城河216丈，西北910丈因有山阻，没挖护城河。

石浦所城 明洪武二十年（1387），由信国公汤和主政海防时所筑城池。永乐十五年（1417），指挥谷祥重修。据文献记载，石浦所城直到光绪年间（1875～1908）仍有大规模修缮。该城周607丈、高2丈、宽6尺。在城西、南、北三面开三门，建有城楼，建外瓮城。在西门和南门之侧，各开水门1座。设垛口1906座、警铺29座、敌台13座。护城河110丈，西北160丈因有山阻，没挖护城河。

石浦古城沿山而筑，依山临海，人称“城在港上，山在城中”。现存石浦所城南门瓮城遗址，位于石浦镇南门。原瓮城的城门朝东，因年久失修倒塌。2002年，在原址重建瓮城与城门，新瓮城与城门为非原始样式，城门的12.35米左右以下部分为原城门遗迹，新瓮城除门洞外其余皆为重建。

爵溪所城　明洪武三十一年（1398），由千户王恭筑造城池，平面呈船形，故有“船城”俗称。永乐十五年（1417），千户翟通增修。该城一直延续到清代，仍时有修缮。该城“高二丈八尺，址广三丈，延袤三里”（道光十四年《象山县志》卷三）。在城东、西、南三面开三门，建有城楼，建外瓮城，各设吊桥。城上设垛口803座、警铺23座、敌楼11座。护城河350丈。

1949年以前，爵溪所城整体基本保存。20世纪50年代以后，爵溪所城逐渐毁圮。今尚存东、北二面残墙，总长约1000米。1986

▷ 爵溪所城残存的城门
本文照片均由金玉萍摄

▷ 爵溪所城残存的城墙

△ 爵溪所城登城步道

△ 爵溪所城的城顶已改筑成道路

年，爵溪城墙被列为县级文物保护单位。

钱仓城 明洪武二十年（1387），千户王普筑造城池。永乐十四年（1416），千户徐升修筑。此后，明、清两朝均有修缮。至晚清时，已“城废民迁”。该城“高二丈六尺，广一丈三尺，延袤三里”（道光十四年《象山县志》卷三）。开四门，各建城楼及外瓮城、吊桥，又于西门旁边建水门1座。城上设垛口1200座、警铺20座、敌台12座。护城河600丈，有20丈因有山阻，没挖护城河。

象山县境内还有寨城、烽火台等近30座历史建筑，如南堡寨、游仙寨、周家山防倭烽火台等。这些建筑，从一个侧面反映了当年象山军民抵御倭寇侵犯的历史。

杨国庆

象山县城池：距郡东南二百七十一里。嘉靖间，知县毛德京筑。高一丈六尺，址广二丈，面广一丈，周一千八百九丈有奇，延袤五里。为四门：东宾阳，南来薰，西迎恩，北拱极。门各有楼。穴水门于北门之右、南门之两旁。城上有雉堞、敌台、警铺。外自水门至东，为濠。自东门而北至西南门之东，为堑。

——清《考工典》第二十卷，引自《古今图书集成》

△ 爵溪所城古城门拱券内侧

昌国城池：距郡南三百五十里。明洪武十二年于昌国县开设守御千户所。十七年，改卫。二十年，徙卫象山县之东门。二十七年，指挥武胜掘隍成城，高二丈三尺，址广一丈，延袤七里。为门四，各有楼，设吊桥三。穴水门于西南二门之侧，罗以月城。城上有雉堞、敌台、警铺。外为濠二百一十六丈，其西北九百一十丈依山不设。

——清《考工典》第二十卷，引自《古今图书集成》

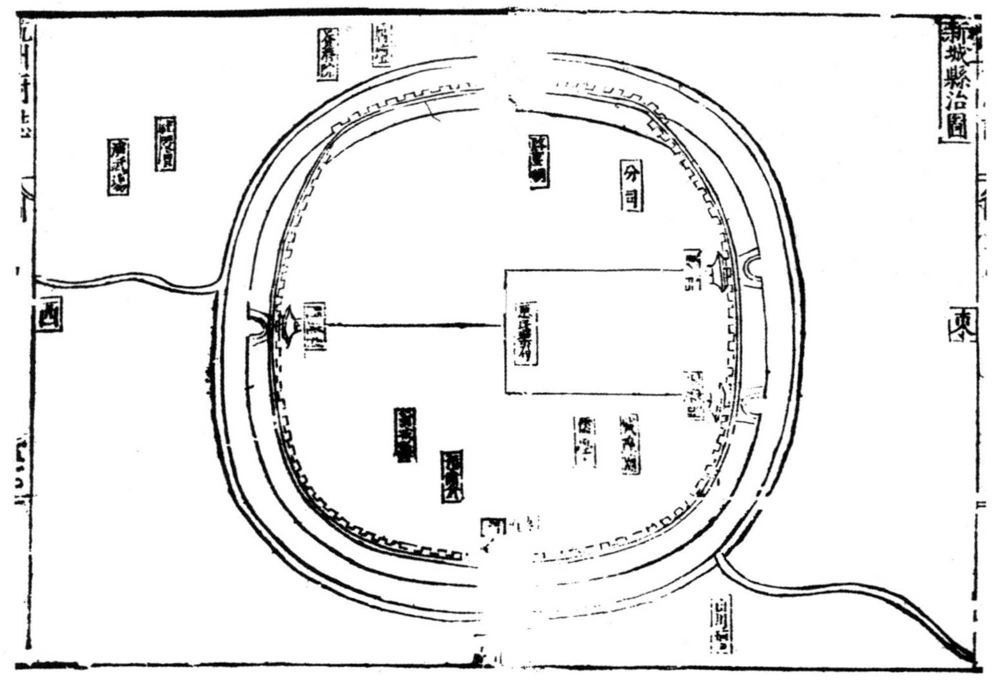

△ 新城县治图　引自《杭州府志》明万历七年版

新登镇，位于杭州市西南部，与桐庐、临安接壤，距富阳区城中心25公里，距千岛湖88公里，素有“千年古镇、罗隐故里”之称。

新登，古称“新城”。秦汉时为富春县地。三国吴黄武五年（226），析富春县地置新城县，旋省入桐庐。晋太康（280～289）末年，新城县复置。隋开皇九年（589）裁县入钱唐，设东安镇。隋大业初复置新城县。唐武德七年（624）并县入富阳。永淳元年（682），复置。后梁开平元年（907），避梁太祖父名诚讳，改新城为“新登”，“新登”之名始于此。宋时，复名“新城”，以后沿用至清。1914年，因“新城”一名与其他省的新城县名相重，遂改称新登县。1950年，改新登县属城阳镇。1961年，始更新登镇，属富阳县。1994年，属富阳市。2015年，属富阳区。

新登最早筑城不详。据《新登县志》卷五（1922年铅印本）引旧志载：

“旧城在县东南三百步。相传唐徐敬业起兵时筑。”唐大顺二年（891），钱镠部都将杜稜领兵镇东安时，因山筑城，城墙用长条石砌成。城周2571步、高2.3丈，设门4座：东曰“熙春”，南曰“太平”，西曰“顺成”，北曰“宁海”。以后又开了小东门，共五门。乾宁五年（898），罗隐撰有《东安镇新筑罗城记》，详记其事。宋天禧五年（1021），再筑新城。有王随所撰《筑新城记》，但至明成化（1465～1487）时，该《筑新城记》阙失，这座新城仅存遗址及护城河（据乾隆四十九年《杭州府志》卷四）。

明天顺六年（1462），郡守胡（1922年《新登县志》误作“吴”）浚到任后，针对唐时杜稜所筑城护城河水源不足、距城太远的情况，“开溪导流”为护城河提供新的水源，约五里多。嘉靖三十四年（1555），为防御倭寇，县令范永龄重修城墙。城周3里（计600余丈）、高1.6丈、宽3.2丈。城门原有5座，其中东门有2座，现塞其一（明、清两朝，此门或开或塞，在许多文献中简略称四门），改为4座：东曰“元始”，南曰“嘉会”（1922年《新登县志》称“亨通”），西曰“利遂”，北曰“贞成”，俱建城楼。城上设垛口570座。时人张衮、方廉均各撰有《筑城记》，详载其事。万历元年（1573），重开被堵塞的东城门。万历三年，知县温朝祚增筑高3.5尺的女墙，池环如城。崇祯四年（1631），知县吴征芳主持疏浚护城河。

▽ 新登城墙不同的砌筑方法 本文照片均由金玉萍摄

入清以后，历任地方官吏对新登城池多有修缮，有多次疏浚护城河的工役。康熙十一年（1672），知县张瓒再次组织疏浚护城河。雍正五年（1727），知县罗炉受命增修城墙。乾隆三十二年（1767），知县叶和春主持修缮城垣。嘉庆二十二年（1817），护城河淤塞，知县张树勋下令沿河各段组织民众疏浚，由典吏秦浚源督其役。嘉庆二十五年，新上任的知县武新安继续疏浚护城河工役，并竣工。道光十九年（1839），知县方联孚修缮城垣时，增补嵌立四门门额。咸丰七年（1857），知县丁澍良劝民开挖一丈护城河。咸丰十年，城池被太平军攻占，城垣受损。同治二年（1863），清军收复城池后，由知县姚原焯发动民工疏浚护城河，并对城北隅因炮火轰击垮塌的数丈城墙进行修筑。同治五年，知县何维仁募民重新疏浚护城河。光绪二十六年（1900），知县关钟衡主持修葺城垣西北隅。

1914年以后，新登城墙虽有局部损毁，但整体基本完好。据1922年《新登县志》所载的实测：新登城墙长576.5丈、高1.4～1.5丈不等，护城河周840.51丈、宽1.11丈。并考证该城墙始建于明嘉靖年间，非唐代杜稜所筑之城。

“文革”期间（1966～1976），因管理失控，附近农民乘机撬取墙砖用于建造房舍，导致其中一段200多米长的城墙濒临倾塌。20世纪70年代末开始，当地政府投入巨资，对古城墙逐段进行了修补，使城墙的高度达到5.7米、宽3～5米，但已不是很完整。

据当地文物部门调查显示：新登古城墙位于富阳区新登镇老城区内连接共和、秉贤、双塔、双溪等村，现城门均已被拆。墙砖长0.33米、宽0.17米、

▽ 新登古城墙与当代民宅之间的通道

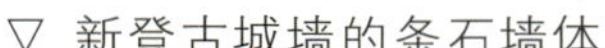

▽ 新登古城墙的条石墙体

厚0.08米，墙条石长1.24米、宽0.35米、厚0.29米。筑城的大石取自近山，块石间据传是以糯米粥、黄泥、石灰黏合，隙缝间嵌以铁片，紧密坚固。1989年，新登古城墙被列为县级文物保护单位。

杨国庆

新城县城池： 旧城在县东南三百步，相传唐徐敬业筑。大顺二年，钱镠部都将杜稜筑新城，后圮。明嘉靖三十四年，知县范永龄更筑，周三里，计六百余丈，高一丈六尺，厚倍之。城门楼四，雉堞五百七十堵。为门四：东元始，南亨通，西利遂，北贞成。东门旧二，后塞其一。万历元年，重开，共门五。三年，知县温朝祚增筑女墙，高三尺五寸，池环如城。

——清《考工典》第二十卷，引自《古今图书集成》

◁ 镶嵌在新登古城墙拐角处的文物保护标志碑和记事碑

▷ 新登古城墙文物保护标识碑

永昌堡，位于浙江省温州市龙湾区永中街道新城村、瓯江的南岸，东靠东海，西临大罗山。永昌堡是明代兼具军事色彩和人居生活色彩的私家抗倭寨堡，后来也成为当时沿海重要的抗倭重地之一。

明嘉靖年间（1522～1566），温州沿海备受倭寇侵犯，1553～1563年短短11年间，温州遭倭患28次之多。嘉靖三十七年四月，倭寇再次犯其境，当地抗倭首领王沛、王德率乡人抵御倭寇时先后被杀。王沛被追赠太仆寺丞，王德被追赠太仆少卿，两人生前均曾商议过修筑城堡事宜。王沛、王德死后，乡人王育德（名叔果，嘉靖二十九年进士）、王阳德（名叔杲）提出“当筑堡为守”，得到乡人的拥戴，并得到地方官吏的支持和嘉奖。筑堡事宜确定后，王育德返还京城，而王阳德则主持具体筑堡之役。次年，王阳德甚至放弃进士考举的机会，仍在乡里组织民众修筑城堡。自嘉靖三十七年冬十一月开始筑堡，至次年冬十月筑城竣工，工程耗费白金6000余两（其中王氏兄弟捐资70%～80%）。城堡周长860余丈、高2.5丈、厚1.25丈，全部采用当地石块砌筑，墙中夯以杂土。建城门4座、水门4座、敌台12座、铺舍20座、城垛905座。城外三面设有护城河，又引两条河水入城，贯穿南北，可通舟楫。城堡建成后，又请中界山巡检司入城，全面负责城堡的防御。形成了民以筑堡、军以守御的特殊格局，被称为“一方巨镇”。时人侯一元、高岱分别撰有《永昌堡记》，详述其事。

清顺治十八年（1661），城堡被奉命拆毁。至乾隆三十年（1765）时，由当地乡绅和百姓共同修复城堡如故。此后，由于永昌城堡为当地百姓提供了安全保障，被历代村民所重视。道光年间（1821～1850），曾大规模修缮城墙。堡内原有水田100多亩，危急时可生产自救，不怕久困，可见当时经划之妥善。但是，永昌城堡逐渐不被历代文献所载。

1912年以后，当地民众曾对城堡进行局部修葺。

20世纪80年代后，堡内民居栉比，商铺井然。除西面和东面南部城墙残缺、东城楼早毁以及城垛被破坏外，其余尚完整。1982年以来，南、北城门旁

△ 进入炮房的小门 本文照片除署名外，均由金玉萍摄

△ 炮房内景

◁ 炮房外的射孔

城垛、城楼已经修复。经当地文物部门调查显示：永昌城堡平面为长方形，城堡南北长757米、东西宽449米、周长2412米。城墙高5.6米、基宽约4米、上宽3.8米。城墙上外侧筑女儿墙，高2.4米，其上雉堞高0.62米、宽0.3米、厚约为0.4米。城墙内外壁块石、丁头石混合斜筑，中间填片石、灌黄沙，再用水冲实，至城头时再用沙土混合夯实。设敌台4座，每座分上下二层：下层设有瞭望孔和炮窗；上层设雉堞，供瞭望、联络、防卫用。设敌楼4座：东曰“环海楼”（1999年复建原外城台上的城楼），南曰“迎川楼”，西曰“镇山楼”，北曰“通市楼”。设城门5座，除各敌楼下设一城门外，在“镇山楼”南侧约190米处开“小西门”，为2006年新修复。水门设有5座。

△ 新建的通市楼

△ 新建的城门外侧

▽ 永昌堡城墙及护城河

△ 新建的城门内侧

△ 环海楼瓮城上前后城楼之间的廊外观，颇似“串楼”

△ 城墙顶部及城内环境

△ 环海楼瓮城内两城楼之间的廊道

▽ 永昌堡鸟瞰 郑嘉励提供

2001年，永昌堡被列为全国重点文物保护单位。

附：

在当年永嘉县境内，类似永昌堡的寨堡还有：宁村寨城和永兴堡城。如果以现在的温州市辖区来统计，类似永昌堡的各种寨堡、寨墙的遗存更多，尽管其规模不一，但其数量可观。如：岭头古寨墙（位于洞头区鹿西乡口筐村岭头）、石子岙防御墙（位于洞头区霓屿街道石子岙村东面海边小岙山腰）、花三城门洞（位于永嘉县沙头镇花三村西面）、廊三古城墙（位于永嘉县沙头镇廊三村村口）、通福门（位于平阳县昆阳镇铁岭脊，原名“通福楼”）、钱仓东城门（位于平阳县鳌江镇钱仓村金钱路137号西）、上泽堡（位于瑞安市高楼镇上泽村孚泽庙南侧）、小岭城堡（位于瑞安市陶山镇小岭村城门边自然村小岭山上）、蒲岐寨城城门（位于乐清市虹桥镇）、寿宁堡（位于乐清市虹桥镇瑶岙村）、南阁城堡（位于乐清市仙溪镇）、寨城门（位于乐清市乐成街道黄坦硐村）。

据2008年6月至2011年第三次全国文物普查，温州文物部门新发现的城墙还有：溪洞立古寨墙（位于洞头区鹿西乡口筐溪洞立自然村）、买相堂古寨墙（位于洞头区鹿西乡鹿西村买相堂自然村村口）、山坪古寨墙（位于洞头区鹿西乡山坪村）、汤岙寨门洞（位于永嘉县枫林镇汤岙村北村口）、张大屋寨墙（位于永嘉县岩头镇张大屋村东边）、上坳寨墙（位于永嘉县岩坦镇上坳村）、上岳头村乌岩寨寨门（位于文成县峃口镇上岳头村乌岩亭自然村乌岩岭古道上）、翠华门城墙（位于瑞安市高楼镇大京底村炮台山西南山脚）、潭头卢古城墙（位于乐清市仙溪镇潭头卢村南侧）、红岩古城（位于乐清市柳市镇隔篱村红岩山背）。

上述遗存各类城墙、城门、寨墙、寨门，许多已被列为不同等级的文物保护单位。

杨国庆

◁ 永昌堡文物保护标志碑

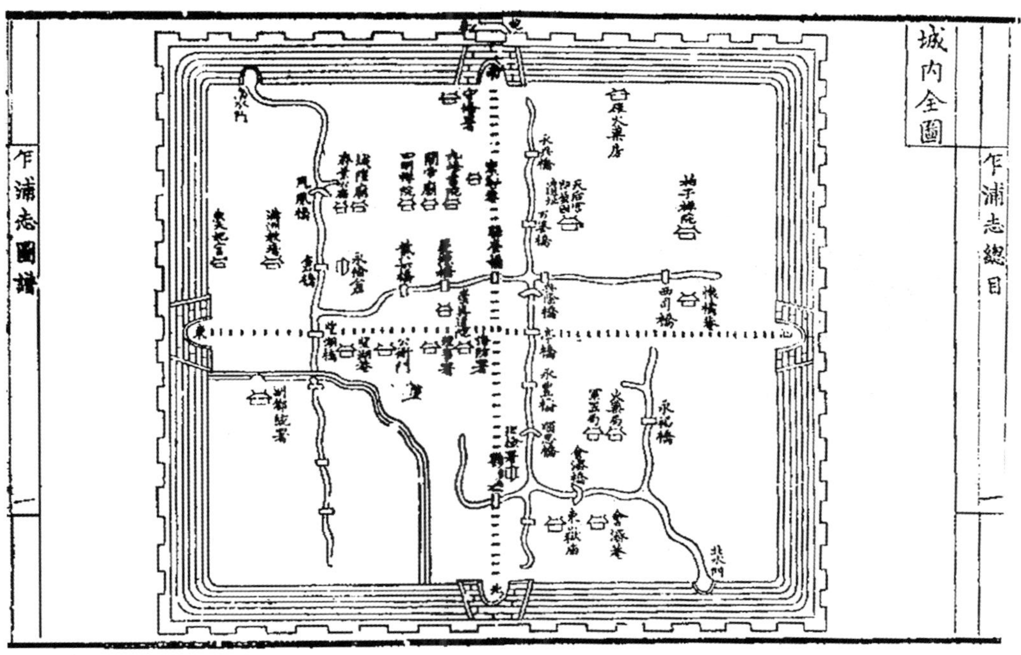

△ 乍浦城内全图　引自《乍浦志》清乾隆五十七年版

乍浦，位于浙江省平湖市东南，南临杭州湾。由于依山面海，是沟通外海和内河航运的重要港口，自古是杭州湾北岸重要商埠和海防重镇，有“江浙门户”、“海口重镇”之称。

乍浦镇，别称“乍川”，因古时嘉兴郡东注之水，其下游皆会于此而入海，故得名“乍浦”。春秋战国时期，其属地先后归吴、越所辖。秦王政二十五年（前222），置会稽郡，设海盐县，乍浦一带属海盐县。唐贞元五年（789），乍浦设下场榷盐官。会昌四年（844），设乍浦镇遏使。明宣德五年（1430），乍浦纳入平湖县辖。此后，建置及隶属多有变化，但“镇”的建置基本没改，故有“千年古镇”之说。1991年后，属平湖市所辖。

乍浦筑城，始于洪武十九年（1386）。明开国元勋名将汤和练兵海上，修筑大小城池72座，乍浦城是其中之一。汤和亲临乍浦，“度地筑城”（参考乾隆五十七年《乍浦志》卷一转引《海盐县图经》）。当初，曾打算拆崇德城墙移筑乍浦，后改为千户所累土筑城，城呈正方形。城不高峻，甚至“麋鹿可越”。永乐十二年（1414），都指挥使谷祥用石甃城，给予加固，城周9里，有城门4座：东曰“迎晖”，西曰“惹秀”，南曰“朝宗”，北曰“拱极”，各城门外均建有吊桥。设北水门1座。正统八年（1443），因久雨导致城墙坍塌。侍郎焦宏、参政俞士悦奏令杭州、嘉兴、湖州三府负责修葺。景泰二年（1451）（《考工典》记为“景泰三年”），都指挥王谦添设城楼4座。嘉靖三十三年（1554），知县刘存义增筑敌楼10座。此时，城周9里13步、高2丈、宽1.5丈，设窝铺27座。护城河1630丈、深8尺、宽10丈。崇祯十一年（1638），知县李陈玉开设水门1座。时人许丕祚撰有《乍浦新开水门

◁ 葫芦城，又称“保安城”，是乍浦重要的军事防御设施之一。图为葫芦城遗址说明牌 本文照片除署名外，均由金玉萍摄

◁ 修缮后的葫芦城遗址

记略》，详载明代乍浦筑城及新开水门之事，并记述了新开水门的占卜活动，甚至在开挖水门地基时掘出书有“卜吉”的小方石，也被附会为当年汤和等人的筹划，称之“未可思议”。

△ 修缮后的葫芦城遗址及环境

入清以后，乍浦城墙由于特殊的防御功能，因此基本得到保护与修缮。雍正五年（1727），满洲驻防官兵移防乍浦城，并进行了大规模修缮。增设城门盘诘厅4座、水门盘诘厅2座。每座城门官兵11人，负责城门的日常启闭。乾隆十年（1745），知县高国楹主持疏浚护城河。三年后，在水门内增设石闸。乾隆二十五年至三十一年，地方官吏先后修葺了城墙和城楼。道光三年（1823），平湖县知事胡述文捐献养廉银，重修城池，并修浚水门。同治五年（1866），平定太平军战乱后，同治吴中杰修葺了南门段城墙。

1912年以后，乍浦城逐渐毁圮。

▽ 乍浦天妃宫炮台全貌 郑嘉励提供

20世纪末，据当地文物部门调查发现，乍浦城址大多已废，现存三段城墙：一段南靠南城河，东北临建港新村，东西长约200米、高约3.5米、厚0.5米，城垣高出一般地面约4米，上面植满柱子，城墙南面保存完整的块石砌成的墙面。另外两段位于笆篱坤附近，现破坏严重，残高0.5～2米，原墙的石块基本无存，分别长约84米、32米。

2004年，乍铺古城被列为市级文物保护单位。2013年，乍浦炮台、南湾炮台被列为全国重点文物保护单位。

附：

南湾炮台 位于浙江省平湖市乍浦镇东南一公里的灯光山与西常山之岙，面临大海，气势雄伟。现遗存混合土（糯米、明矾、石灰、沙等）浇筑炮台2座，配有机械装置后膛铁铸大炮1尊，总重约16.7吨，炮身上铸有"光绪戊子年（1888）江南制造总局"铭文，除炮台表面风蚀剥落、铁炮部分构件损缺外，基本保存完整。

杨国庆

乍浦城池：在县东南二十七里。明洪武十九年，信国公汤和筑。周六里三百三十二步，高二丈，厚一丈五尺。永乐十二年，以砖石包砌。景泰三年，都指挥黄谦添设城楼四座。嘉靖三十二年，知县刘存义增敌台一十座，陆门四，北水门一，池周一千六百三十丈，深八尺，阔十丈，吊桥四。崇祯十一年，署印知县李陈玉开设水门一座。

——清《考工典》第二十卷，引自《古今图书集成》

▽ 南湾炮台及当年的巨炮

▽ 乍浦炮台与南湾炮台文物保护标志碑

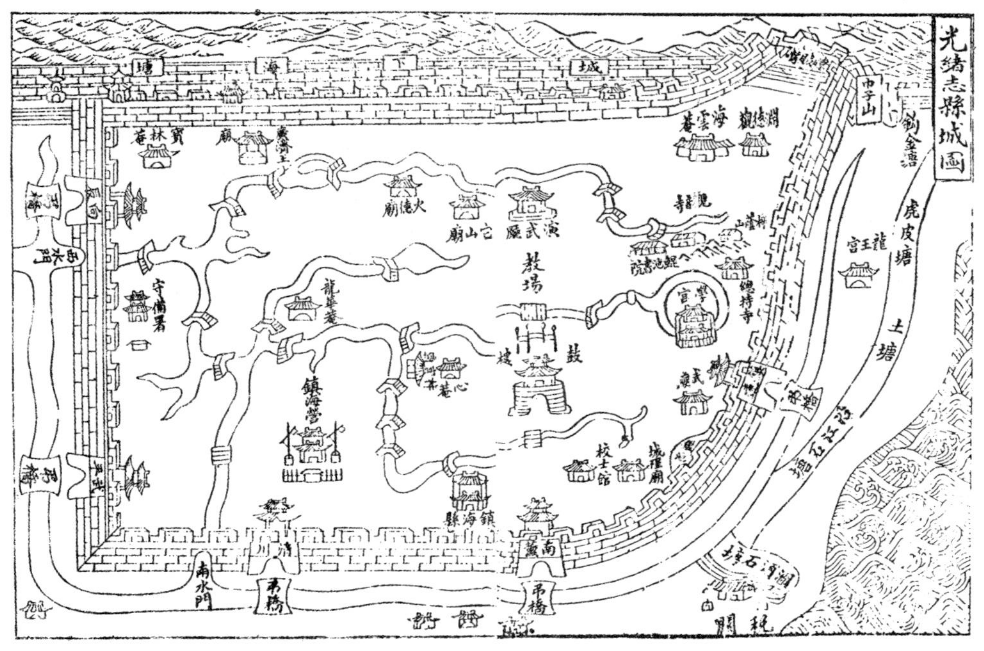

△ 镇海县城图　引自《镇海县志》民国二十年铅印本，载《中国方志丛书·华中地方·浙江省（478）·镇海县志》

镇海，古称“浃口”、“蛟川”、“定海”，位于中国大陆海岸线中段、长江三角洲南翼，与上海一衣带水，是宁波市的北大门。其境自古以来一直是对外交往的主要口岸，系古代海上丝绸之路的起碇港，也是宁波港的重要组成部分。

秦王政二十五年（前222），置会稽郡，立句章县，因镇海地处句章县治之东，故称“句章东境”。唐元和四年（809），在鄮东甬江口建望海镇，为镇海建治之始。后梁开平三年（909），置望海县，为建县之始。不久，改名为定海县。康熙二十六年（1687），改定海县为镇海县。此后，建置及隶属和辖境多有变化，至1985年，再次撤县为宁波市镇海区。

镇海筑城始于吴越国（907～978年）时，由钱镠（852～932）“开邑时置”（光绪五年《镇海县志》卷四）。该城周450丈，护城河300余丈。至元代

△ 雨中望海楼 本文照片均由金玉萍摄

时，该城已毁圮。

明洪武元年（1368），千户王及贤用木栅栏围城。洪武七年，守御千户端聚改木栅为石筑城。洪武二十年，信国公汤和在此建卫城，拓广城墙达9里多，开城门6座，并各建城楼，除小南门各建外瓮城，城上设警铺，加筑垛口。洪武二十九年，指挥刘澄增筑小南门外瓮城。永乐十三年（1415），都指挥余成修城时，以城北面临大海为由，故封堵北城门。由于城西旧水门淤塞，遂改水道于小南门西侧，增筑水门。当时，城上有敌楼10座、垛口2185座、警铺39座。护城河自东到西长966.5丈、广4.6～13丈不等、深2丈。北面临海，没有新设护城河。永乐十六年，指挥谷详修城时，增筑敌楼7座、窝铺40座。嘉靖十二年（1533），都指挥刘翱加增雉堞3尺。嘉靖三十三年，知县宋继祖于城北增建望海楼。隆庆三年（1569）秋，定海遭遇特大暴风雨，并引发海啸，城毁多处地段，城内房屋倒塌。灾后，巡抚谷中虚建议在城外增筑一道防洪墙。但是，“城之外俱沙石梗隔，不可以桩。不桩不可以城。若掘梗去石，城且善坏。况潮汐冲涌，工力难施”（引自张时徹《增筑定海城碑记》），定海同知段孟贤遂提出增筑内城。段孟贤的申请获准后，于万历元年（1573）五月由通判祝完等人负责督工，次年十二月竣工。内城长406.3丈、基宽1.4丈、顶宽1丈、高2丈。兵部尚书张时徹撰有《增筑定海城碑记》，立碑于北城上。

万历二十八年，知县朱一鹗疏浚护城河。万历三十七年，知县黎民表主持修城时，将城增高2尺。崇祯元年（1628），定海遭遇特大暴风雨，导致城楼及垛口等附属建筑毁损过半。灾后，知县龚彝主持重修。

入清以后，定海（镇海）城墙屡遭水患及兵患，多次毁城，地方政府也及时组织军民对其修缮。顺治十五年（1658），总督李率泰下令郡县修城时，将城墙加厚，并疏浚护城河，“修城用军七，民三”（参见《谢泰宗记》，引自光绪五年《镇海县志》卷四）。同时，将原定海城垛口2185座合并为880座，并重建敌楼10座、警铺39座。修城共计耗费14000缗，全部由当地百姓赋税支出。康熙二十年（1681），镇海遭遇飓风，城楼毁坏。此后，飓风、潮水冲涌等自然灾害造成城墙及城楼多次损毁。直到乾隆十二年（1747）再遭灾害“北城尽圮”后，由巡抚方观承亲自查勘并上报朝廷“御潮塘制修法”，拨专款由知县王梦弼负责重建。此役为“城塘合一”（即后人俗称“后海塘”），改建北城，用工用料尽其缜密和精细，以求坚固，其夹层塘设计之精良，工程之浩大，为浙江省沿海所罕见。自乾隆十五年四月二十二日开工，竣工于次年十二月十七日，王梦弼撰有记，详述其事。道光十一年（1831）七月，知县郭淳章捐廉银400余两，主持修城并疏浚护城河，于次年十一月竣工，并亲自撰记。城周1416丈，垛口906座。

1912年以后，由于后海塘特殊的防洪功能，城墙基本保留完好。现城址位于宁波市镇海区招宝山街道、蛟川街道境内，自东南巾子山麓向西北方向延伸至俞范嘉燮亭，全长4800米、宽3米、高9.9～10.5米，为单侧砌石海塘，采

▽ “城”与“塘”合一的今日镇海后海塘

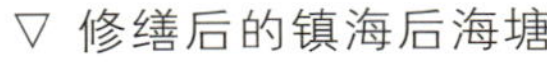

▽ 修缮后的镇海后海塘

◁ 镇海后海塘墙体外立面

◁ 镇海后海塘墙体内侧

取了双层幔板骑缝垒法。自巾子山至西城角1300米采用“城塘合一”筑法，高8米、宽14米不等，即城在上、塘在下的双面夹层石塘特殊建筑，既能防洪，又能御敌。

1989年12月，镇海后海塘被列为省级文物保护单位。

附：

威远城 位于招宝山街道城东社区招宝山巅。明嘉靖三十九年（1560），由都督卢镗和海道副使谭纶以招宝山地势险要、登山置火炮“县城可不攻而破”为由，于山巅以条石砌筑城堡。城平面呈长方形，周200丈、高2.2丈、厚1丈。设东、西二门。此后，历任地方官吏均有大小不一的修缮。现存威远城周长502米、墙高7.4米。1983～1985年，镇海县地方政府对东、南、西三面城墙进行修缮。2006年，再对南城墙进行修缮。1981年，威远城被列为县级文物保护单位。1996年，镇海口海防遗址被列为全国重点文物保护单位。

在昔日镇海县的区域内，还建有其他一些城池或城堡，有些保存至今，有些已经毁圮。如澥浦城、龙山城、穿山城、崑亭寨城、霏霾城、后海塘巾子山点（俗称“瞭石嘴”，1989年被列为省级文物保护单位）、招宝山月城（1996年，与其他海防遗址一道被列为全国重点文物保护单位）、樑山城堡等。

杨国庆

定海县城池：明洪武元年，千户王及贤始立木栅。七年，守御千户端聚易以石。二十年，信国公汤和建卫，拓而大之。周九里有奇。永乐十三年，都指挥余成以北抵海，塞北门，穴水门于小南门之右。嘉靖十二年，都指挥刘翱加增雉堞三尺。三十三年，知县宋继祖北面增建望海楼。隆庆三年，同知段孟贤增筑内城，共高二丈四尺，址广一丈，面八尺，周一千二百八十八丈，延袤九里。为五门：东镇远，南南薰，又南清川，西武宁，又西向辰，门各有楼。外设吊桥，罗以月城。城上有敌楼、雉堞、警铺。池，自东抵西，环九百六十六丈，北际海，不设池。顺治十五年，增高并堵，重造敌楼、警铺。

——清《考工典》第二十卷，引自《古今图书集成》

▽ 镇海后海塘城墙顶面

▽ 镇海后海塘城墙保护标志碑

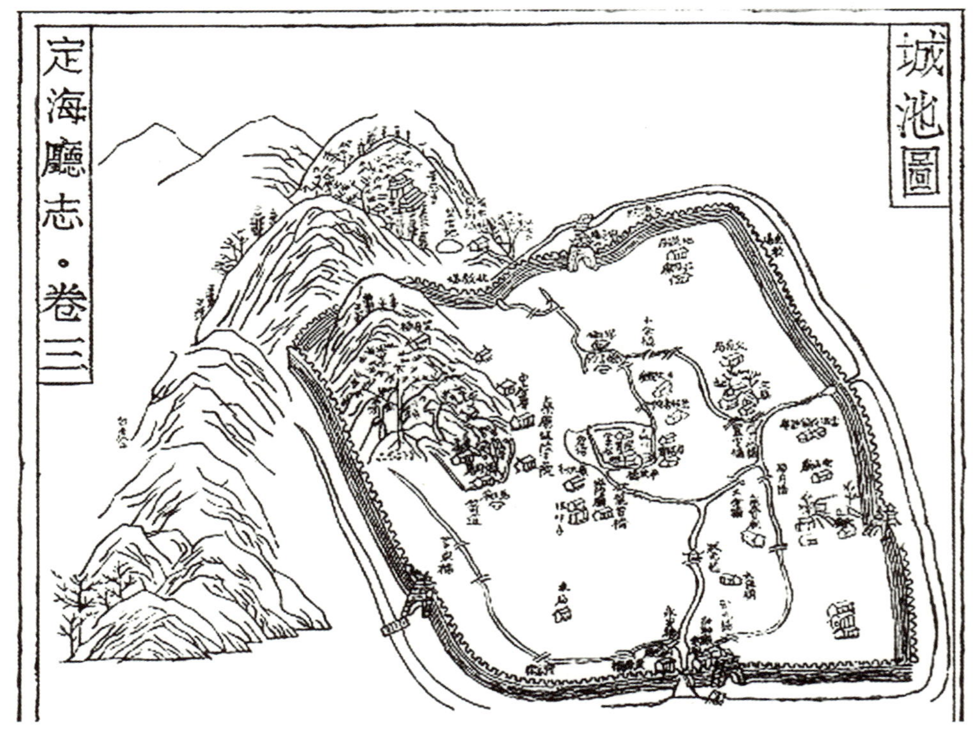

△ 定海厅城池图　引自《定海厅志》清光绪十一年版

舟山，原名宁波府定海县，位于长江口以南、杭州湾以东的浙江省北部海域，是我国两个以群岛建立的地级市之一，由1390个岛屿组成，占全国沿海岛屿总数的1/5。群岛之中，以舟山岛最大，因其“形如舟楫”，故名“舟山”，素有“东海鱼仓”和“中国渔都”之称。

舟山，春秋时属越，称“甬东”（甬江之东）。此后，其地均属其他郡县，直到唐开元二十六年（738），甬东始置翁山县。北宋熙宁六年（1073），在旧翁山县地重建县治，县名“昌国”。元至元十五年（1278），升县为州。明洪武二年（1369），改州为县。洪武二十年，废昌国县。此后，史书始称“昌国”为“舟山”，其建置及隶属也多有变化。康熙二十七年（1688），建立县署，称定海县，取“海波永定”之意（原定海县改为镇海县）。1987年，撤销舟山地区，建立地级舟山市。

舟山筑城始于唐，因设县治而筑土城。另据光绪十一年《定海厅志》卷二十二载："昔徐偃王（前992～前926）居翁州，其城址至宋宝庆（1225～1227）时犹存。今不可考。"光绪版《定海厅志》转引"康熙志·城池门"称："宋熙宁六年，始筑城池。"经光绪版《定海厅志》考，此说有误。舟山筑城于唐开元二十六年（738），因设翁山县而筑城于□河。后又因□河土质松软，建城于鳌山之麓，城周五里。此城不久荒废。宋熙宁六年，改"翁山"为"昌国"，始增筑城墙，城高2.4丈、基宽1丈，城自东、南到西长1260丈，城北依山（据《旧城垣志》）。对于文献中所称的唐城"五里"、宋城"九里"之说，历代学者均有质疑。顾炎武在《天下郡国利病书》中认为舟山城池的扩建于洪武二年之事，并明确称：城周围1216步，而护城河"自东、南到西长一千二百六十丈，北际山不设（护城河）"。由此可见，顾炎武所言更可信。此城在南宋建炎（1127～1130）时，毁于金人南侵的战火。

元至元十五年（1278），升昌国为州，重修城墙，增设城门6座：东曰"东江门"，西曰"西门"，南曰"南门"，北曰"上荣门"，西南曰"舟山门"，东北曰"艮门"。明洪武十二年，开始设立卫所，增修城池。延及次年，由指挥许友展跨鳌山筑城，恢复旧制，开城门4座：东曰"丰阜"，南曰"文明"，西曰"太和"，北曰"永安"，并建垛口2673座、窝铺60座。永乐十五年（1417），指挥谷祥加以修缮城池。正统八年（1443），户部侍郎焦宏"以城大兵少，裁东北隅二里，存七里三十步"（光绪版《定海厅志》）。由此可知，宋城长度应为九里。此后，在成化年间（1465～1487）、嘉靖年间（1522～1566）、万历十三年（1585）、万历四十五年（明·徐时进：《修舟山城记》详记其事）均有增修，并增筑敌台20座。

清顺治八年（1651），清军攻占舟山，城毁于战火。康熙二十七年（1688），因在舟山新设立定海县，决定筑造城池。工程自次年二月至康熙三十年八月竣工，由府、县两级地方官吏负责督造，耗银31287两。城墙依照旧址建造，城周1216丈、高1丈、基宽1.5丈（比明城加宽了5尺）。四座

▷ 横亘在砚池后面的是东门城墙，城高处的城垛清晰可见
韩鹏提供

△ 在解放路道路拓宽施工时，曾发现定海古城墙地下遗存 金玉萍摄

外瓮城的“城身四十八丈四尺”。垛口1280座、高4尺。东、南、西、北四门，不立名。门上建飞楼4座，每座3间（宽1.6丈、深3.6丈、高1.2丈）。窝铺38座，每座1间（宽9尺、深1.4丈、高1.1丈）。在城南设有水门1座。宁波府知府张星耀撰有《巡阅定海新筑城记》，详载其事。嘉庆十八年（1813），知县沈泰见城垣年久失修，建议修城，初估耗银万余两。又因开工后遭遇风雨大作，新毁数段城墙，又追加4000余两。此次修城自嘉庆二十一年得到朝廷批准，于嘉庆二十二年二月至八月竣工。道光二十年（1840）、二十一年英军两次攻占定海，城毁。道光二十七年，钦差大臣裕谦向朝廷奏请修缮定海内外城池，“分段拆收、砌筑、葺补”，并烧制新城砖（砖长28.5厘米、宽19厘米、厚9.5厘米，砖文为“定海城砖”、“丁未年置”），修缮了东、南、北三门，以及西门城楼和七座窝铺。同治十年（1871）四月至十一月，厅同知左征向当地乡绅及民众募银约14000余两，主持大规模修城。修缮城垣210余丈、城垛1206座、登城石阶2处，加高北城3尺，修缮窝铺、盘诘厅、瞭望楼，并新置北喉水门。光绪二十一年（1895），又烧制城砖，修葺西、南城墙。

1912年以后，定海城墙逐渐毁圮。1932年，拆除南门外瓮城。次年，再拆东、西、北的外瓮城。1942年，掘东、西城墙以通军车，毁部分城垣。1949年，再挖城墙砖石筑工事，仅存南城墙数百米和其他地段残垣断壁，余皆毁圮。

自1955年至1959年，拆除南城和其余尚存的地段，改筑城基为环城东路、解放路、环城西路和环城北路的一段。

20世纪80年代后，定海地面的城墙虽然消失了，但随着城市建设和对城市历史的回望，曾因拆城被挪用的当年城砖以及城墙的旧照片相继被人们发现、收藏和展示。

杨国庆

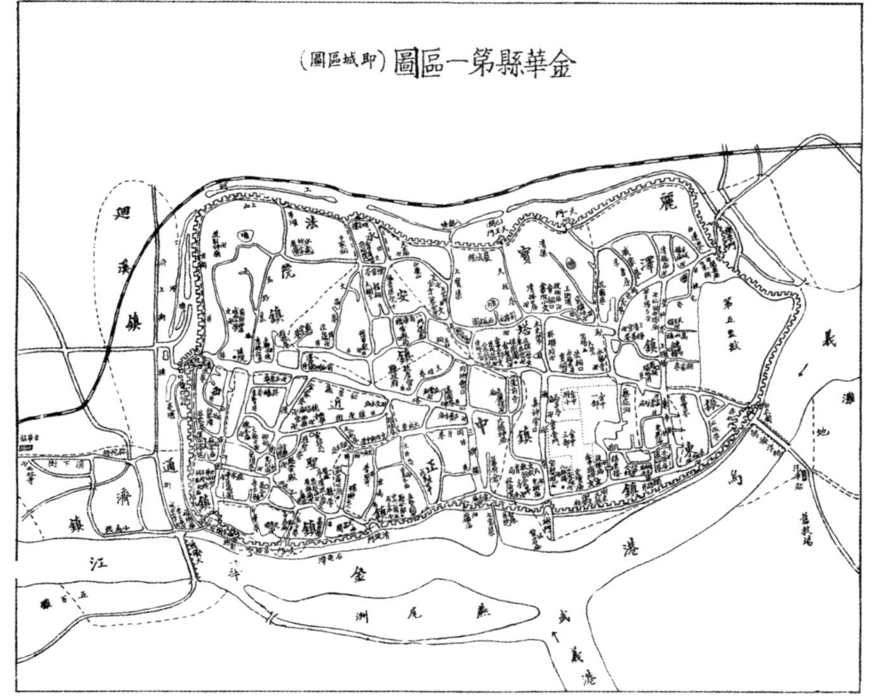

△ 金华县第一区图　引自《金华县志》民国二十三年铅字重印本，载《中国方志丛书·华中地方·浙江省（76）·金华县志》

金华，位于浙江省中西部，是浙江省唯一既不沿海又不与外省相邻的省辖地级市，也是一座山水城市。2007年，被列为国家历史文化名城。

秦汉时，其境为乌伤县（治所在今义乌境内），属会稽郡。吴宝鼎元年（266），以会稽郡西部设东阳郡，治长山（今金华市区）。陈天嘉三年（562），东阳郡改名金华郡，始有“金华”名。此后，随政权更迭，建置及隶属和地名均有变化。明清时，为金华府。1985年，金华设为地级市。2001年，撤销金华县，改设为金东区。

金华筑城始于唐天复三年（903）四月，由钱镠所建。城周9里100步、高1.5丈、厚2.8丈。宋宣和四年（1122），知州范之才重筑。城周10里、基宽3丈、顶宽1丈、高2丈。元至元年间（1264～1294），朝廷下令各地毁城，金华旧城被拆毁。至正十二年（1352），廉访副使伯嘉纳、佥事秃满铁穆耳召集诸官吏商议筑城之事，认为“有备无患”。筑城经费由“中产则输财”，发动民众自至正十二年春闰三月巳亥日，至次年秋七月乙酉日以其旧址筑城竣工，护城河又沿至次年夏五月竣工。将原旧城的11座城门仅存的7座城门，重新修建：东曰“赤松”，南曰“八咏”、“清波”、“长仙”、“通远”，西曰“朝天”（《考工典》记为“迎恩”），北曰“旌孝”（据时人《黄溍纪略》，转引《光绪金华县志》卷四。“天皇”又称“天柱”城门，当时堵塞），建城楼7座，城上窝铺36座，城河之间建兵房36座，又在城的西、北二门外增筑瓮城。

入明以后，金华历朝历任的修城记载多有疏漏，并不详实。万历三年（1575），知府黄焯主持修城。

清顺治十四年（1657），金华曾大规模修城，修改垛口为2454座（道光三年《金华县志》卷三），敌台15座（后改为8座），计划建警铺（或称“守望庐”）50座，后未建。康熙二十一年（1682），金华遭遇暴雨，城墙多处损毁，知府张荩主持修缮。康熙二十六年，知府张荩重开天柱门，“民甚便之”。继雍正七年（1729）、乾隆三十二年（1767）大规模修城（再次堵塞天柱门）后，嘉庆五年（1800）六月，金华遭遇洪水，冲塌城墙数处，知府严荣号召乡绅捐款修城。光绪八年（1882）十月，知府邹仁溥鉴于金华城池年久失修，多处地段损毁，遂组织民众大规模修城，未及完工就离任。光绪十二年，知府陈文騄继续主持修城。光绪十七年，著名画家吕焕章作《金华府城图》卷（现藏于金华市博物馆），画中古城、城楼、垛口等古建筑历历在目。光绪十九年八月，新测量的数据表明：金华城周长9.72里、高2.3丈、基宽2.95丈、宽9.5尺、垛高5尺。设城门7座：东曰“赤松”（旧称“梅花”），东南曰“八咏”（旧称“元畅”），南曰“清波”（旧称“柴埠”），西南曰“长仙”（旧称“水门”）、“通远”（旧称“望门”），西曰“迎恩”（旧称“朝天”，俗称“兰溪”），北曰“旌孝”（旧称“义乌”）。每座城门设营屋3间，设外瓮城3座（除早年营造的迎恩门、旌孝门外瓮城，还有通远门的外瓮城。据推测，通远门瓮城和城的正北的“天一门”，均在康熙三十年后新增。可参考道光三年《道光金华县志》卷三等书籍）。护城河除南边临金华江外，其余三面均为人工开挖的护城河环绕，有石坝3座、吊桥4座。清代地理学家顾祖禹（1631～1692）曾赞金华城“东西长，南北短，险固可守是也”。

1912年以后，金华城墙、城门和城楼逐渐毁圮，甚至被拆毁。如1938年12月10日，为避免居民遭侵华日军飞机轰炸，出于防空疏散需要，拆除部分城墙。至1949年时，金华城墙已不完整，大部分被人为拆除。

20世纪80年代以后，据当地文物部门调查，金华城墙仅存数处：（1）通远门段古城墙，位于西市街南通济巷，残长40余米；（2）赤松门段古城墙，位于西市街南通济巷，残长110余米；（3）环城北段古城墙，位于婺城区环城小学内，残长约75米；（4）唐宋时期子城遗址，位于婺城区太平天国侍王府北门，残长约60米。后为明清时期金华古城之东侧城墙。

1995年，金华城墙被列为市级文物保护单位。

▽ 金华保宁门 金佩庆摄

附：

金华子城　始建年代无考。城周4里，设城门4座：南曰“保宁门”，东曰“熙春门”，西曰“桐树门”，北曰“金华门”。相传，宋时毁圮，后又复建。2004年，当地政府复建了保宁门。

杨国庆

金华府城池：旧，周九里一百步，高一丈五尺，厚二丈八尺。宋宣和四年，知州范之才重筑。周十里，址三丈，面广一丈，高二丈。元初，堕。至正十二年，廉访副使伯嘉纳等仍故址重筑，厚二丈，高一丈七尺，周一千七百七十九丈。门八：东曰赤松，西曰迎恩，南曰清波、长仙、通远、诛八，北曰旌孝、天皇。雉堞凡二千四百五十有四，敌台十五。南周大溪为险，东、西、北三面凿河为池，各跨吊桥。康熙初年，大雨，城坏。知府张公荩增修之。金华县附郭。

——清《考工典》第二十卷，引自《古今图书集成》

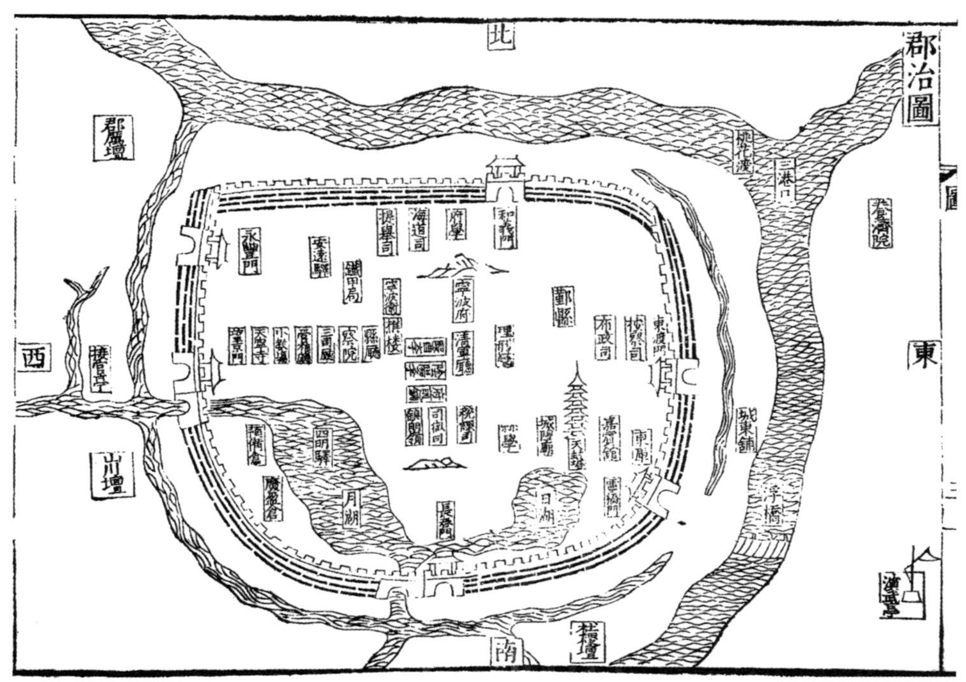

△ 宁波郡治图　引自《宁波府志》清乾隆六年补刊本，载《中国方志丛书·华中地方·浙江省（198）·宁波府志》

宁波，简称“甬”，位于我国海岸线中段，地处宁绍平原，是浙江省第二大规模的城市。16世纪中叶，随着大航海时代的兴起，宁波成为全球最大的自由贸易港口之一。1986年，被列为国家历史文化名城。

在宁波，人类的活动及文明较早达到一定水平，如具有代表性的余姚河姆渡文化（距今7000～6500年），但是正式建置设立却较晚。唐武德四年（621），设州治。开元二十六年（738），设明州，州治在鄞县。南宋绍熙五年（1194），升为庆元府。之后，建置及地名均有变化。明洪武十四年（1381），为避国号讳，取“海定则波宁”之意，将明州改称“宁波”，其名沿用至今。1949年，划鄞县城区设宁波市。1994年，宁波确定为副省级城市。

宁波开始筑城，文献记载不一。据《乾道四明图经》载，东晋隆安四年（400），孙恩造反时，朝廷为防范扰境而由镇北将军刘牢之（？～402）所

△ 子城南门海曙楼 本文照片除署名外，均引自杨新华主编《但留形胜壮山河：城墙科学保护论坛论文集》

筑。今人也有推测是刘牢之部将刘裕所筑，待考。此城后毁，城基上因生长竹筱，后世俗称“筱墙”。遗址相传在今天西门口筱墙巷一带，此为宁波市中心最早的城垣。

唐长庆元年（821），州治从小溪迁至三江口（今宁波城区），明州刺史韩察主持营造城墙（即后世称“子城”），城周420丈，环以水，开四门（据《宝庆四明志》）。此城虽小，却标志着宁波建城之始。自大中十三年至咸通元年（859～860），明州多次遭遇兵祸。民众虽在动乱之时，出钱出力并自制器械守御城池，甚至还采取了城外设置栅栏、疏浚护城河、拆毁通向城内的桥梁等措施。由于城池太小，没有罗城，守城困难。唐乾宁年间（894～898），明州刺史黄晟始筑罗城。“此邦先无罗郭，民若野居。晟筑金汤，壮其海峤，绝外寇窥觎之患，保一州生聚之安”（据乾隆六年《宁波府志》卷八转引《宝庆四明志》“黄晟墓碑”）。对此城的规制，文献记载并

▽ 甬水门之南水关

不多，城门及城门名也没留下。因此，乾隆六年《宁波府志》称其城“规制未宏”。

宋元丰元年（1078），明州知州曾巩奉诏修缮城池，用新烧制的城砖筑城，并完善其规制。宝庆二年（1226），明州城墙外侧墙体因有剥落损毁，知州胡矩主持重修。宝祐年间（1253～1258），制置使吴潜（《考工典》记为“胡潜”）主持修城时，拓宽旧城，砌筑垛口，并在城上设立窝铺。景定元年（1260），建造明州城门楼3座：曰“望京”、“郑堰”、“下卸”。之后，对甬水、灵桥、东渡这三座门楼也渐次修缮。元至元年间（1264～1294），“堕天下城池”，城墙被居民侵占，“渐为坦途”。

元至正十二年（1352），为防范方国珍来犯，浙东都元帅纳麟哈剌采纳元帅府都事刘基的筑城建议，大规模兴筑庆元城池。《明史·刘基传》记载：“方国珍起海上，掠郡县，有司不能制。行省复辟基为元帅府都事。基议筑庆元诸城以逼贼，国珍气沮。”该城营造仅耗时六个月便竣工，城“周十有八里，高丈有八尺，上环列列睥睨，机弓弩炮石，建栖戟，罗戈槊。旁开六门，门有楼”。每座城门均建外瓮城，城上还建有供守城士卒的简庐192座，重建西、南两座水门。城东护城河为新开掘，城北则以大江为护城河。建城不久，浙东、浙西许多郡县因无城墙，相继失守，而庆元则幸免，百姓为之请刘基撰文刻碑记之（详见刘基《庆元路新城碑》，载明成化本《刘基集》）。

明洪武六年（1373），指挥冯林重修城池1/3。疏浚东、南、西三面护城河。继洪武十四年修城后，嘉靖三十五年（1556），知府张正和主持大规模修城，修葺瓮城门和敌台。这种常规城池修缮，相沿至明末，文献记载却多有疏漏。

清顺治十五年（1658），改筑垛口，并二为一。每座垛口增高3尺、厚1尺。康熙十三年（1674）、二十四年、三十一年，提督李显祖及地方官吏对

▽ 千晋斋陈列的故城砖

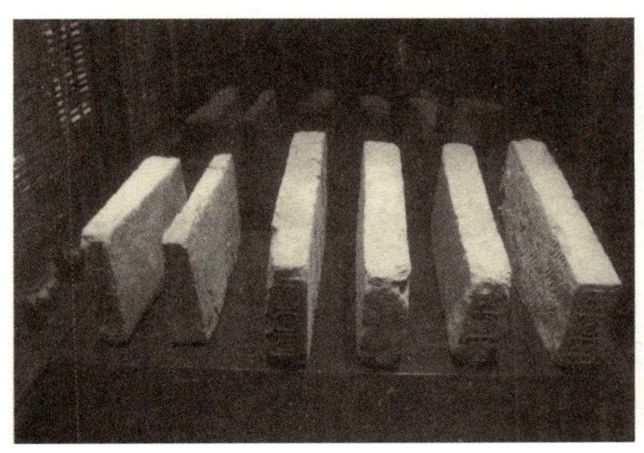

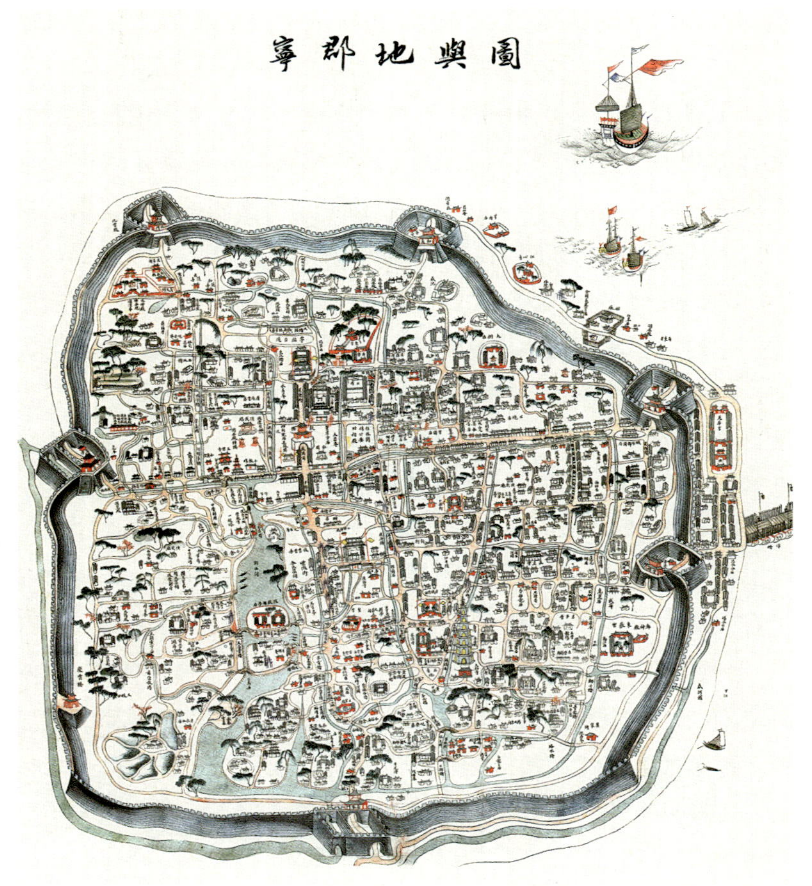

△ 宁波城全图 据美国国会图书馆藏宁波地图（绘制于1796年和1820年之间），王腾提供，张君重绘

宁波城池均有修缮。雍正六年（1728）至九年，“奉旨修葺各直、省、郡、县城垣，宁郡城复大为缮修，楼橹、雉堞焕然一新”（乾隆六年《宁波府志》卷八）。道光二十五年（1845），地方政府对历经第一次鸦片战争后的宁波城池进行了大规模修缮，维修长度1386.6丈，增修炮台22座、垛口1930座、大小城楼12座（光绪三年《鄞县志》卷三）。在太平天国战争中，宁波城墙遭遇战火。战后，修缮了被损毁的地段。至清末，宁波城墙周长2527丈、基宽22尺、顶宽1.5丈、城高22尺，六门上建有城楼，分别建有外瓮城。护城河长2144丈，城门跨濠置吊桥，还设南、西两座水门。

1912年以后，宁波城墙虽曾有短暂的利用，但是不久就开始被拆除。1923年，拆六门外瓮城。1924年拆除灵桥、东渡二门。1928～1931年，在宁波市市长罗惠侨主政期间，大规模拆除宁波城墙（详见罗惠侨《我当宁波市市长旧事》），在城基上修筑了环城马路（六门的名字，作为路名被留存下来）。

墙高7米、厚5米。依山起伏，高低不平。顶部多处坍塌，并有缺口，其余只存遗迹。

方桥城门 位于宁波市瞻岐镇方桥村，城门连边墙长11.81米、高3.87米，门宽1.89米，墙厚2.36米。整个建筑由乱石垒成。门由长条石砌成，顶部呈拱券形，上有青石门额，横刻“并立为三”四个行体大字。右边上款“道光廿二年重建”等字样，左下款为“汝初题”。据碑文推测，此为第一次鸦片战争末，因盗贼骚扰，故筑城门以保安宁。

亭溪岭土城墙 位于宁波市鄞州区东钱湖镇城杨村，横跨于亭溪岭巅。长约300米、宽3.8米、高3米，边缘块石堆砌，中间用黄泥填筑，城墙后有一片大平地。亭溪岭古道从城墙中部穿过，西为横溪，东为城杨。据当地乡民称，该城墙为清末太平军与清军交战时所留，详情待考。此处土城墙为第三次全国文物普查时新发现。

杨国庆

宁波府城池：唐末，刺史黄晟筑。宝祐间，制置使胡潜拓旧城，设雉堞。开庆二年，建望京，郑堰、下卸三门。楼其甬水、灵桥、东渡，俱以次缮治。明洪武六年，指挥冯林更崇之，城高二丈五尺，址广二丈二尺，面一丈五尺，周二千二百一十六丈，延袤一十八里。为门六：东曰灵桥、曰东渡，南曰长春，西曰望京，北曰永丰，东北曰和义。又穿二水门于长春、望京之侧。门各有楼，罗以月城。城上有敌楼、警铺，外设吊桥。自永丰至灵桥，有大壕环绕二千一百四十四丈，余滨大江。嘉靖三十五年，守张正和重建瓮门、敌台。顺治十五年，增高并堵。鄞县附郭。

——清《考工典》第二十卷，引自《古今图书集成》

大嵩城：属鄞县，距郡东九十里。高一丈七尺，址广一丈二尺，周七百四十丈，延袤四里有奇。为东、西、南、北四门，门各有楼。穴水门于西门之侧，设以吊桥，罗以月城。城上有雉堞、敌楼、警铺。外自东南抵北，三百三十二丈为壕；自西以北，际石山不设。明洪武二十年，汤和筑。

——清《考工典》第二十卷，引自《古今图书集成》

遂安城

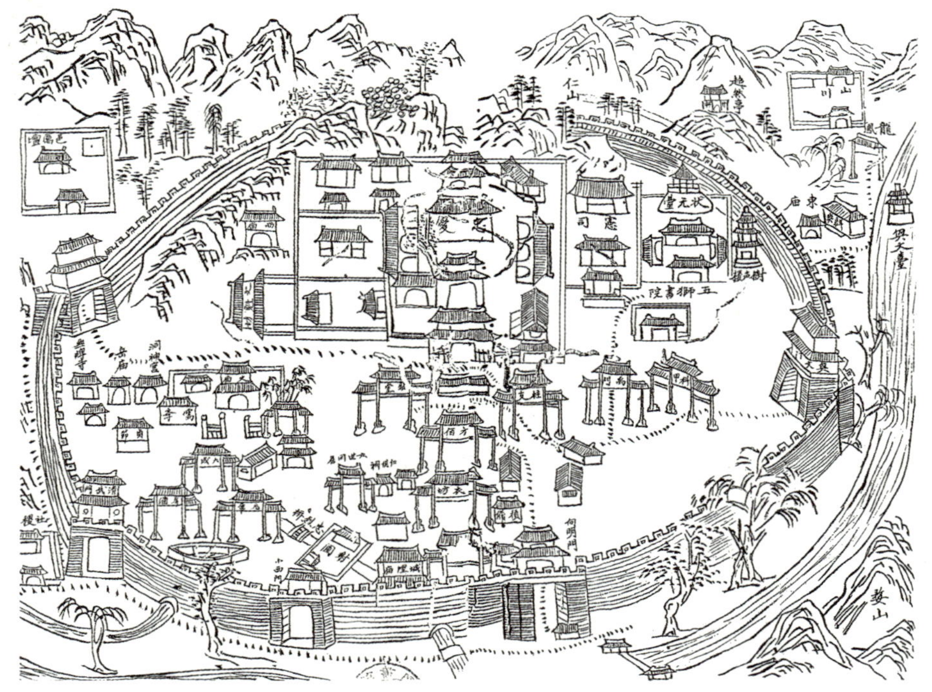

△ 遂安县城图　引自《遂安县志》明万历四十年修钞本，载《中国方志丛书·华中地方·浙江省（571）·遂安县志》

遂安（旧县名），位于浙江省西部淳安县境内，山重水复，与安徽省接壤。

建安十三年（208），始置新定县。西晋太康元年（280），改新定县为遂安县。唐武德四年（621），县治迁五狮山之麓（即后来的“狮城”），自古以来就是浙西重镇，为浙皖交界处的战略要地。1958年10月，拆其县治归入淳安县。1959年4月因建新安江水库，遂安县城被蓄水淹没（即今千岛湖水下）。

遂安县最早筑城的情况不明，后人称“遂安县原无城墙”，意思说公元621年县治迁址后，未曾筑造城墙，待考。明正德八年（1513），在遂安县知县容九霄的倡议下依狮山筑城，俗称“狮城”。周长4里6步（光绪十六年据光绪九年刻本增补《严州府志》卷五载“周二里二步”），并建有城门和城楼5座、水门3座、窝铺15座。明万历二年（1574）重修城垣，周长778丈、高2.4丈，城门仍为5座：东曰“兴文”，西曰“靖武”，南曰“向明”，北曰“拱极”，西南曰“小西门”。为修造遂安县先后动用民工42500人，耗费5357银两。明万历四十年《遂安县志》对此城的描述是：“婺峰环其前，五狮拥其后，襟带武强、龙渡诸溪，肘臂六星、文昌诸阁，虽不通大驿，实严胜壤也。”

入清以后，遂安城墙虽屡有坠损，但均得到地方官吏的及时修缮。康熙五十年（1711），知县陈学孔奉命修城，他亲自查勘城墙损毁地段，落实修城之役，并重建东、南两座城楼。三年后，因洪水冲垮城墙50余丈，灾后又及时得到修补。乾隆十七年（1752），知县吴培源奉命重建五座城门。道光二十二年（1842），知县郭毓棠奉命修城时，委托乡绅洪时济、洪时岳负责维修城垣及垛口，历时三年竣工。清光绪九年（1883），在知县唐济主持下，历时两年修葺城池。时人周辅在《重修城垣碑记》中写道：“严州府六县，五县皆无城，惟遂安独于前明正德时始建……”光绪二十二年，地方官吏再次组织民工修葺城墙。

1919年，在知事顾某主持下，曾对遂安有小规模修城。1928年，小西门城楼毁圮。次年，大西门也毁圮。在随后的维修中，由公款公产委员会出资并修复城门，城楼则没有复建。1935年，因防御侵华日军的需要，对遂安县的城墙进行历史上最后一次修缮，并于城墙四周添设了碉楼8座。

1959年4月，新安江水库蓄水，不久遂安城墙被淹没。2010年3月，当地有关部门组织相关专家，并从北京邀请了六名潜水员，带着国内先进的水下摄像设备，对淹没水底半个多世纪的遂安古城进行了水下考察。潜水员不仅发现了一批城砖，还发现了大块条石堆砌成的遂安县老城墙以及一座城门，此处城墙位于水下24米深处，保存得很完整。

2011年1月7日，千岛湖的狮城水下古城被浙江省列入第六批省级文物保护单位。同年2月，《国家地理》杂志刊发了一组千岛湖水下古城的照片，再度引起社会各界对水底千年古城的关注。

附：

淳安故城　位于浙江西部。1959年，因新安江水电站建成蓄水，成为千岛湖，而旧淳安城则沦为水下之城。

淳安县城为东汉建安十四年（209）贺齐所筑，位于灵岩山（今龙山）之麓，故淳安又有“贺城”之别称，该城“周二里二百二十五步”。元朝末年，贺城毁于兵燹。明洪武年间重新修筑。明嘉靖三十七年（1558），淳安知县海

△ 遂安城与淳安城被淹没在千岛湖水下
本文照片均由金玉萍摄

△ 新安江水电站的坝体

瑞为古城修建四门，并建有城楼，以加强瞭望。清乾隆九年（1744），淳安遭遇洪水，冲塌城墙数处。知县刘希洙请拨专款维修，并于城的西南一带“筑石塴，累砖其上为女墙数百丈，以防水”（光绪九年《严州府志》卷五）。

1959年，淳安城与遂安城一同没于今日的千岛湖下。

杨国庆

遂安县城池：旧城在木连村溪北。唐武德四年徙，今治。明正德癸酉，令容九霄始筑。城广袤七百七十七丈有奇，为门五：东兴文，西靖武，南向明，北拱极，西南小西。门各建楼及窝铺。

——清《考工典》第二十卷，引自《古今图书集成》

淳安县城池：旧城，贺齐所筑，为郡治。其子城周一里二百二十五步。今县乃其旧址。令洪英、海瑞相继建楼，门四：南青溪、北石峡、东严陵、西新安。

——清《考工典》第二十卷，引自《古今图书集成》

梅城

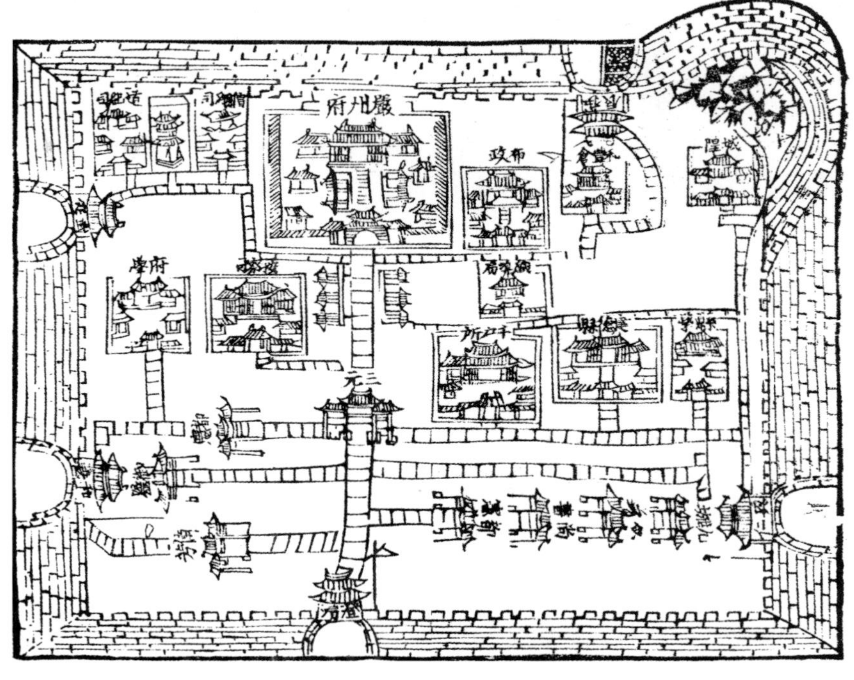

△ 严州府城图　引自《严州府志》明弘治六年刻，嘉靖增补刻本，载《稀见方志丛刊·上海图书馆藏（81）》

梅城，旧称“严州”，位于浙江西部的钱塘江上游，富春江、新安江、兰江三江交汇处，北枕乌龙山，南临三江口。原江水落差大，滩多水急，有“一滩高一丈，新安在天上”之说。

秦王政二十五年（前222），此地属会稽郡（今绍兴）富春县。吴黄武四年（225），析富春县置建德县，梅城为县治之始。唐万岁通天二年（697），睦州州治从淳安移梅城，梅城为州治所在。宋宣和三年（1121），改睦州为严州。此后，随政权更迭，建置及隶属和名称均有变化。1938年，建置梅城镇，其名之始。1960年，建德县城由梅城移白沙。1963年，建德县划归杭州市，梅城镇属之。

严州修建城池，历史上影响比较大的有三次。据刁衎（945～1013）在《大厅记》中载：唐中和四年（884），“陈晟筑罗城。周回十九里，高

△ 严州府东城墙遗址现为建德防洪大坝 本文照片均由杨国庆摄

△ 新建的严州府城门

二十五尺，阔二丈五尺”。而罗城则是外城，是相对内城（子城）而言。所以，严州最早建城可能要早于公元884年。

第二次筑城，在宋宣和三年（1121），“方腊既平，知州周格重筑，缩为十二里二步”（明万历版《严州府志》卷三）。这次筑城有了城门的记载：东曰“望云”，南曰“定川”、“安流”，西曰“安泰”、“和平”，北曰“嘉贶”，东北曰“百顺”，西南曰“善利”。这座城池在宋绍兴八年（1138）、嘉定六年（1213）进行过两次大规模维修，城墙“岁久颓圮弗治，至为樊墙，以限逾越。知州宋钧复兴板（版）筑”（景定版《严州续志》卷一），又载：“濒江一带，雉堞如制，累经巨浸莫能坏。余虽土垣，犹乃坚好。”由此可以看出，严州的宋城主要为夯土城墙。

严州最后一次筑城在元末明初，由明太祖朱元璋部将李文忠主持营造。元至正二十一年（1361）五月，建安府守将李文忠为落实朱元璋采纳朱升提出的“高筑墙、广积粮、缓称王”九字三策方针，开始重筑府城，“西北移入正东三百五十步，正北移入八十五步，正南移出一百六十步，周八里二十三步六分，高二丈四尺，阔二丈五尺”，筑城门5座：“东曰兴仁，西曰和义，南曰澄清，北曰拱辰，西北曰武定。各覆城楼，护以月城。惟北无月城”（明万历版《严州府志》卷三），因北城门面山而不设外瓮城，另全城顶上建造窝铺48座。除此，整座城垣还设置了水门4座：“一在拱辰门西，久塞；一在建安、秀山之间，名水斗门；一在兴仁门左，旧有闸，以司启闭；一在和义门南，通西湖”（民国版《建国县志》卷六）。这座城垣用材以砖、石构造为主，因城墙“南临大江，东界碧溪，西控西湖，北引乌龙山之水”，以天然水系作为

◁ 20世纪80年代新建的严州府城澄新楼

▽ 大南门城楼

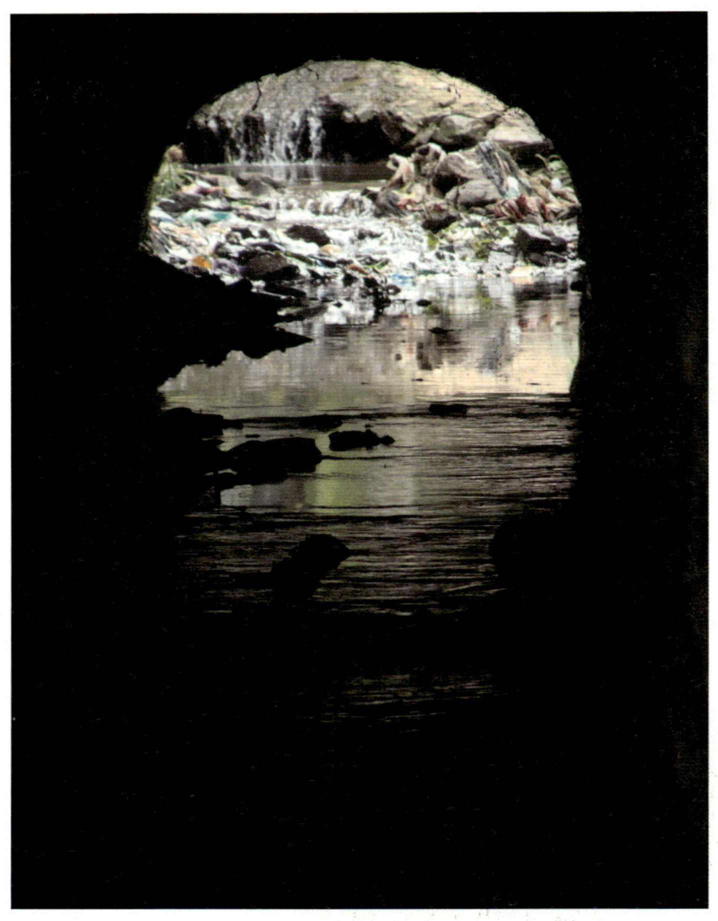

◁ 严州府城旧水城门

护城河。自弘治四年至崇祯十六年（1491～1643），至少有四次大规模的修缮，并在城墙上增筑敌台，用城砖加高5尺。

入清以后，地方政府的府、县二级官吏对修缮城池仍十分重视。康熙十二年（1673），知府梁浩然、建德县知县项一经共同主持修城。康熙二十一年和二十五年，两次大水毁城后，知府任风厚偕同知县戚延裔等官吏主持修葺。雍正三年（1725）、乾隆九年（1744）、乾隆十九年，均因洪水毁城，而由当时的府、县二级官吏共同主持维修。咸丰十一年（1861），城池遭遇兵火毁城。同治十二年（1873），还是由知府宗源瀚向朝廷请拨专款修城（光绪九年《严州府志》卷五）。由此，足见当时建德城池的重要地位。

1916年，建德县知事夏日璈以四座城楼年久失修为由，下令拆除。由于当地民众极力反对，保留了南城临江的大、小南门两座。1938年12月20日至次年1月20日，拆除东、西、北三面2775米的城墙，仅余南边沿江一段1824米的城墙。1959年，因建设新安江水电站，出于防洪需要将严州最后的南面城墙包裹在大坝中。2010年，笔者实地调查时，发现濒江的澄清门为新复建的城楼，南城遗址尚可辨识。

严州城墙引发的文化现象，最出名的是地方戏文和讲大书（平话）《武松独臂擒方腊》中涉及的严州城北的水斗门。明末柴挺然有《建城记》，今人有专著《梅城漫话》《严州古城——梅城》等。其中，对严州城墙垛口形制的讨论非常热烈，并引民国版《建德县志》的叙述，认为严州城，俗称“梅花城”，因临江一段雉堞半作梅花形之故。此说待考，因明初建城即便是“梅花状”垛口，但经历明清多次修缮，尤其清初各地城墙风行的“二垛并一”之后，严州城墙垛口有没有受到影响，尚难定论。

杨国庆

严州府城池： 唐，和州刺史陈晟筑。宋宣和三年，知州周格重筑，有八门。明，李文忠改筑。今城周八里二十三步，高二丈四尺，厚二丈五尺。门五：东曰兴仁，西曰和义，南曰澄清，北曰拱辰，西北曰武定，门各有楼，护以月城。惟北门无月城。为铺四十八。东、西、北为池，一千一百有五步。嘉靖三十七年，知府韩叔阳遍筑敌台。崇祯十六年，知府胡崇德加砖五尺。建德县附郭。

——清《考工典》第二十卷，引自《古今图书集成》

安吉城

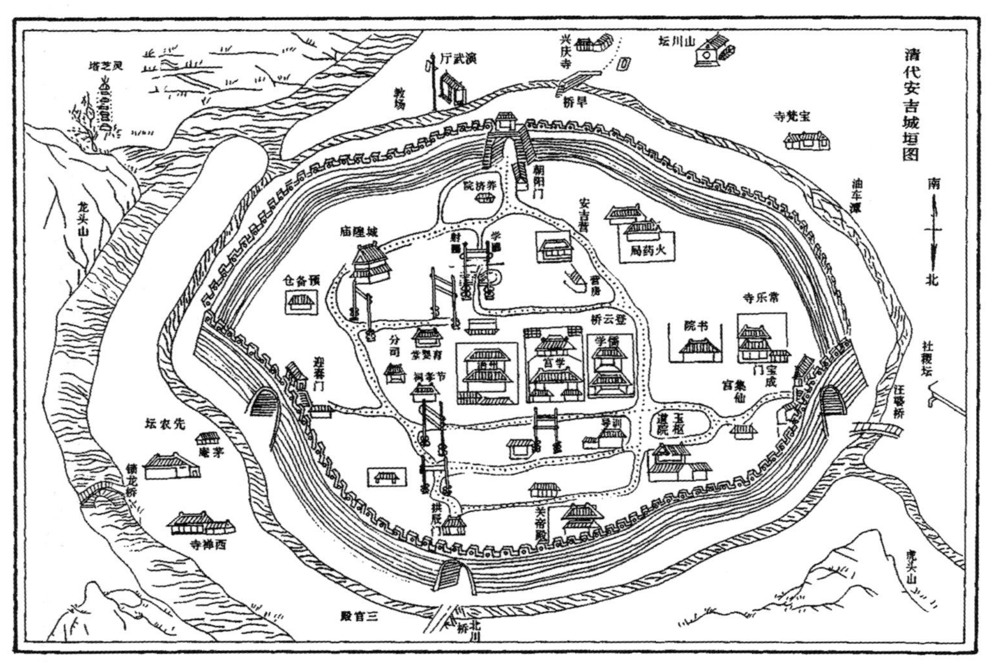

△ 清代安吉城垣图　引自《安吉县志》1994年版

安吉，位于浙江省西北部，邻近上海、杭州、南京、苏州等城市，被誉为“都市后花园”。2012年9月，在意大利那波利举行的第六届世界城市论坛上，安吉县获得联合国人居奖。

春秋时期，其地属越。秦，设鄣郡，隶之。汉元狩二年（前121），更设鄣郡为丹阳郡，迁治宛陵，并在鄣郡故地设故鄣县。汉中平二年（185），割故鄣县南境置安吉县。唐开元二十六年（738），县令孔志道迁治于玉馨山东南。天祐四年（907），安吉县治迁至马家渡西（即安吉城）。此后，随政权更迭，建置及隶属多有变化，先后有府、州、县等建置。1951年，安吉县人民政府迁出安吉城，遂改名为安城镇。1983年，安吉县隶属湖州市至今。2001年安城镇并入递铺镇，称安城村，隶属递铺镇。

安吉早期有筑城活动，因建置迁徙，被后世误称：“旧无城，止设六门”（乾隆十五年《安吉州志》卷二）。另据乾隆二十三年《湖州府志》载：“旧治在天目乡，今孝丰县址也。”唐开元二十六年，县令孔志道迁治于玉馨山东南，初“无城郭”（万历版《湖州府志》卷一）。

元至正十六年（1356），由朱元璋的部将张俊德始筑，初为土城。次年，朱元璋的部将费愚主持重建城池，采石筑城，城周6里，平面呈不规则桃形，高2.2丈、阔5尺。设门4座：东曰“迎春”（后改称“宾阳”），西曰“迎恩”（后改称“宝成”），南曰“朝阳”（后改称“丽正”），北曰“拱辰”（后改称“迎风”）。“城濒大溪，引水为濠，凿濠为池，仅通舟筏。”洪武五年（1372），知县张士良主持补建四门上的城楼。谯楼，岁久城圮。

至嘉靖三十年（1551）时，安吉城墙已破败不堪，“楼橹、雉堞当然靡存”；行人为走捷径，甚至可以越墙而过；护城河被淤塞。知州林壁主持民众

▷ 修缮后的安吉城门

◁ 安吉城墙几种不同砌筑方式的墙体
本文照片除署名外，均由杨国庆摄

烧砖、取石，修复城墙，并重建城楼和更铺，历时一年竣工。三年后，知州江一麟又将城墙加高2尺（《考工典》记为“加高三尺”），内土岸以石甃之。时人陈良谟撰有《安吉州修城记》，详述其事。天启三年（1623），洪水暴发，冲塌安吉东面城墙24丈。水灾后，知州张梦时主持重修城墙。

清雍正五年（1727），知州滕兆彬奉旨重修城墙。乾隆十二年（1747），知州刘蓟植再修。乾隆三十三年，知州张先岸重修。咸丰元年（1851），知县郑廷、牟房移书院膏火存款重修。

1912年以后，安吉城墙因年久失修，逐渐损毁。但是，安吉城墙的主体基本保存。

20世纪80年代以来，据当地文物部门调查，安城城墙位于浙江省湖州市安吉县递铺镇安城村，是浙江及江南地区现存相对完整的县级城防体系，具有抗御、防洪双重功能。城墙周长3335米、厚10～12米，由城墙、城台、城门及护城河和护城河护堤组成。城门除东门已毁外，其余三门均存，无城楼。所有城台均设内、外二门：内为对开式，外为槽闸式。城墙由块石和青砖砌筑。南、北城门由条石拱筑，西城门为青砖拱筑。2013年2月，笔者实地调查中发现，该城大部分的城砖规制较小，筑城材料除城砖外，还有块石、条石，分布地段不均。城门外侧呈外“八”字形，在西门外护城河上，大石桥拱尚存，新修的城墙顶部没建垛口。

2006年，安吉城墙被列为全国重点文物保护单位。

杨国庆

▽ 安吉安城西门遗址 郑嘉励提供

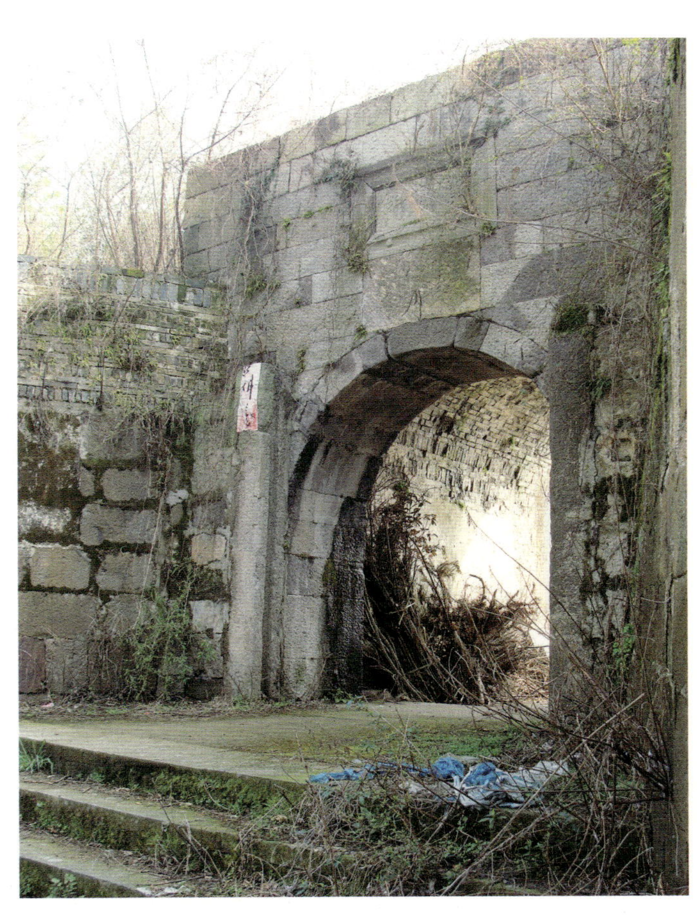

▷ 安吉城门

安吉州城池：明初，总管张俊德始筑土为城。元帅费愚重甃以石，周六里，高二丈二尺，阔五尺。为四门：东迎春，西迎恩，南朝阳，北拱辰。嘉靖间，知州江一麟复加高三尺，以石甃之，城外凿池。

——清《考工典》第二十卷，引自《古今图书集成》

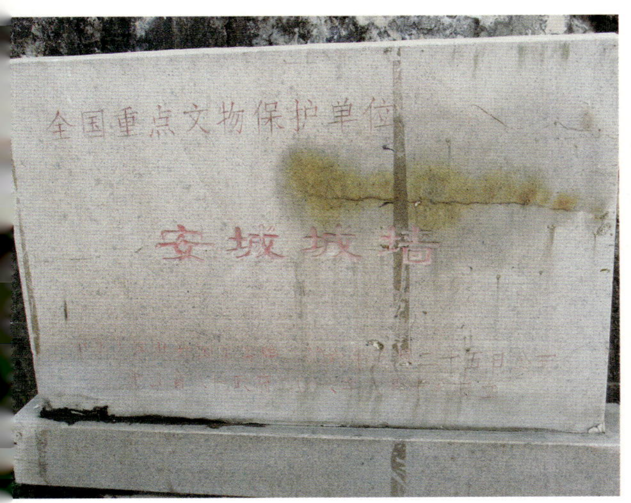

▽ 安吉城墙文物保护标志碑（正面）

▽ 镶嵌在城门上方的“宝城门”匾额

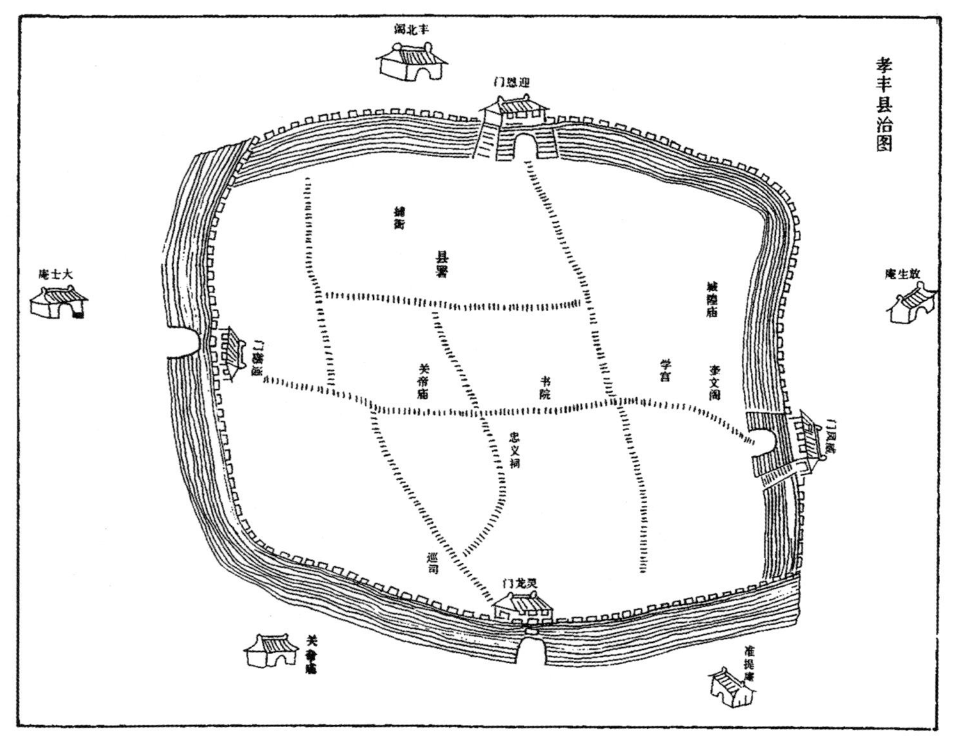

△ 孝丰县治图　引自《安吉县志》1994年版

孝丰，位于浙江省天目山北麓，环城皆山，“凰凰山峙其左，太阳山镇其右；京山如几案拱于前，大会山如屏障于后”（引自《王珣创县碑记》）。

孝丰，是浙江省湖州市安吉县境的一个旧县名，其行政范围包括今天安吉县南部的孝丰镇等地。相传历代多出孝子，故得“孝丰”之名。二十四孝中的“郭巨埋儿天赐金”、“孟宗哭竹冬出笋”等脍炙人口的故事均出于此。东汉中平二年至唐开元二十六年（185～738），为安吉县治。故《王珣创县碑记》称：“汉曾有县，唐废之。”明成化二十三年（1487），湖州府知府王珣“以安吉、孝丰等九乡崎岖险远，民艰输役。奏请分县，曰孝丰”（王珣：《添设孝丰县疏》，详述其事）。当年冬，得到朝廷获准。初隶湖州，后隶安吉州。乾隆三十九年（1774），降安吉州为县，孝丰改属湖州府。1958年，撤销孝丰县并入安吉县，旧县城在今孝丰镇。

孝丰筑城始于东汉，后废。据王珣《添设孝丰县疏》称："本乡地方原有城郭一所，俗名旧县。基址见存。"另据《王珣创县碑记》所载："汉曾有县，唐废之。遗址尚在焉。"因此，弘治元年（1488）之后王珣主持所筑之城，并非孝丰筑城之始。弘治元年，在知府王珣和孝丰县衙新上任的官吏带领下，组织四乡百姓参与建城，"版筑之役，亦劳且众。民趋赴之恐后"。新城"因汉县故城筑土垣，周610丈"。万历四年（1576），知县王国宝主持大规模修城，并将土城外侧改为条石砌筑，城周679丈、高2丈、厚1丈。建设城楼的城门4座：东曰"威凤"（旧名"文恬"，后称"宾阳"），南曰"灵龙"（旧名"宣化"，后称"来薰"），西曰"通德"（旧名"武熙"，后称"乐成"），北曰"迎安"（旧名"承流"，后名"迎恩"）。在城上建有窝铺8座，城墙还建涵洞3座（2013年，笔者实地考察时，在当地老人介绍下，发现门东一处涵洞旧址，已难辨识）。护城河"自西跨北广三丈，至迎安门有迎恩桥。其南溪水绕至东门，为山公潭，险堑可守"（康熙十二年《孝丰县志》卷二，而《考工典》称"池无"）。此后至清康熙年间（1662～1722），孝丰城墙基本没有修缮之举。

入清以后，孝丰城墙虽因战火及自然因素损毁，但多有修缮。除雍正五年（1727）之外，城墙维修资金大多由地方官吏、乡绅和百姓捐资所聚。即便在咸丰年间（1851～1861），因太平军与清军数次交战导致城墙严重损毁后，同治十二年至光绪元年（1873～1875）连续三年的大规模修缮城池，其资金来源仍出自地方。光绪年间的孝丰城墙总长694丈，城墙也有增高，垛口900多

▽ 孝丰城砖石混砌的墙体　本文照片均由杨国庆摄

▽ 孝丰城墙文物保护标志碑（正面）

◁ 孝丰城卵石砌筑的墙体

◁ 孝丰城条石砌筑的墙体

座。并立禁约：禁民占用城墙与护城河之间的空地。

1912年以后，孝丰城墙逐渐毁圮，甚至大部分被拆除，仅存孝丰中心小学东围墙一段保存较为完整。

孝丰残存城墙，位于安吉县孝丰镇北街社区北环城弄内，残长245米，上宽2.5～3.5米不等，残高2.5～3.5米不等。据文物部门对现存城墙的剖面分析，该城墙的砌筑为外侧用长2～3.5米、高25～35厘米的条石叠砌，内侧用块石垒筑，中间填土。2005年，孝丰城墙被列为县级文物保护单位。

杨国庆

孝丰县城池：分自安吉，设于弘治元年，累土为缭垣。门四：东宾阳，西乐成，南来薰，北迎恩。池无。

——清《考工典》第二十卷，引自《古今图书集成》

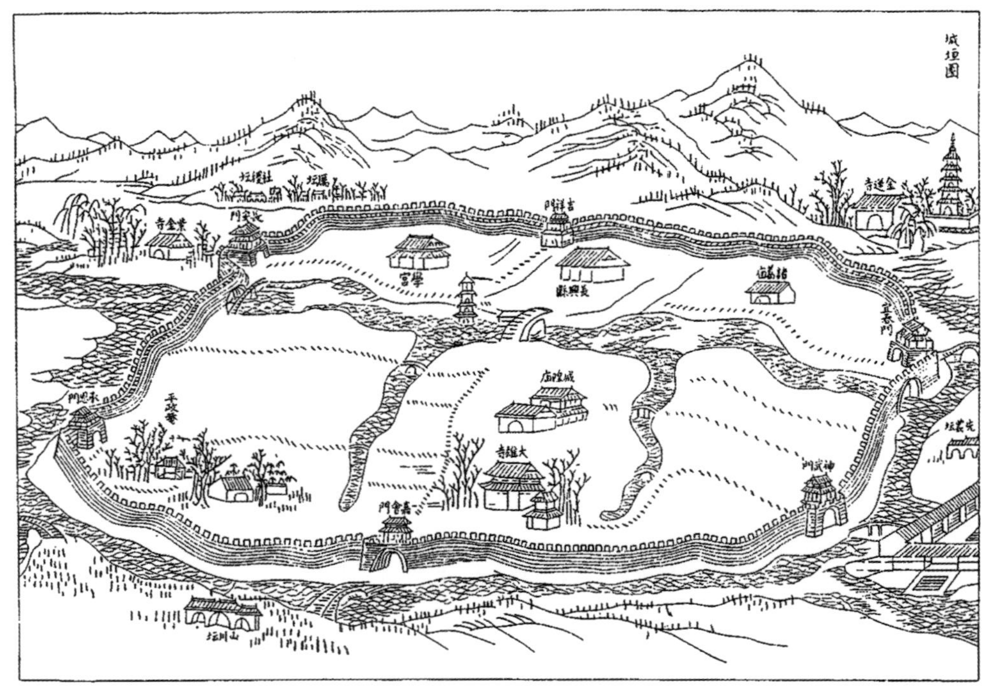

△ 长兴县城垣图　引自《长兴县志》1992年版

长兴，位于浙江省最北端太湖的西岸，是浙、苏、皖三省接合处，也处于长江三角洲相对中心的位置。

长兴古称“长城”。春秋吴越争霸时期，吴王阖闾派弟夫概在今雉城东南二里处筑城，作为夫概王邑，因城狭长，故名“长城”。晋太康三年（282），建长城县。《晋书·地理志》载：“县治修建在富坡乡”（距今县城东南20里），这是长兴置县之始。五代后梁开平二年（908），吴越王钱镠改长城县为长兴县。此后，其隶属、建置及县名均有变化。明清时，县名及建置基本沿用。1983年，隶属于湖州市。

长兴筑城，始于吴王阖闾执政（前514～前496）时。据《吴兴志》记载：“吴王阖闾使弟夫概居此，筑城狭长，故曰长城。”又称“夫概城”，“在今县治东南二里”。晋太康三年（282），始置长城县，建城于富坡乡，

“在今县治东南二十里”。咸康元年（335），县治迁筑于箬溪北，“在今县治东二里”。唐武德七年（624），再次迁址筑城，并为后世历代长兴县城所用（上述资料据光绪十八年《长兴县志》卷二）。该唐城，为辅公祏盘踞雉州（即长兴）时营造，取土筑城，因城堞与雉山相接，又称“雉城”（据明万历版《湖州府志》卷一载，此说指吴时建的“长城”另一别称）。此城后废，被称为“古城”。宋天圣年间（1023~1032），重修城墙，有城门7座：东曰“朝宗”，南曰“长城”，西曰“宜兴”，北曰“吉祥”，东南曰“迎恩”，西南曰“广德”，东北曰“茹茹”。

元至正十七年（1357），朱元璋部将耿炳文攻占长兴后，大规模兴建城池。其规模比旧城略小，使用城砖筑城，“甚坚固”，城周929丈、高3丈、宽2.85丈。建城门6座：东曰“神武”（距旧朝宗门一里），旁设水门“清河关”（此据光绪十八年《长兴县志》，万历版《湖州府志》称“清湖关”），南曰“嘉会”（距旧长城门200步），西南曰“承恩”（旧广德门），西曰“长安”（旁设水门“大雄关”），北曰“吉祥”（距旧吉祥门一里），东北曰“宜春”（距旧茹茹门一里）。城门均建城楼和外瓮城，沿城外开挖宽7丈、深1.5丈的护城河。嘉靖三十六年（1557），长兴城墙因年久失修，损毁严重。知县黄扆主持全面修城和修缮城楼、水关等附属建筑，并置窝铺30座。于同年二月兴工，八月竣工，共计耗费白金26847余两。时人顾应祥撰有《重

▽ 在长兴城遗址上新建的城墙及外部休闲空间 本文照片均由杨国庆摄

△ 新建的长兴城水门

修长兴县城碑记》，详述其事。明万历三十四年（1606），知县熊明遇重修，开浚内河，疏浚城外护城河367丈。明崇祯年间（1628～1644），长兴县地方官吏曾两次修葺城池、水关。

清康熙十年（1671）、康熙六十年，长兴县地方官吏曾两次疏浚护城河。雍正五年至七年（1727～1729），知县白环主持大规模修城。竣工不久，城墙又坍塌。乾隆十二年（1747），知县谭肇基捐俸银重修城垣，在登城处设木栅，禁止随意登城。用新铸铁皮，"重钉包裹"城门。乾隆三十一年，知县方伯捐俸修城，次年告竣。乾隆四十七年，知县龙度昭批准武举人沈麟标等人申请，利用公捐款的资金疏浚护城河。嘉庆六年（1801），知县邢澍主动捐款修城，耗资1560余两俸银。道光十一年（1831），知县刘礼章一人捐修城垣，耗资"白金五千数百两有奇"，竣工后长兴县衙主簿吴中宪撰有碑记。道光二十六年，长兴县乡绅王酉等用公捐款疏浚护城河。咸丰十年（1860），太平军攻占长兴县城。之后，县城屡被清军与太平军攻破。次年，清军自毁城垣，仍被太平军攻占。同治三年（1864）六月，李鸿章督军动用火炮攻城，城的东北隅被炸裂数十丈，城遂破。继次年知县主持疏浚护城河后，同治七年正月，地方官吏及乡绅捐资修城48丈，筑宜春门外瓮城及东、西水关。

1912年以后，长兴县城墙逐渐毁圮。1937年11月，侵华日军对长兴城墙有过毁坏。

1949年以后，长兴城墙因年久失修，毁损严重。1957年，因筹建长兴竹器厂，于长兴东面城墙望春北路段破墙开门。此后，随着城市建设发展，长兴城墙被大面积拆除，仅有少量残墙尚存。

2008年，在长兴北门桥东兴建了城墙景观带。2013年3月，笔者实地调查时发现，城墙景观带由一座水门、一道新建城墙和园林式步道等组成，护城河及周边景观比较协调。

附：

东汉时期营造的城山古城遗址，位于长兴县和平镇和平村山顶。遗址现存有土城墙、城门、蓄水池、弩台、烽楼、走马埒、擂鼓墩、滚石、演兵场等遗迹，面积12万平方米。内外二层城墙总长1800米，其中外城墙环山顶一圈，保存完整。2005年，该遗址被列为省级文物保护单位。

杨国庆

长兴县城池： 吴王阖闾使夫概于吴西筑城，名夫概城，又谓之雉城，以县有雉山也。唐武德七年，移县治于今所。明元帅耿炳文守长兴，始甃石为之，城高三丈，阔二丈八尺五寸，周九百二十九丈。门六：东神武，傍有水门清湖关；西长安，傍有水门大雄关；南嘉会，北吉祥，西南承恩，东北宜春。池阔七丈，深一丈五尺。

——清《考工典》第二十卷，引自《古今图书集成》

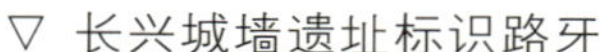
▽ 长兴城墙遗址标识路牙

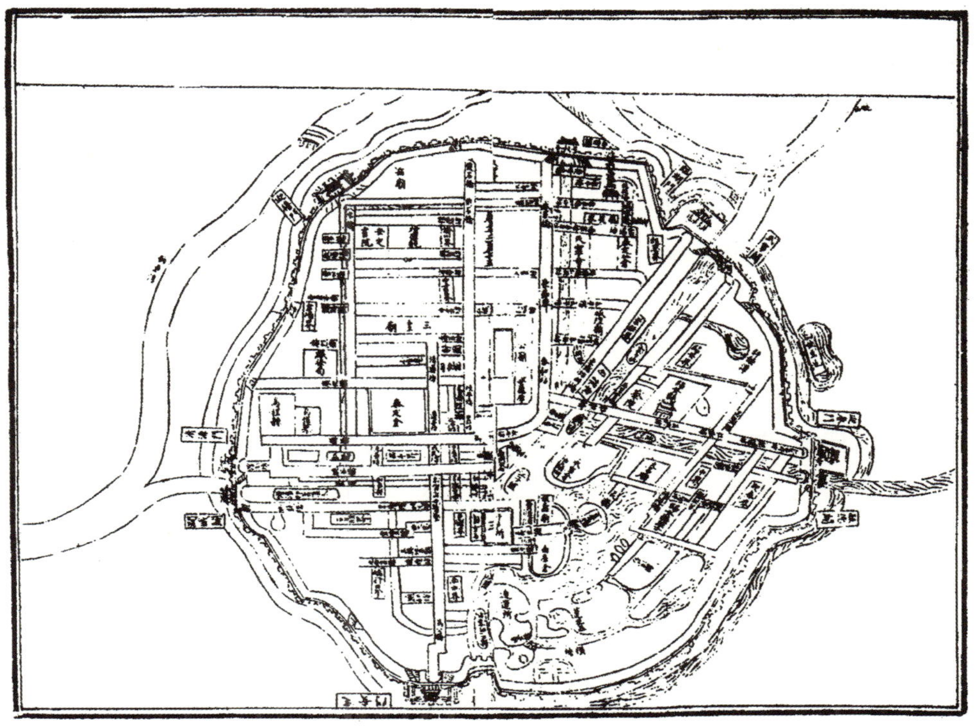

△ 湖州府城图　引自《永乐大典本·湖州府》影印版

湖州，位于浙江省北部的太湖南岸，与无锡、苏州隔湖相望，是世界丝绸文化发祥地之一，也是中国毛笔中著名的“湖笔”产地。2014年，被列为国家历史文化名城。

楚考烈王十五年（前248），春申君黄歇徙封于此，始置菰城县，因泽多菰草故名。秦时，改菰城为“乌程”。隋仁寿二年（602），置州治，以濒太湖而名“湖州”，乌程为其属县。明清时，设府治，为湖州府，乌程和归安二县同城而治。1912年后，曾为专区驻地。1983年，始设地级湖州市。

湖州最早筑城无考，历代文献仅载：“相传为项王故城。”该城周1里367步，东、西相隔237步，南、北相隔136步。自东晋以后，该城为历代湖州郡、府、县的治署，虽有损毁，但是不断得到修缮。如宋太平兴国三年（978），奉命毁城。此后再筑，至成化九年（1473），知府劳钺所修城。至清光绪七年（1881）时，唯南门楼及城北子城巷尚有遗迹。

唐武德四年（621），赵郡王李孝恭认为湖州旧城太小，在其外兴筑罗城，湖州遂有子城、罗城之区分（据光绪七年《乌程县志》卷二引旧志考：称晋代可能已经有子城与罗城之分）。城周24里、东西10里、南北14里，设城门9座，城外开浚护城河。景福二年（893），刺史李师悦重新版筑城垣，表明当时的罗城仍为土城。宋绍兴三十一年（1161），知州陈之茂（明万历版《湖州府志》卷一称“绍兴三十五年”陈在任修城，有误。该志卷九则为“绍兴三十一年”陈之茂在任）重修罗城，为便于城防，将九门减为六门：东曰“迎春”，南曰“定安”，西北曰“迎禧”（水门），北曰“奉胜”（俗称“霸王门”）；水陆门各一：西曰“清源”，东北曰“临湖”（水门）。陈之茂在任时，政令严明，凡有修城等徭役时，仅在城门附近张贴布告，不用差遣官吏督促，百姓就不敢违抗。当时，金兵势力已危及南宋，陈之茂在湖州“修城堑，治器械，聚粮食。东南士大夫争来依之”（明万历版《湖州府志》卷九）。元至正十七年（1357），反元义军首领潘元明以旧城太大、难以防御为由，将旧罗城规模缩小，城周13里138步、高2.2丈、厚2丈，以石垒砌墙体。除奉胜门外，均建城楼。城外开挖护城河围之。时人宇文谅撰有《吴兴郡修城记略》，详记其事。

明嘉靖三十二年（1553），有倭寇进犯其境，乌程知县张冕建议修城，并始筑清源门外瓮城。知府徐洛乃遍修城楼和垛口，并制定城墙巡守之制。由于修城公款不足，唐一庵等乡绅和“好义之民”自筹修城经费得以补足。之后年余内，屡有倭寇犯境，全凭借坚固的湖州城池和守城将士，才得以“恃城以无恐”。此事详见张冕所撰《修城记》。嘉靖三十五年，知府李敏德主持大规模修城，在城墙外增筑大箭台7座、单台41座，增高增厚墙体（见徐献忠《增建郡城碑略》），修葺垛口及窝铺（即小舍、亭屋），便于守城之需。修城中具体分工如下：同城而治的乌程县知县蒋弘德负责城南之半城，归安县知县李

▽ 湖州城考古发掘现场 郑嘉励摄

△ 城墙遗址展示的南宋城墙 本文照片除署名外，均由杨国庆摄

△ 湖州子城城墙遗址

△ 湖州城考古发掘现场（城墙断面） 郑嘉励摄

从教负责城北之半城。修城工程前后历时三年，耗费纹银近6000两。竣工后，有多人撰记或写诗。万历三十二年（1604），同治吴从诚疏浚清源门段护城河。崇祯八年（1635），奉胜门段及其他地段坍塌3丈，乌程知县王梦鼎和归安县知县李长倩分段修补。崇祯十年，乌程知县刘沂春修筑奉胜门重城门。奉胜门对开城门的左扇为陆门，右扇为水门，为霅溪支流所出，也为北控太湖之门。此城门一门共水、陆二门的形制，在中国古城墙的城门建造中较为罕见。

入清以后，地方官吏出于城防需要，仍修城不止。自顺治十五年（1658）加高城墙、加宽城垛后，雍正五年（1727）、咸丰年间（1851～1861）和同治十年（1871），湖州府城先后均有修缮城池的举措。至光绪八年（1882）时，湖州城墙上共设有炮台53座、垛口6352座。

1912年以后，湖州城墙逐渐毁圮。最后，因城市建设，基本被拆毁。

20世纪80年代以后，在北门遗址上兴建了一门共水、陆二门的奉胜门。2008年，文物部门对爱山广场步行街区的遗址考古发掘，清楚揭示了湖州子城自唐、南宋时期东城墙夯土筑法，城门建筑形式，内外城墙根的散水布局，暗沟、水井、城门耳房等附属设施。之后，子城遗址采取了就地覆盖保护，并采取“开放”形式进行展示，成为湖州一道新的城市景观。2011年，湖州子城城墙遗址被列为省级文物保护单位。

附：

下菰城遗址　位于湖州市吴兴区道场乡，建于楚考烈王十五年（前248）。楚国春申君黄歇筑下菰城，从此就有了湖州。后人将黄歇当作湖州的“开城鼻祖”，位列湖州市历史名人之首。下菰城城垣可分内外二重，平面均呈圆角等边三角形。现存外城垣长约2000米，城址总面积达44万平方米。内城居于外城东南角，面积约16万平方米。内、外城垣外侧还有30米宽的壕沟。城垣均为泥土夯筑而成，现存内、外城垣各有阙口多处，有的可能为城门址。下菰城内城门口现新建了一道长18米、高3米的纪念墙，用花岗岩块石垒成，上面铭刻下菰城主要历史。

2001年，下菰城遗址被列为全国重点文物保护单位。

杨国庆

湖州府城池： 子城，即今府治，周一里三百六十七步，东、西两百三十七步，南、北一百三十六步。乌程县治，古吴兴郡城也。秦时，为项王故城。晋，郭璞欲移郡于东。璞女亦善地理，启璞无徙。因旧址损益之，可永无残破之虞，璞从之。武德四年，李孝恭外筑罗城，周二十四里，东西一十里，南北一十四里。元丁酉年，伪平章潘元明筑小之，周一十三里一百三十八

▽ 湖州下菰城鸟瞰图　郑嘉励提供

△ 新建的奉胜门

△ 湖州修缮城墙断面采用的图饰

步，门六：陆门东曰迎春，西曰清源，南曰定安，北曰奉胜；水门东北曰临湖，西北曰迎禧。池周城外。归安、乌程二县俱附郭。

——清《考工典》第二十卷，引自《古今图书集成》

N
萧县城
亳州城
临涣城
宿州城
灵璧城
涡
红城旧址
蒙城城
河
淮
河
明中都城
河
淮
寿县城
定远城
滁州城
合肥城
六安城
和县城
当涂城
六万寨
霍山城
芜湖城
四望寨（堡）
无为城
长
郎溪城
桐城城
水
桐城六儿城遗址
南陵城
宣城城
广德城
阳
池州城
泾县城
潜山城
安庆城
江
宁国城
江
祁门城
徽州城
新
安
江

安徽
秋浦楼
秀山門

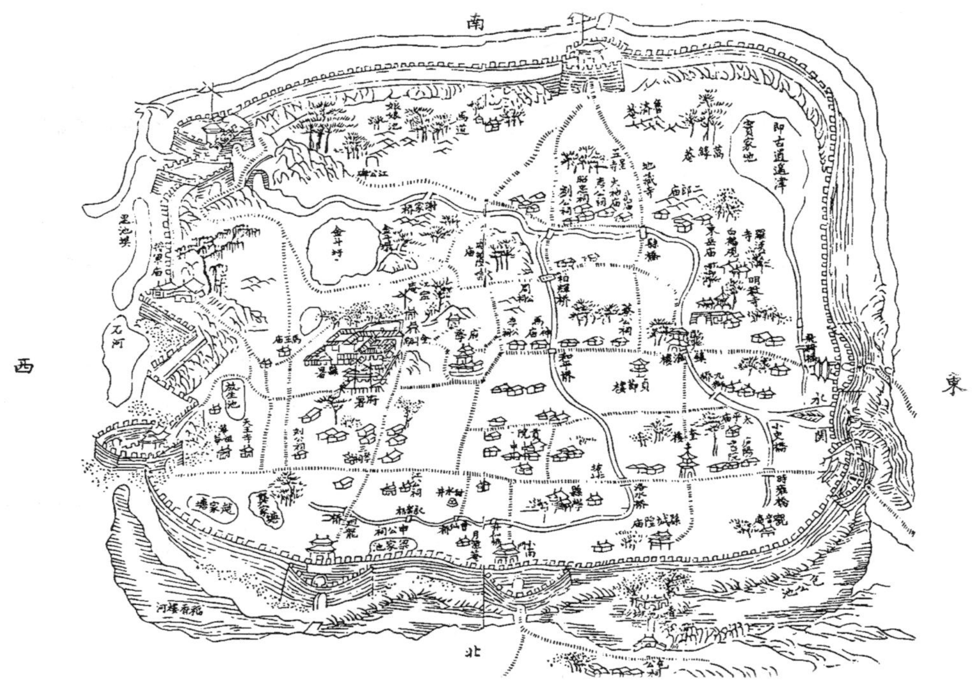

△ 庐州府城图　引自《庐州府志》清光绪年刊本，载《中国方志丛书·华中地方·安徽省（86）·庐州府志》

合肥，古称“庐州”，位于安徽省中部、长江与淮河之间、巢湖之滨，因东淝河与南淝河在此汇合而得名（另一说因古时庐州由“合州”改名而得名），素有“江南之首，中原之喉”、“淮右襟喉，江南唇齿”之称。

合肥建县，始于秦、汉之际，为汉置九江郡隶属县。自东汉末以后，合肥数度为州郡治所，一直是江淮地区重要的行政中心和军事重镇。隋开皇三年（583），改合州为“庐州”。明清时，合肥为庐州府治，故又别称为“庐州”。清咸丰三年至十一年（1853~1861），庐州为安徽省省会。1912年，撤废庐州府，保留合肥县。1945年，安徽省省会迁入合肥县。1949年，建立合肥市。1952年，合肥市始为安徽省省会。

合肥筑城始于西汉，据《太平寰宇记》载：县城“在今县（城）北”，面积不大，史称旧“汉城”。但是，光绪七年《重修安徽通志》则称：庐州

"府城之建，莫祥所始"。东汉建安五年（200），扬州刺史刘馥赴任，在原址重修城池，建立州治。三国魏青龙元年（233），魏将满宠在旧城西鸡鸣山麓另筑"合肥新城"，与旧城互为犄角。西晋统一后，废三国时所筑城池，迁回旧城址。隋开皇五年（585），改筑土城于庐州治所南，"名金斗城"（光绪七年《重修安徽通志》卷三十六）。唐贞元年间（785～805），"刺史路应求以古城皆土筑，特加甓焉"，"城初据金斗河为池"，合肥始有砖筑城墙（另有一说：唐、宋时，合肥皆为土城，明始甃砖）。宋乾道五年（1169），淮西帅郭振展在旧城北拓建城池，跨金斗河为城，基本形成今合肥古城的初貌。守臣王希吕等相继修葺，并增置水关两座。入元后，合肥古城毁圮。元至正十三年（1353），因城圮，合肥佥事马世德请"发公私钱十万贯"（引自余阙《修城记》），在原木栅和土城基础上主持大规模修城，动用人力77.8万，用砖448万块，修城4706丈，建城门6座，均建城楼。

明洪武（1368～1398）初年，虢国公俞通海命人开挖城西北护城河，深至2.5丈。弘治年间（1488～1505），庐州知府马金主持大规模修缮城池："周四千七百有六丈，高二丈有奇，厚四丈有奇。……城东濠深一丈九尺，长四十三丈；西濠深二丈五尺，长二十九丈五尺；南濠深二丈三尺，长三十丈；北濠深八尺，长三十五丈。城门凡七：东二，曰威武、曰时雍；南二，曰

▽ 合肥古城城基，顶面为环城马路 本文照片均由李晓辉摄

△ 合肥城护城河及对岸的城基

南熏、德胜；西二，曰西平、水西；北一，曰拱辰。水关上跨水西，下跨时雍，为金斗河流出入处”（据清光绪十一年刻本《续修庐州府志》卷九“城署”）。

此后，明、清两朝，庐州城墙虽多有损毁，但因城防与防洪需要，基本得到当地政府的及时修缮。据文献不完全统计，自明弘治年间（1488 ~ 1505）马金修城后，至清光绪九年（1883）大规模修城达12次之多。历代合肥修城碑记有《元余阙修城记》《明杨楯吉记》《明潘镗闭水西关记》《明高诲庐州修城记》《明乔宇庐州府修城记》《明张拱垣吴公建坝敌楼碑记》《邑侯李公修城碑记》《郡守王宬重修城垣记》《郡守张祥云回风楼匾额跋》等，这些碑记对认识和研究合肥城市及城垣的历史具有重要的史料价值。

1912年以后，合肥城池基本没有大规模的修缮，部分城墙及附属建筑有不同程度的损毁，甚至残缺。

1949年，合肥城墙基本框架完好，其位置大致和今环城公园路的走向相当。1951年8月16日，代行人民代表大会职权的合肥市协商委员会召开专项会议，会议决定：为适应合肥城市建设发展需要，拆除已经残缺的老城墙，改建环城马路。合肥城墙的消失，不过两年时间。此后又对环城路进行拓宽，到1959年先后两次修建的8745米环城路竣工。古城址改建为东、南、西、北四条环城马路后，四周的护城河尚存，并以此为带状绿地修建了环城公园。

另，1998年，三国新城遗址被列为省级文物保护单位。

杨国庆

庐州府城池：历代城皆土筑。唐贞元中，路应求为刺史加甃。先是城皆据金斗河为濠。宋乾道间，淮西帅郭振展拓之，跨于河，门凡七，水关二。正德初，郡守徐钰闭水关而导水为外濠，郡址西高东下，每春夏水溢西入城中，则东关受害为甚。后郡守张瀚开浚以杀其势，胡震亨复建闸，以防其涸。合肥县附郭。

——清《考工典》第二十卷，引自《古今图书集成》

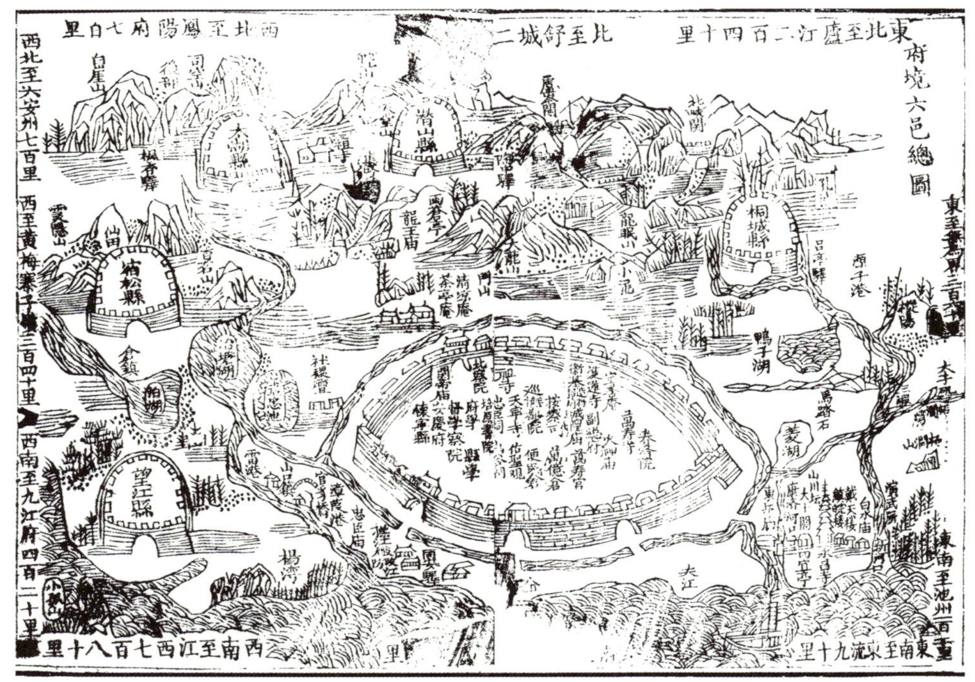

△ 安庆府城图　引自《安庆府志》清康熙六十年刊本，载《中国方志丛书·华中地方·安徽省（634）·安庆府志》

安庆，旧称“怀宁”、“宜城”，位于安徽省西南的长江下游北岸，历来为兵家必争之地。2005年，被列为国家历史文化名城。

相传东晋诗人、风水家郭璞登盛唐山（今安庆城区登云坡）有“此地宜城”语，故安庆别名“宜城”。南宋绍兴十七年（1147），改舒州德庆军为安庆军，“安庆”自此得名。此后，建置、隶属及辖地均有变化。而“安徽”的省名，是取自安庆府和徽州府首字的合称。明清时，安庆不仅为府治（怀宁县治附郭），自清乾隆二十五年（1760）至1938年6月安庆沦陷，还是安徽布政使司和安徽省省会（皖省省治）所在之地。1949年，设立安庆市。1952年，安徽省省会迁至合肥市，安庆市改为省辖市。

安庆筑城始于楚灵王（前540～前529年在位），历代沿袭（据光绪七年《重修安徽通志》卷三十五引《通典》。对于早期城址，学界存在争议）。

南宋嘉定十年（1217），金人攻下光山（今河南省县名），而沿边多警，知府黄干征得朝廷同意后，迁城址于旧址140里的“盛唐湾宜城渡之阴”（即今安庆），营造新城。据《重修安徽通志》卷三十五载：安庆府“其城北负大龙，南瞰长江，东阻湖，西限河，周九里一十三步。门五：东曰枞阳、东南曰康济、南曰盛唐（后改名镇海）、西曰正观、北曰集贤（西北旧有门，曰万观。元末城溃，筑闭）”。全城基本呈圆形，设有水关两座，其一在东门之北，其二在正观门之南。

△ 安庆城东门“枞阳门”引自1933年《安徽民政月刊》 陈璟提供

自元至正十六年（1356），守帅余阙增筑城墙，高至“二丈六尺，浚重濠三，引江水环城”。明洪武二十三年（1390），指挥戈预重修安庆城池，并疏浚护城河深至1丈。明嘉靖二十年（1541），知府吴麟将城内侧土墙砌筑城砖，使之全部成为砖城。明天启三年（1623），知府陈镳、通判欧阳腾霄曾大规模修葺城池。明崇祯八年（1635），知府皮应举因城垣多处毁损，进行修缮；“知县黄配玄（《通志》及《考工典》为‘元’）续砌周城马道，北关一带增高雉堞，建敌台四。深浚旧濠，为功最巨”。

▽ 安庆古城墙东段及大栅子（侵华日军摄） 陈璟提供

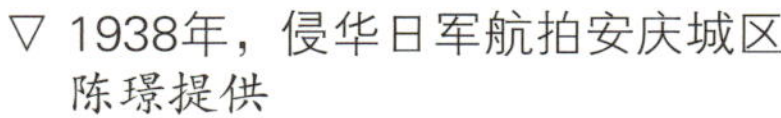

▽ 1938年，侵华日军航拍安庆城区 陈璟提供

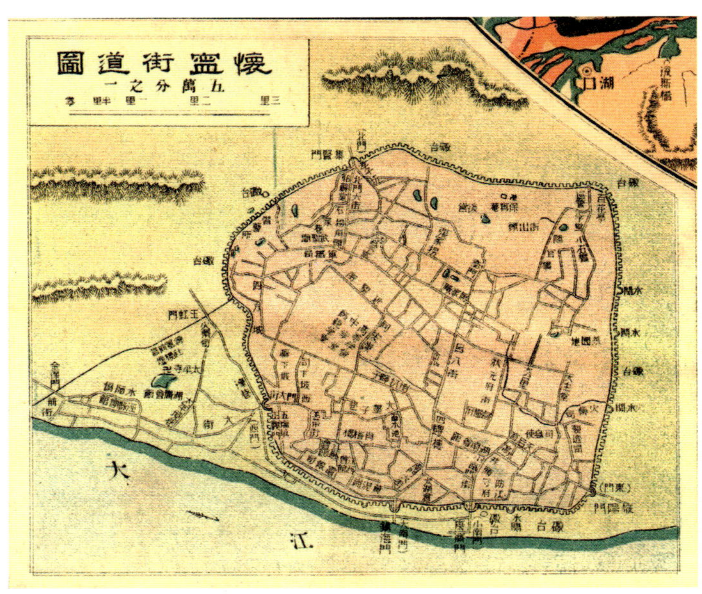

◁1913年《中国新舆图》中的怀宁县街道图（1907）陈璟提供

清顺治二年（1645），清兵破城，五门上的城楼尽毁。随后，由知府桑开弟主持重建城楼5座。顺治十七年（1660），操抚宜永贵主持大规模重修安庆城墙时，将旧城3000余垛合四为一，共计758垛，并在城上设立窝铺16所、敌台4座、炮台16座，以备守御。此后，清朝曾多次修缮安庆府城池。同治元

▽ 安庆新修建的西门城墙　何海平摄

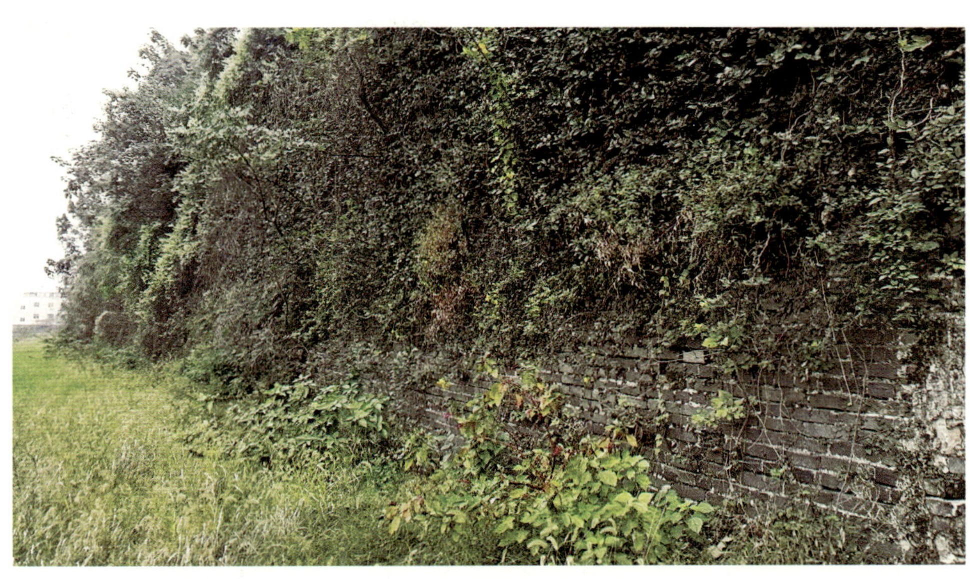

△ 安庆残存的北段古城墙，因当年被安庆监狱的围墙所利用，得以幸存 本文图片除署名外，均由杨国庆摄

年（1862），两江总督曾国藩驻守此城时，于正观门外加筑外郭，“自集贤门迤南直抵江岸，门二：曰金保、玉虹”。此次修城，对安庆城墙旧的规制有了一定的改变。此后，在地方官吏重视下，曾对安庆城池多有修缮。

1912年以后，因市政道路建设，分别在城墙增开缺口或城门。1935年，曾烧制了一批城砖，用于城墙维修。据1949年《安庆城厢图》来看，当时安庆城的外瓮城已消失，老城厢与城外的大小通道（包括城门和缺口）共有21段之多。1958年前后，安庆城墙再次遭到人为拆除。

▽ 位于安庆市西郊山口镇皖口城遗址文物保护标志碑，对其遗址，学界尚有争议

▽ 安庆残存城墙文物保护标志碑

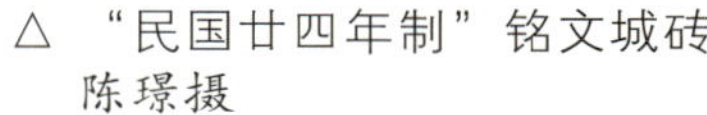

△ “民国廿四年制”铭文城砖 陈璟摄

△ 1935年“安庆城防工事委员会”铭文城砖 陈璟摄

20世纪80年代以后，在安庆地区（包括安庆市）先后发现明初城砖，如安庆市博物馆收藏的“司吏海受作匠段子荣·洪武七年”城砖，以及砖文为“安庆府提调官通判王士廉司吏邓由己”等砖，有人据此认为这是安庆修城的佐证。其实，这是当时为建造南京和中都城墙烧制的“贡砖”（见杨国庆主编《南京城墙砖文》第34~46页）。今人署名“老屋”撰写并发表在网上的《古城池：风雨八百年》，比较详细地描述了安庆城墙的历史和现状。

1995年，安庆城墙的两段城墙（西段与北段），被列为市级文物保护单位。2004年，安庆城墙全长不足300米的遗存得到修缮。

杨国庆

安庆府城池： 宋嘉定十年，黄干知安庆，建城于盛唐湾宜城渡之阴。其北城负大龙，东阻湖，西限河，南瞰大江，周九里一十三步，设门五：东曰枞阳，东南曰康济，南曰镇海，西曰正观，北曰集贤。元至正丙申守帅余阙重修，增高至二丈六尺，浚重濠三，引江水环城。明嘉靖辛丑知府吴麟加甃以甓。崇祯乙亥知县黄配元续砌周城马道，北关一带增高雉堞。顺治初，知府桑开弟重建五楼。十七年操抚宜永贵甃女墙，将旧城三千余垛合四为一。设立窝铺以备守御。怀宁县附郭。

——清《考工典》第二十卷，引自《古今图书集成》

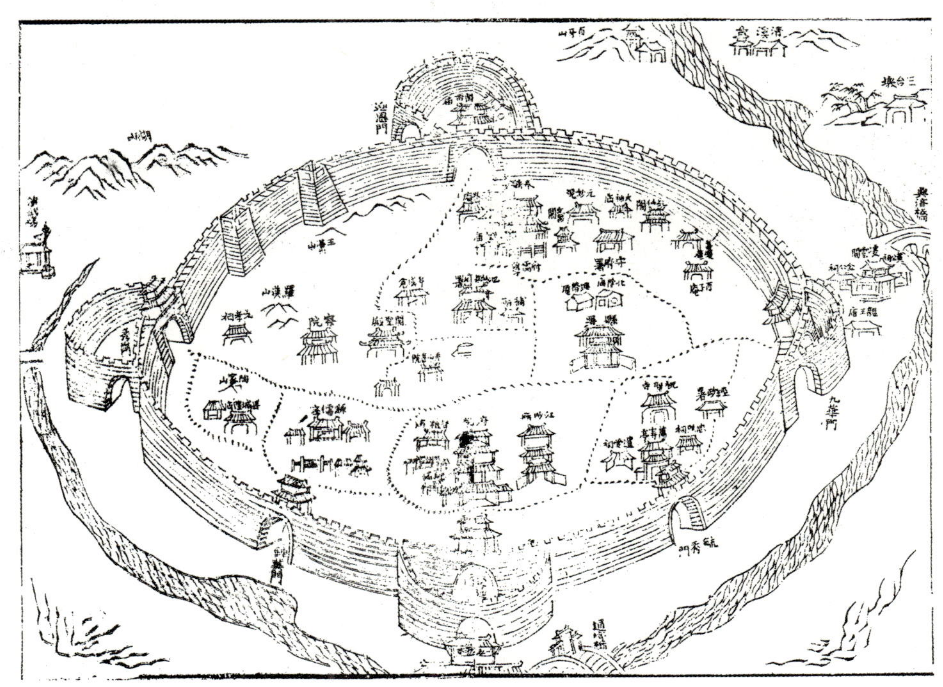

△ 池州府城图　引自《池州府志》清乾隆四十三年刊本，载《中国方志丛书·华中地方·安徽省（636）·池州府志》

池州，位于安徽省西南部，与安庆市隔江相望，是长江南岸重要的滨江港口城市。

夏、商、周时期，池州属于扬州（大约地跨今江西、安徽、江苏、浙江等省）的范围。秦统一中国后，境区大部分属扬州之鄣郡。西汉元封二年（前109），置石城县（即后池州属地）。唐高祖武德四年（621），于秋浦地始设池州，秋浦县属之。贞观元年（627）州废，秋浦县再隶宣州。永泰元年（765），复立池州时，州、县的治所迁移到今池州城。此后，随政权更迭，建置及地名也多有变化，池州古城址未变。2000年，池州撤地建市，成为省辖市，贵池市为贵池区，属池州市。

池州筑城始于唐永泰年间（765～766），由池州刺史李芃主持营造。明嘉靖版《池州府志》言及池州城池起源时称“经始岁月，文献无征”。清光绪

△ 池州秀山城门及秋浦楼 王喜根摄

九年《贵池县志》则依据杜牧（803～约852）撰《李方元墓志》的考证，称池州城池始筑于唐永泰年间无疑。贵池的唐城，由刺史窦潏主持修造，设有城门6座：东曰“清溪”，西曰“秋浦”，南曰“通远”，北曰“望京”，东南曰“九华”，西北曰“镇江”。宋建炎（1127～1130）中，城毁于张遇率民之反。事后，由知府李彦卿用朝廷赐钱八万缗修城，“周围七里零三十步”（引《贵池县志》卷六，下同）。不久，城又毁圮。宋开禧三年（1207），知州李思重新以砖修城，至嘉定十二年（1219），经过多位官员的“相继营葺”，方才竣工，全长1060丈。嘉定十六年，知州史定之在“城外西偏筑新城如偃月状，计七十七丈”。端平二年（1235），知州王伯大又开瓮城门3座，改秋浦门为“秀山门”，并疏浚护城河。元至元十二年（1275），元将攻克池州，“城无完堵”。元至正十六年（1356），因兵乱，池州九华门东南一带城墙几乎“无复存者”。

由于“池州之城，临瞰长江，为金陵上游之地，当吴楚之冲”，“池州为郡，在江南实要会地”，因此至明正德十二年（1517）五月，知府何绍正主持大规模“创筑全城”，西北仍沿旧址，而东南隅扩300余丈，使城周达1428丈，耗工银3.3万两。并增设一门，共为七门：南曰“通远”，南之左曰“毓秀”，右曰“钟英”，东门曰“九华”，西门曰“秀山”，北曰“望京”（嘉靖中，堵塞该门），北之左曰“迎恩”。各门均建城楼，只有通远、九华、秀山、迎恩四门筑有外瓮城，城墙上设有警铺16所。此次筑城，对池州后来发展产生了较大影响，奠定了旧城的基本格局。明万历三年（1575）九月至次年正月，在兵备副使冯叔吉、知府王颐主持修城时，用砖增筑内外城墙高低不等，垛口高3.5尺，外瓮城增高3尺，增设城楼、警铺共27处。明人唐皋撰有《池州府砖城记》。

清康熙十年（1671），知府朴怀玉、知县张应薇主持重建通远门大观楼。此后，池州城墙的日常维修由州属“六邑分修”。乾隆二十九年（1764），知县王寅奉命修筑池州城，修缮城墙1428丈、周长8里，“城高二丈三尺，址宽二丈二尺，城上马道半之，其西北则因山为基焉”（光绪七年《重修安徽通志》卷三十五），共耗银17085两多。嘉庆二十二年（1817），城墙坍塌340丈。知县卢元璨“领币二万一千四百六十两零六钱重修”。咸丰年间（1851～1861），池州城楼及垛口多有毁圮。

20世纪中叶，侵华日军占领池州时，迎恩门外的月城被毁。此后，随着城市建设以及“文革”的破坏，城墙逐步毁圮，甚至被拆除。

20世纪80年代初，池州尚存部分残垣。2002年，在当地政府和文物部门重视下，利用秀山门旧址的基础，复建了西门秀山门城楼。2010年，位于池州北门（迎恩门）外东侧、贵池区池阳路的池州府儒学修缮复建暨古城墙遗址公园建成并对外开放，还立有“碧荷苑古城墙复建记”碑刻，以昭示后人。自此，池州先后共复建了秀山门和毓秀门及部分城墙。

杨国庆

池州府城池：池阳在汉居石城，据今郡治西八十里。吴筑虎林城在今郡治东北，非今之郡治。唐永泰间始置州治于此，延及宋元，城池尽皆湮废。明正德间，郡守何绍正始筑。城高二丈三尺，厚倍之，其西北仍旧址，东南则恢拓之。周一千四百二十八丈，为门者七。贵池县附郭。

——清《考工典》第二十卷，引自《古今图书集成》

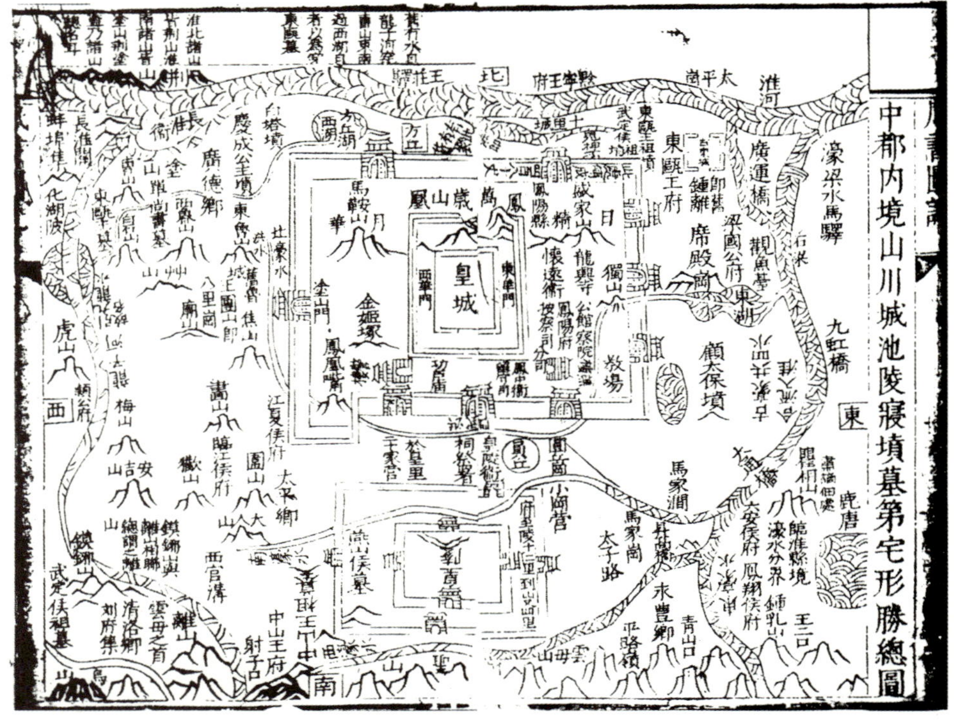

△ 中都形胜总图　引自《凤阳新书》明天启版

明中都城，位于安徽省东北部的凤阳县，处于淮河中下游南岸，是大明王朝开国皇帝朱元璋的故里，也是当代中国农村改革的发源地。

春秋时，在今临淮镇附近建钟离子国。西汉高祖四年（前203），正式设钟离县。随着政权和建置的更迭，其驻地和名称也多有变更，主要有钟离、豪州、濠州、临濠府、中立县、临淮县等。据《明一统志》记载：洪武七年（1374），改名凤阳府（因在凤凰山之阳，始有“凤阳”之名），并沿用至清。1912年，废府存县，直属安徽省。其后建置及名称多有变更，1993年，凤阳县改属安徽省滁州市。

凤阳历代筑有四城，而今人多仅知明初朱元璋时所筑中都城。据光绪十三年刻本《凤阳县志》卷三载：凤阳城有府城、县城、临淮旧城和中都废城。简述如下：

凤阳府城　在乾隆以前利用明中都旧城部分，之后新建，“较旧城减小十之七八”（此据光绪七年《重修安徽通志》卷三十六）。乾隆十九年（1754），总督鄂容安“奏请创建，周围一千一百八十一丈，高二丈，无池”。设城门6座：东曰“镇濠”，南曰“肇庆”，西曰“集凤”，北曰“靖淮”，皆有城楼；东南曰“文治”，西北曰“九华”，皆无楼。先后历时近一年告竣。大规模筑城的工役，由府通判吕辙、凤阳县知县郑时庆承办。

凤阳县城　位于明中都城内。城“周廻六里，内外俱甃砖石，高二丈五尺，上加女墙。四门，无楼。明时，县治在凤皇（凰）山后，城内空无居人……康熙六年（1667），移县治于城内，民居渐密。城极坚壮”。乾隆二十六年（1761），知县贡震对县城进行修缮，加筑四门城楼：东曰“濠梁”，南曰“钟离”，西曰“涂山”，北曰“临淮”。城的东、西、南三面设有护城河，“虽大旱水不竭”。

临淮旧城，始筑于梁天监五年（506）。城“周廻九里三十步，高二丈五尺”，设城门6座：东曰“闻贤”，南曰“曲阳”，西曰“涂山”，北曰“临淮”，西南曰“清流”，东北曰“移风”。“初，濠水自清流门入，北城下入水关泄入淮。”后于城西开挖河道，使濠水直接入淮水，不再入城。此城曾于洪武元年（1368）修筑。由于大水和战乱，城池屡有损毁。自正德七年（1512）重修后，至崇祯（1628～1644）初年，先后有五次较大规模的修城浚濠。入清以后，该城因大水或地震等因屡遭毁塌，“至雍正年间（1723～1735），（城已）残破不可修。乾隆二十年（1755），裁县并入凤阳，而城遂废”。城墙虽废，城址尚存。乾隆二十五年，城址也被大水冲塌20余丈，城遂逐渐毁圮。

△ 1938年，侵华日军占领淮河畔凤阳县城
南京城墙保护管理中心藏

明中都城　位于凤阳县城的西北隅，为明代开国皇帝朱元璋在其发祥地凤阳所营建却于

中途夭折的一座都城。洪武二年（1369）九月，朱元璋决定以临濠为中都，“始命有司建置城池宫阙，如京师之制焉”。其理由是“朕今新建国家，建都于江左，然去中原颇远，控制良难，择淮水以南，以为中都”（《明太祖实录》卷八十）。中都营建工程至洪武八年四月，朱元璋突然决定放弃“功将完成”的中都建设，理由是“以劳费罢之”。据《明太祖实录》（卷七十一）载：洪武五年正月，“定中都城基址，周围四十五里”。另据王剑英在《明中都》一书中的考证，认为嘉庆重修《大清一统志》载明中都“洪武七年土筑，周五十里有奇”，“这个说法比较可靠”。洪武八年开始砌筑砖墙，而四座主要城门“俱洪武二十六年修筑，上俱有楼”，另有五座城门“俱洪武三十年修筑，上俱无楼”（转引王剑英《明中都》，中华书局，1992年，第51页）。由此可以看出，洪武八年罢筑明中都，但修筑部分城垣的工程并未完全停止。

明中都城共有内、中、外三城：外城周长说法不一，有“30.36公里”，和前述文献记载的长度不同。设城门4座，每座城门以内都有一条笔直的干道，纵横交错。城中还建有皇城，周长7.85公里、高2丈，平面呈长方形，四面设门4座：南曰“承天”，北曰“北安”，东曰“东安”，西曰“西安”。皇城内环以护城河，宽约80米。护城河内为宫城，周长3.68公里，平面近方形；城墙高15.15米、底宽6.9米、顶宽6.4米，全为大砖所砌。

从凤阳城砖砖文上看，以当时驻地部队烧造城砖为主，地方民众造砖在整个城砖中所占的比例不算很大（大约涉及68个县），仅在中都午门洞内、鼓

▽ 凤阳中都城遗址　本文照片除署名外，均由杨国庆摄

▽ 凤阳明中都午门拱券

△ 凤阳明中都的鼓楼

楼门洞内发现比较集中的地方砖，城墙残垣上则为数极少。这些地方砖在南京城墙196个各府、州、县级以上单位（不含军队序列、工部行政序列和字号砖、符号砖）的砖文中均有发现，表明凤阳与南京城墙虽同期筑造，但时间较短的史实（杨国庆：《南京明城墙砖文中的基层组织研究》，载《东南文化》2011年第1期）。

清康熙六年（1667），移凤阳县治于旧宫城（即紫禁城）内，改称县城。乾隆二十年（1755），又拆中都外城建造府城。咸丰十年（1860），拆毁府城。

1912年以后，凤阳城池逐渐毁圮。

1954年，开始拆除凤阳府城。1969年，拆明中都皇城取砖，旋被制止。至20世纪70年代初，仅剩残存的午门、西华门台基及1100米长的城墙，但其规模布局和遗物、遗迹仍十分壮观。

1961年7月，明皇城被列为省级文物保护单位。1982年，凤阳城以“明中都皇故城及皇陵石刻”之名列入全国重点文物保护单位。2012年，凤阳城墙被列入“中国明清城墙”世界文化遗产组合项目，进入预备名单。

杨国庆

△ 凤阳明中都午门段城墙之一

△ 凤阳明中都午门段城墙之二

凤阳府城池：明洪武七年建，周围五十里四百四十三步，高丈许，土筑。惟东北砖垒，止四里余。池不注水，止朝阳门外濬隍一段。门十二：曰洪武、朝阳、独山、塗山、父道、子顺、长春、长秋、南左甲第、北左甲第、前右甲第、后右甲第，后裁长秋、父道、子顺三门。旧皇城在万寿山南，明洪武五年建外城一座，砖石修垒，周围九里三十步，高二丈许，无池，门四。里城一座，砖石修垒，周围六里许，高二丈五尺，池五：南城河二，东城河一，西城河一，北城无河，惟小沟一道少注水焉。凤阳县附郭。

——清《考工典》第二十卷，引自《古今图书集成》

△ 凤阳明中都城墙上“安庆府”烧制的城砖

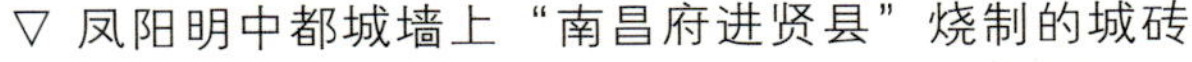

▽ 凤阳明中都城墙上“南昌府进贤县”烧制的城砖

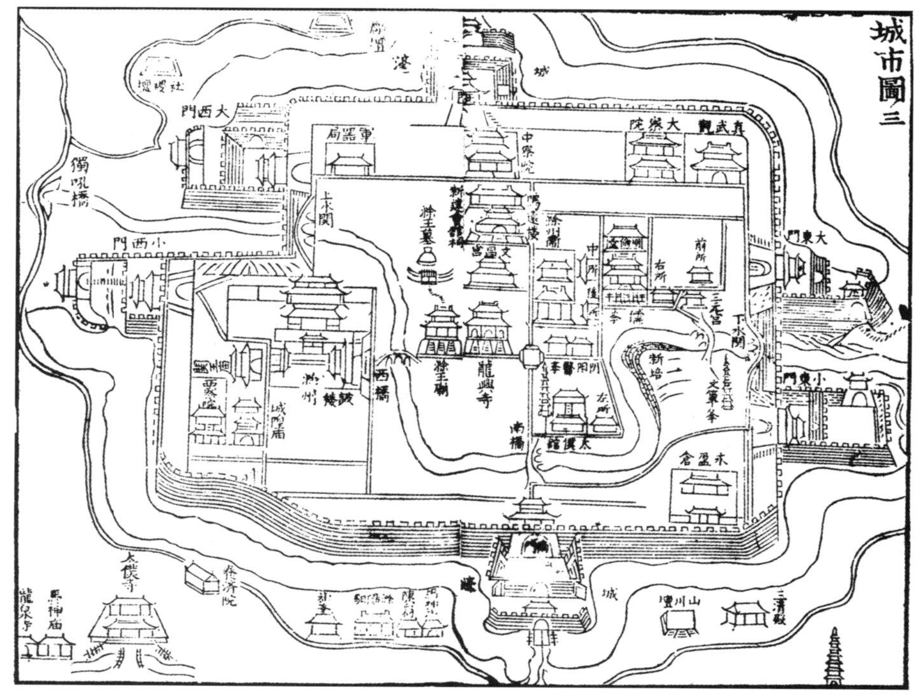

△ 滁州城市图　引自《滁阳志》明万历四十二年刊本，载《中国方志丛书·华中地方·安徽省（687）·滁阳志》

滁州，地处长江下游北岸、安徽省东部，自古有“金陵锁钥、江淮保障”之称。

滁州，古称“清流”、“涂中”，最早属于扬州棠邑（今南京市六合区），三国设镇，南朝建州，隋开皇九年（589）始称“滁州”，因滁河（涂水）贯通境内，又“涂”通“滁”，故名为“滁州”。此后1000多年基本保持建置，管辖清流、全椒、来安三县。1912年后撤销州制，滁州被分为滁县、来安县、全椒县。1982年，滁县改为县级滁州市。1993年，滁州市与滁县地区正式合并，改设地级滁州市。

滁州筑城之始，文献记载语焉不详，仅称唐宋有城。对唐宋城池的描述也不一致。如清康熙十二年《滁州志》称“唐、宋，旧有子城、关城、罗城之别”，而清宣统元年《滁州志》称“唐、宋，旧有子城、罗城、月城”。其实，关城与月城，均为城墙附属建筑，不可与子城、罗城并论。但是，康熙版《滁州志》所称的关城，实为罗城外的拓展新城。因此，光绪七年《重修安徽通志》称：滁州“旧有子城、罗城，相传唐、宋间筑”。此说未论及关城，概念较清晰。唐以前滁州罗城设二门：东临广惠桥（亦名“泓济桥”），设临清门；南抵龚家园（今古马路街南），设丰泰门。城“周三里三百二十步，上阔四步，下阔六步，高一丈七尺，马面二十五座，方圆不等”。

唐武德三年（620），在罗城内设子城，城“周一里一百六十二步，上阔三步，下阔五步，高一丈五尺，周以女墙”（万历四十二年《滁阳志》卷二转引《胡志》称：“唐武德修筑子城及西水关。予曾行视其下，见石上有‘尉迟敬监造’数字”，故“要之不诬”。但是，光绪二十二年《滁州志》卷三则称：“水关砖甃‘敬德’二字，今尚存。好事者附会于尉迟敬，自乙酉年来，竟祀之矣。今除”）。永徽年间（650～655），拓建滁州城池，城周长7里258步，设四门，各筑月城。

宋庆历七年（1047），欧阳修当滁县知县时，经报朝廷后再拓建罗城。由于时值冬天，修城十分艰辛，“用民之力六万九千工，食民之米一千三百石”。竣工后，欧阳修特撰写《修城祭城隍神文》以告城隍。南宋绍兴年间（1131～1162），郡守赵善仁主持修城，并筑二门，各建城楼：东曰“行

▽ 滁州下水关 本文照片均由郑文静摄

△ 滁州古城遗址及护城湖（南湖公园，湖对面即城墙遗址）

春”，西曰“鼓角”。在鼓角门的城楼上，还置有刻漏（中国古代计时器）。嘉定十年（1217），创筑上水关，并勒碑“嘉定十年建康都统司创建”于水关。景炎三年（1278），滁州城墙损毁严重，皇帝下诏书，命帅守郭景祥主持修缮。

明洪武年间（1368~1398），东北城墙依旧，唯向南扩外城，长9里18步、高2.7丈（《考工典》记为“一丈七尺”），并疏浚城周的护城河。先设六门：东曰“化日”，小东曰“环滁”，西曰“永丰”，小西曰“观德”，南曰“江淮保障”（一说“畿辅重镇”），北曰“拱极”。各门均建城楼，贮藏兵器49268件。洪武十六年（1383），重修上水关并立碑，上刻“洪武

△ 明城墙遗址及文物保护标志碑（正面）

△ 滁州城上水关文物保护标志碑

十六年守御千户所圈砌”等字。成化九年（1473）冬，复修上水关。正德十三年（1518），复修下水关，用赎金1300两作为修城的经费。嘉靖四十五年（1566），“知州叶露新增筑大小东西门等城”，认为城池一旦遇警，“则水门防御最为紧要。在两关上下流，虽有外门，而无垣可据。营栅难立，捍御为艰”。遂“筑城凡数十百丈，屹立于上下水关之旁”（万历四十二年《滁阳志》卷二转引《胡志》）。万历十七年（1589），丁士奇主持大规模修城，重建月城（外瓮城）6座，增建窝铺12座、垛口3549座，创建角楼4座。万历四十一年，知州戴瑞卿主持增筑小西门栅栏，砌筑护城短墙垛口，“以绝攀援”。

清顺治十五年（1658），知州宁鸣玉重修六门城楼。康熙七年（1668），滁州地震，城墙垛口损毁严重，知州郑邦（相）主持修缮。两年后，又因久雨致使罗城多段坍塌，护城河堤溃毁，知州余国榗主持修葺。康熙二十二年，知州王赐魁再次主持修城。此后，滁州城池虽有修缮，但其维修力度已非同以往。道光年间（1821～1850），知州李士林重修城墙时，“易砖以石”。咸丰八年（1858），滁州子城尽毁。清宣统元年（1909）时，滁州罗城的垛、铺、角楼等附属建筑均已毁圮。

1954年，因改善城市交通需要，拆去砖墙，南门至东门大部改建为环城马路。其他地段沿护城河尚存部分残垣和上、下水关。2000年后，丰乐大道城墙段发生坍塌。

1993年，宋代的上水关和明代的下水关，均被列为市级文物保护单位。2004年，滁州明城墙及护城河遗址也被列为市级文物保护单位；上水关被列为省级文物保护单位。

杨国庆

△ 滁州城下水关文物保护标志碑

滁州城池：唐武德三年筑。明洪武年增廓，周围九里十八步，高一丈七尺。门六：东曰化日，小东曰环滁，西曰永丰，小西曰观德，南曰江淮保障，北曰拱极。跨沙河为池。

——清《考工典》第二十卷，引自《古今图书集成》

当涂城

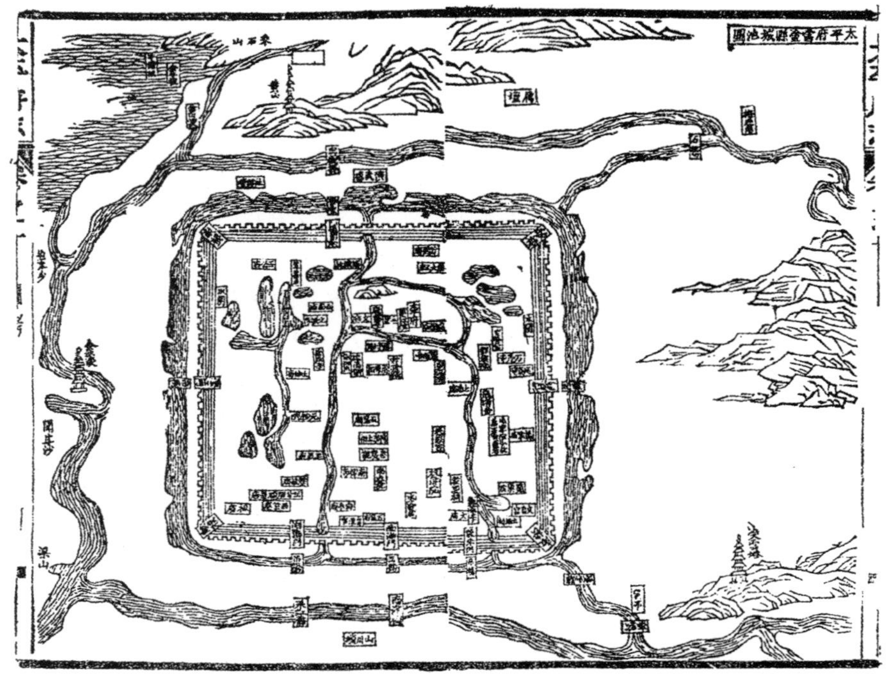

△ 太平府当涂县城池图　引自《太平府志》清康熙十二年版，光绪二十九年重刊本，载《中国方志丛书·华中地方·安徽省（236）·太平府志》

当涂，旧称“太平府”，位于安徽省东部的长江下游东岸，介于南京与芜湖之间，紧邻马鞍山市。

隋开皇九年（589），并襄垣、于湖、繁昌、西乡四县，更置当涂县，徙治姑孰，属蒋州。此后，随政权更迭，其境曾为宋代太平州、元代太平路、明、清两代的太平府治所（辖区大致相当于今安徽省的马鞍山市及芜湖市长江以东辖境，曾领三县：当涂县、芜湖县、繁昌县），而当涂县附郭于太平州（府）城。1912年，太平府被撤废。1954年，设马鞍山镇，隶属当涂县。1956年，设立马鞍山市。1983年，当涂县隶属马鞍山市。

当涂，因旧隶太平府（府治于当涂县姑孰镇），旧志记载中名称虽有别，然城池皆为一城。当涂城池，创筑于东吴黄武元年（222）。“东晋太和七年（光绪七年《重修安徽通志》也有误，实为咸安二年，即372年），

桓温重建，并建子城于城内”（康熙十二年《太平府志》卷七）。隋开皇九年，迁县治于姑孰城。此后至唐朝，城池修葺无考。南唐保大三年（945），刺史林肇扩建当涂城，跨姑溪河为两栅，南至三里店，东接凌家山，城高3丈、周长15里。宋太平兴国九年（984），知州王洞重修太平州城。建炎三年（1129），因有敌贼自姑溪河水栅入城扰民，知州郭伟主持修城时，缩小当涂城1/3，将姑溪河置于城外，以便守御。新城高3.6丈、周长6里，此城的规模影响至明、清两朝。乾道三年（1167），知州吴芾始建五门城楼：东曰“行春”，西曰“澄江”，南曰“南津”，北曰“清源”，右曰“姑孰”。淳熙四年（1177），知州杨倓增修城垣。宝庆三年（1227），綦奎加筑外瓮城（康熙版《太平府志》称：设瓮城1座），增设南、北水关2座。绍定年间（1228～1233），知州杨绍云沿原城周外壕掘护城河，开渠引水，并设吊桥。元延祐七年（1320），地方官吏陈昌募捐疏浚护城河，“启闭有常，为一时利”。

元至正十九年（1359），朱元璋的部将许瑗出任太平府知府，修城浚濠。次年，范常继任知府，因城西南隅濒溪，为陈友谅水师所依附，故移离溪岸20余步筑城。明洪武八年（1375），潘有庆任知府时，增筑堞楼。天顺

▽ 1947年当涂县城墙及城门 南京城墙保护管理中心藏

△ 北门附近残损城砖

△ 东南段护城河

太平府城池：吴黄武间筑。唐保大中复高广之，高三丈，周十五里。宋建炎中，知州郭伟改筑。新城减旧三分之一为今制，周围六里，高三丈，广称是。门六：东曰行春，正南曰南津，南左曰龙津，南右曰姑孰，西曰澄江，北曰清源。崇祯间，巡按御史郑昆贞甃以石，四隅设堞楼，增窝铺五十一所。沿城为濠，东南开渠引水作新壖，东北出水为梅庄闸。当涂县附郭。

——清《考工典》第二十卷，引自《古今图书集成》

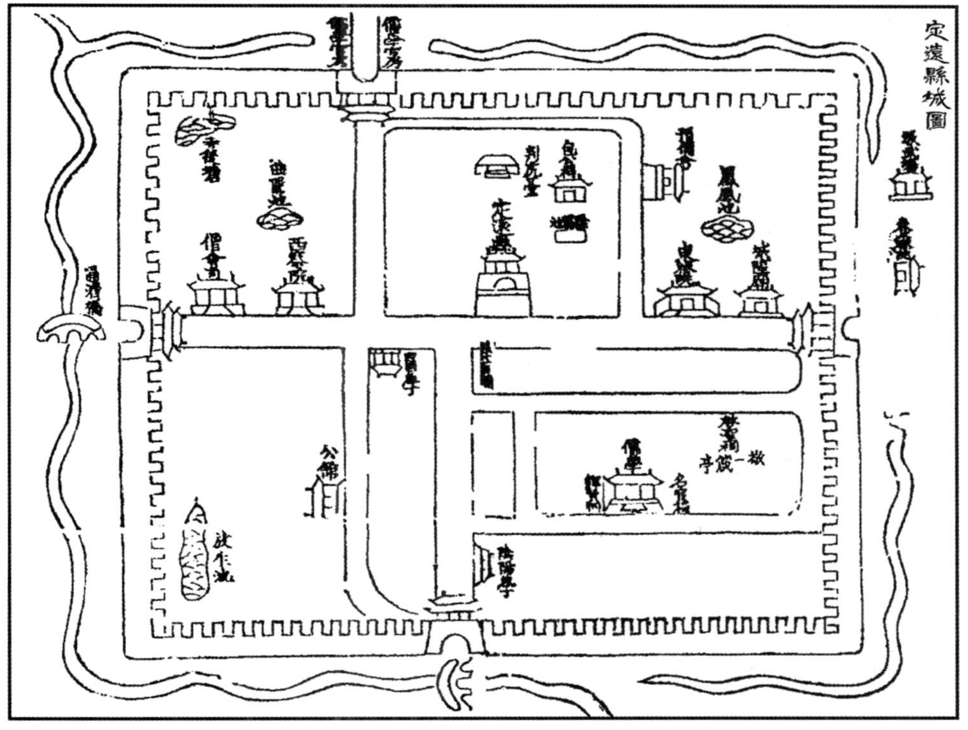

△ 定远县城图　据《定远县志》卷十（明嘉靖刻，万历增修本），张君重绘

定远，别称“曲阳”、“东城”，位于安徽省东部，东接滁州，西邻淮南，南倚合肥，北连蚌埠。自古有“境连八邑，衢通九省”之誉。

秦汉时，境内曾置阴陵、东城二县和曲阳侯国。南朝梁普通五年（524），定远将军曹世宗攻破北魏西曲阳城，始置定远县。唐天宝四载（745），定远县治所由东城迁至定远城。此后，定远县治隶属虽有变化，但县名及县治级别不变。1993年，隶属地级滁州市。

定远城墙始筑于宋嘉定四年（1211），初为土城，后毁于兵火。明景泰元年（1450），依旧址修筑土城。弘治十年（1497），知县曾大有重修土城。正德七年（1512），知县杨麓用砖石修筑城墙，周长5里236步、高2丈余。正德十四年，知县高壁重修城楼，并题城门名：东曰“毓秀”，西曰“览胜”，南曰“南薰”，北曰“兴龙”。嘉靖三十年（1551）八月，因定远县城屡遭洪

△ 1938年3月25日，侵华日军仓林部队经过定远城外 南京城墙保护管理中心藏

水之患，知县胡濂奉诏“相地沿冈为石城”，重修城池，城周500余丈，又在四门旁开筑小门。嘉靖三十六年，大水毁城。次年，知县高鹤重修县城。万历年间（1573～1620），因时有民乱，知县陈善请加高加固城墙，塞闭四门旁的小门，增高城墙1.5丈，城周长“六百六十六丈，更四门（名）曰：文明、武胜、朝阳、延景”（据光绪元年《定远县志》卷一）。崇祯八年（1635），知县卢春蕙主持修城，加高城垛3尺。

入清以后，当地政府因城防和防洪需要，曾多次修缮城池。至光绪元年（1875），定远县城虽“地处偏隅一弹丸……而众志成城，固若金汤，有环卫京师之义”（据光绪版《定远县志》）。顺治十六年（1659），知县徐三善重修县城四座城楼，题名为：东曰“来紫”，西曰“荐爽”，南曰“歌风”，北曰“拱辰”。环城护城河深2丈，北面护城河宽达20余丈，其余三面护城河宽有10丈。乾隆四十四年（1779），修城后改城门名，东曰“东升”，南曰“南薰”，西曰“西成”，北曰“北辰”。此后，定远城池虽遭兵火及洪水的毁坏，但均得到及时修缮。光绪元年（1875），经过重修后的定远石城，周长520余丈、高1.8丈，垛口1000余座。城门设城楼4座、水关（门）3座，先后在城墙上设有空心炮台7座、大炮台2座，城池“较前尤高阔坚固”。

1912年以后，定远城墙几无维修，后又遭侵华日军战火的炮击。1937年12月，侵华日军飞机首次轰炸定远城。1938年1月，日军侵占定远城，城墙遭到局部破坏。

1949年后，随着城市建设，定远城墙逐渐毁圮，仅存部分残垣。

杨国庆

定远县城池：濠，梁志：元至正十三年，仍还旧址，为县者即此。明正德七年，知县杨麓易以砖石，周围五里二百三十六步，高二丈余。池深二丈，东、西、南阔十丈，北阔二十丈。门四。崇祯八年，知县卢春蕙、陈鹏举加城陴三尺，后知县李彬砖砌垛眼，建炮台。

——清《考工典》第二十卷，引自《古今图书集成》

△ 古城墙东段，现为定远中学初中部一角　本文照片除署名外，均由定远县党史修志办公室提供

△ 古城墙北段及护城河

广德城

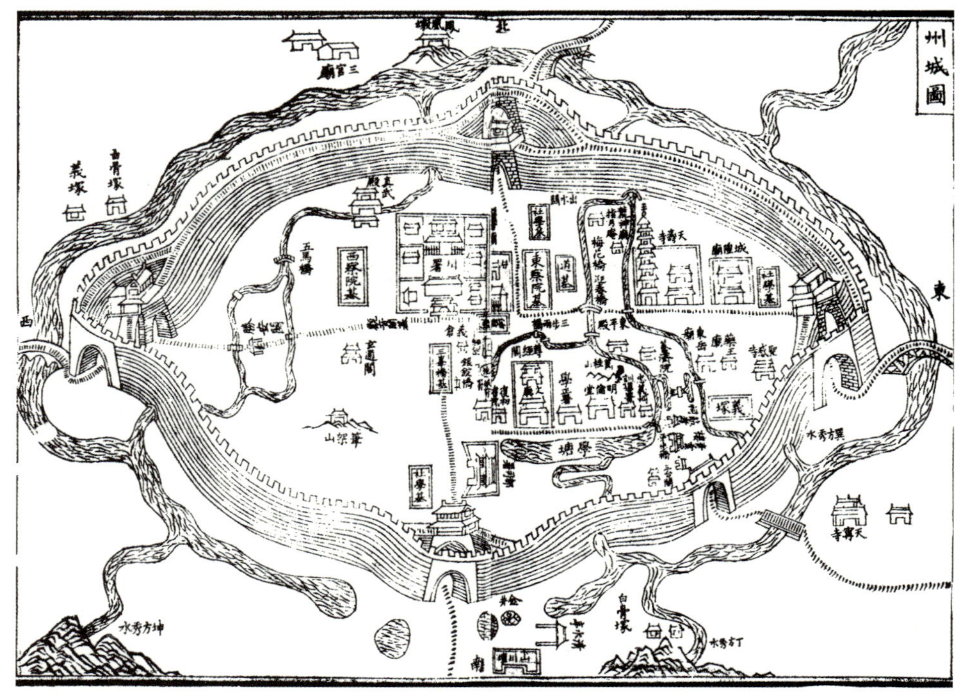

△ 广德州城图　引自《广德府志》清光绪七年刊本，载《中国方志丛书·华中地方·安徽省（705）·广德府志》

广德，位于安徽省东南部，苏、浙、皖三省八县（市）交界处，交通便捷，运输发达，素有“三省通衢”之美誉。

广德，古称“桐汭”，后改用过“桃州”、“绥吉县”、“广阳县”、“广德州”等名。春秋战国时，先后属吴国、越国、楚国。秦属鄣郡。西汉元封二年（前109），改鄣郡为丹阳郡，迁郡治至宛陵（今宣州区）。原郡治周围地区设故鄣县，隶扬州丹阳郡。广德地属故鄣县。东汉建安初，孙吴析故鄣县置广德县，取“皇恩浩荡，帝德广大”之意。此后，随着政权更迭，建置及隶属多有升降和变更。洪武四年（1371）改府为广德州。1912年，改州为县。2000年，隶属宣城市。2011年，为安徽省直管试点县。

广德“旧无城”（据光绪七年《重修安徽通志》卷三十六）。南宋淳熙六年（1179），郡守赵希仁始建六门，城门均建城楼，并“设子城于内”，未

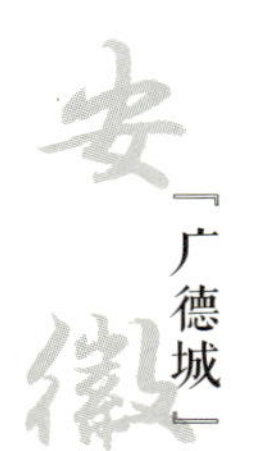

建城池。元末，兵乱，城楼毁圮。元至正十六年（1356），农民义军首领朱元璋令元帅赵继祖、邵荣领军大规模营造城池，“城垣周八里，高一丈五尺，广八尺。濠阔一丈六尺，深八尺”（康熙二十二年《广德州志》卷七）。仍设城门6座：东曰“迎春”，西曰“崇德”，南曰“明威”，北曰“阅武”，东南小门曰“石溪”，东北小门曰“常州”。元至正二十一年（1361），赵继祖调离广德，之后城因年久失修，逐渐毁圮。成化五年（1469），知州陆凤对城墙进行过局部维修。弘治二年（1489），知州辛礼建城楼4座。正德四年（1509，此据康熙版《州治》。而光绪版《州治》称“正德七年”），知州刘节以土覆城，“瓦（疑‘凡’之误）高七尺，厚三尺”。而光绪七年《广德州治》及《重修安徽通志》等均称“缭垣覆以瓦”，是为康熙二十二年《广德州志》所载“缭土垣覆之”之误读。嘉靖三十二年（1553），知州庄士元（此据光绪七年《重修安徽通志》卷三十六，《考工典》称“张士元”）始用砖砌城墙，并设垛口于城上。嘉靖三十五年，广德州兵备道朱舜民建石质城门4座，门上设城楼，沿城四周设有窝铺。万历二年（1574），知州吴同春在城内增筑里墙（疑为里墙先为土，至此始筑砖）。万历二十三年，知州段猷显重修城楼，迎春门更名为“瞻紫”，崇德门更名为“望美”，明威门更名为“兆符”，阅武门更名为“拱极”，每门安排43名兵快（即担任缉捕等事的衙役）

▽ 广德城护城河遗迹 本文照片均由杨国庆摄

△ 广德鼓角楼

及3名弓箭手日夜守御。按照旧规，广德“城墙楼铺科派里役分丈修理，乡民不便，各出钱给守城快手包修。因行要挟，颇为扰民”。至万历四十年，知州李德中革除旧规，“尽用官钱修理，乡民便之”（光绪版《州治》卷七）。

入清以后，广德古城时有损毁，也时有修缮。康熙二年（1663），州守杨苞重新补修3/10，重建7/10。除用朝廷资金外，还捐俸集资修城，历时一年多竣工。登城马道等新修处，以“蒸土坚筑，承以木桩”。重新改建城楼，并将城门更名为：东门曰“熙春”，南门曰“丽正”，西门曰“安贞”，北门曰“拱辰”。又于城东南隅开古石溪门为“秀水”，此“按形家言，门为巽方，引秀水入城也”（光绪版《州治》卷七）。修葺后的广德城周长9里13步、长1028丈。乾隆三十九年（1774），城墙倒塌20多丈，知州恒豫捐献360两养廉银修复。乾隆五十六年，城墙垛口损毁严重，知州胡文铨捐养廉银修复。广德城的护城河至清代屡有淤塞，咸丰五年（1855），知州张劝大规模疏浚护城河，使河宽1.4丈、深1.2丈。而广德城南门外经查实，原无护城河，“相传地脉贯通，风水攸关。自遭粤寇掘通，已经州坤请填土复旧”（光绪版《州治》卷七）。

1937年底，广德县城遭日军飞机轰炸，仅存残垣断壁。1938年，广德县政府调集五个区的民夫，将城楼、城墙全部拆除（民国37年《广德县志稿》又称“因军事拆城，不知将来能修否”等语）。1941年10月，伪政权为加强城防，派民夫于城墙墙基编筑竹篱，以代城墙。1943年12月，广德县政府再次征派民夫沿城墙墙基建筑碉堡，夯筑土城墙基，以防抗日民军攻城。

1949年后，土城墙毁，广德县政府利用原城墙墙基修建成环城公路。2013年2月，笔者实地调查时，在东门和南门一带，发现残存城墙遗址，部分护城河尚存，环境较差。

杨国庆

广德州城池：明太祖令元帅赵继祖、邵荣镇此始建，周围九里三十步，高一丈五尺，广八尺。池深八尺，阔一丈六尺。门六：东曰熙春，南曰丽正，西曰安贞，北曰拱辰，东南曰钟秀，东北曰常州，即今水关。嘉靖间，知州张士元甃砖设垛。

——清《考工典》第二十卷，引自《古今图书集成》

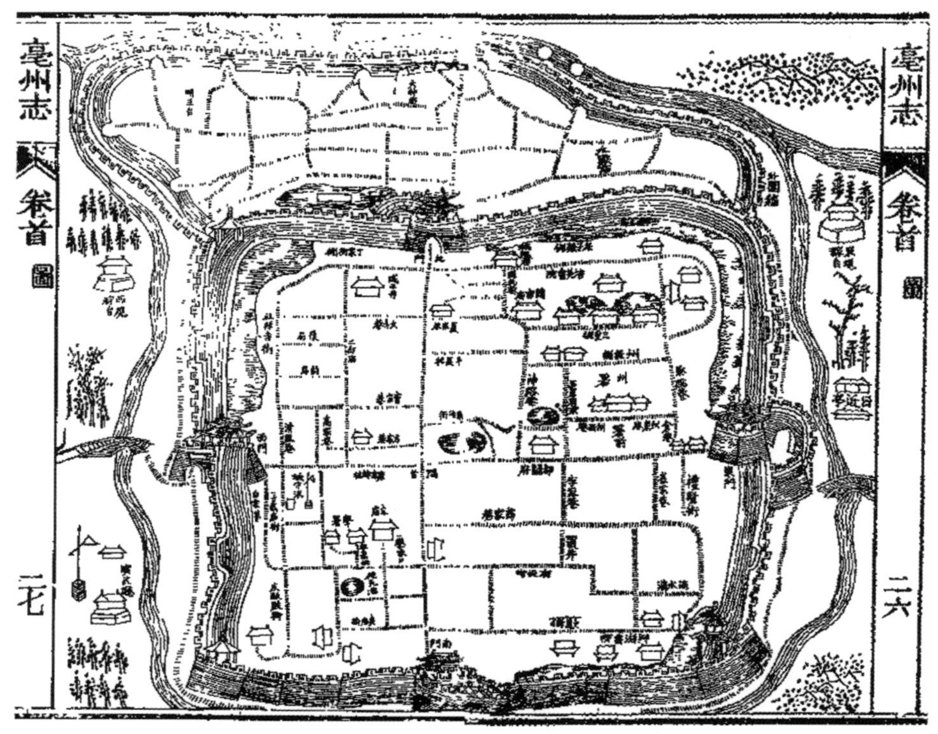

△ 亳州州城图　引自《亳州志》清光绪二十一年版

亳州，位于安徽省西北部，地处华北平原南端，距省城合肥330公里。1986年，被列为国家历史文化名城。

亳州，在夏时期，属豫州，曾是帝喾（高新氏）的国邑。商时，商汤建都亳州（有说商丘的）。西周早期，亳州是神农氏后裔的封地，置焦国。秦时，置谯县。北周大象元年（579），改南兖州为亳州，治所不变，“亳州”之名始于此。此后，随政权更迭，建置及隶属多有变更，大多系州、郡或县建置。1912年，降亳州为亳县，由省直辖。1986年，撤县为亳州市（县级）。2000年，亳州为省辖市（地级）。

亳州筑城始于秦，因设县治而筑土城。亳“州城，旧为古谯县址”（光绪七年《重修安徽通志》卷三十六）。宋大中祥符四年（1011），宋真宗“赐州城门楼名：西曰朝真楼、曰奉元，北曰均禧楼、曰均庆”。后因年久失修，

土城逐渐毁圮。

明洪武（1368～1398）初年，再筑土城。洪武二十二年，调武平卫守御土城。宣德十年（1435），由驻军指挥周广主持大规模修造城墙，并用砖石甃城，修砌城上垛口及女墙，疏浚护城河。使城"周九里十三步，高二丈五尺，广倍之"（此据光绪七年《重修安徽通志》卷三十六）。弘治十一年（1498），知州刘宁、指挥石玺增设城楼于4座城门：东曰"望仙"，西曰"望真"，南曰"武胜"，北曰"吉庆"。

入清以后，亳州城池多有毁损，也多有修缮，城门（楼）名也在修城后多有变更。如雍正十二年（1734），知州卢见曾题城楼名：东曰"起凤"，西曰"来紫"，南曰"太和"，北曰"望华"。乾隆二十六年（1761），知州王鸣改城门名：东曰"长垣"，西曰"观稼"，南曰"资庆"，北曰"云津"。嘉庆十五年（1810），知州李尧文主持修城。三年后，因大水冲堤殃及城墙，李尧文再向朝廷申请修城。道光二年（1822），知州任寿世主持重新大规模修城，因城平面状如卧牛，民间有"卧牛城"之说，又因护城河"距城半里，深一丈"，又被俗呼为"海濠城"。

19世纪中叶，太平天国大规模反清运动期间，亳州地方政府在知州博铭有感于地方及城池的安危，倡议在亳州城东北至西北隅长约1360丈的地段营建"围墙"，高1.7丈。于咸丰七年（1857）开始营建，到同治三年（1864）竣工。此后，在地方官吏的重视下，几乎没有中断对城墙及附属建筑的修缮。

1912年以后，亳州城墙逐渐毁圮，部分城墙遗址及护城河尚存。

1987年，当地政府在北城门遗址上重建城楼，高23米、长62米、宽17米，为四层歇山顶框架结构，成为当时亳州城最高的仿古建筑。

附：

北平城遗址　位于涡阳县城东32公里、曹市集北2公里。北平城是汉朝的山桑城，又称"红栗城"、"红城子"。东汉末年，封文钦为山桑侯于此，所居之地俗称"北平城"。《水经注》载："北淝水东南流经山桑邑南，俗谓北平城。"《寰宇记》载："北平城在临涣县西南四十五里。"此地的位置，与史书记载相符合。

据当地文物部门调查：北平城迄今城址尚存，呈方形，长、宽均500米。城墙高出地表2米以上，最高处3.7米，城厚5米，现在墙脚宽15米。原城墙四角建有戍楼，东、西有二门，门宽7米。城外有护城河，距城墙30米，河宽15米、深3.5米。

△ 北平城遗址现状 本文照片均由金玉萍摄

▷ 北平城遗址文物保护标志碑

2004年，北平城遗址被列为全国重点文物保护单位。

杨国庆

亳州城池： 明初设土城。宣德间，指挥周广益以砖石，周围九里三十步，高一丈五尺，广倍之。池深一丈，阔倍之。形如卧牛，故名卧牛城。辟四门。

——清《考工典》第二十卷，引自《古今图书集成》

和县城

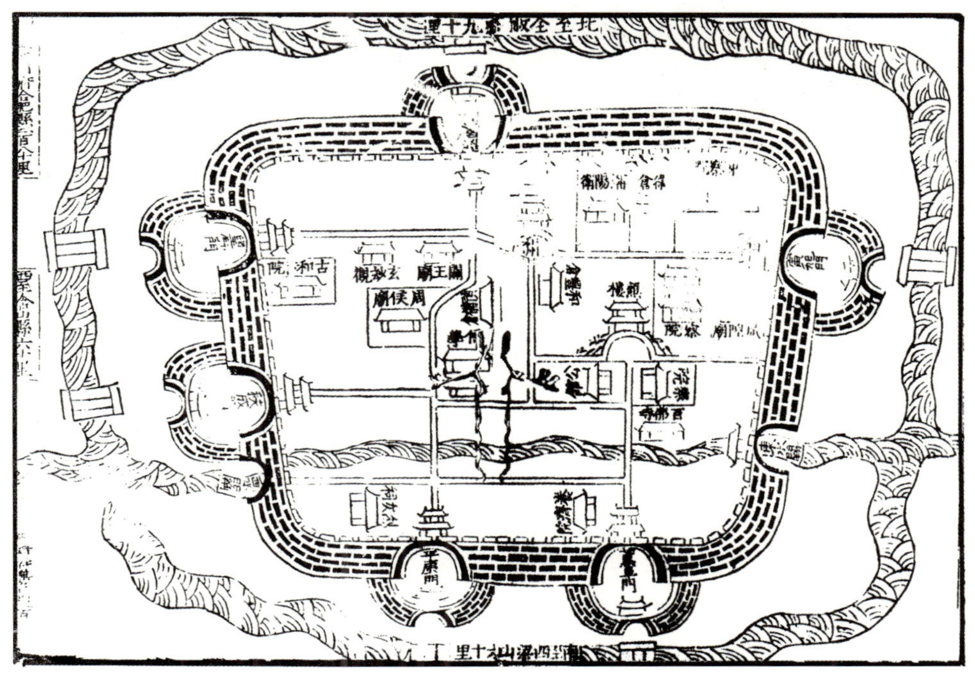

△ 和州州城图　引自《和州志》明万历三年刊本，载《中国方志丛书·华中地方·安徽省（641）·和州志》

和县，旧称“和州”，位于安徽省东部，左挟长江，右控昭关，天门峙其南，滁濠环于北，依十朝古都南京，濒临芜湖，举目可眺马鞍山。

和县古名“历阳”，因“县南有历水”而得名。周朝属扬州之邑，春秋战国属楚。秦王政二十四年（前223），置历阳县，属九江郡。汉属淮南国，晋属扬州淮南郡。北齐始置和州。唐代，和州辖历阳、乌江、含山三县。明代，和州直属南京。清代，和州属江南左布政使司。1912年，改和州为和县。1949年后，其属多有变动。2011年，划归马鞍山市。

据清光绪二十七年《直隶和州志》载：和州城因历阳为范增（前277～前204）封邑，故名“亚父城”，疑为范增始筑。汉高帝又令灌婴（？～前176）修筑和州城，“名曰古罗城”（光绪七年《重修安徽通志》卷三十六）。此后，又有筑城、修城之举，但至宋乾道六年（1170）文献记载不详。旧志载：

△ 和县镇淮门全貌 本文照片均由金玉萍摄

和州城“东南滨江，西南绕溪，西北环山，前夷后峻。自远望之雉堞旋绕高阜上。周围九里，高二丈二尺，女墙三尺余。环城有濠，深且广”（数据与《考工典》有出入）。

南宋乾道六年（1170），统制郭刚主持修城，历时七年始成，筑城门11座。开禧二年（1206），金兵南侵时，和州“守臣能以数千卒，御其数万之众者，非城之力欤”。后宋龙凤九年（元至正二十三年，1363年）春，朱元璋命参军郭景祥赴和州“来治其事”，让知州张纯诚重修和州城“令民若军，计田出夫。城周围十一里，为尺计者一万八千有奇。而田夫之数恰于城相当”，历时九个月竣工。之前，和州旧有子城，前有南城，后有新城，三城虽废但砖城尚存，至此三城合一，并用旧砖包筑，城高2.2丈，女墙又高5尺，

▽ 镇淮楼背面门额

▽ 镇淮楼文物保护标志碑

◁ 镇淮楼城砖几种不同的砖文

城厚依据地形不等。将原先11座城门压缩为6座：东曰“朝阳”，西曰“临湖”，偏西曰“横山”，南曰“横江”，偏南曰“环江”，北曰“涌泉”。又在城东、西各开水关计2座，以泄城内之水（以上参考明代佚名《修和州城记》，与《州志》记载不同，备考）。次年六月，郭景祥任总制，又发动军民在城墙上增建露屋100余所。

明正德七年（1512），总制彭泽命知州孔公才于各城门增筑外瓮城。万历元年（1573），知州康诰主持大规模修筑城池，城外壁甃砖石，桥设关门。朝阳门改名“迎旭”（《考工典》记为“寅旭”），环江门改名“薰阜”，横江门改名“平康”，临湖门改名“秩成”，横山门改名“望舒”，涌泉门改名“拱辰”。因护城河始开挖于宋，年久淤塞成农田，多为军民所利用，已难以恢复。故“改由县河而南环流城下，由南而汇归大江，约共延二百余丈，广二十六丈，务通舟楫。屏障金陵，咽喉采石，西控庐寿，北联滁濠，亦足称金汤之固矣”（《直隶和州志》卷四）。自此，和州城池基本格局无大的变动，并沿袭至清末。但城池的毁损和修缮，却经年不断。如：明崇祯八年（1635），城因战乱和州城楼及部分地段遭毁损。次年，知州万民载重建城楼。

清顺治二年（1645），在知州卢汝鷴主持下大规模修城。不仅疏浚护城河，还修筑堤坝，建造浮桥，增设敌台，改建更楼。康熙九年（1670），知州夏玮倡修城垛和六座城楼。自乾隆二十八年（1763）至咸丰年间（1851～1861），和州城池虽开始不断有修缮之举，但最终六座城门楼、城墙上垛口和部分城墙遭兵火之毁。同治六年（1867），知州游智开会同乡人夏允祥倡议捐资修城。不久，工程未竣游智开调任，仅修南、北城门及罗城。光绪

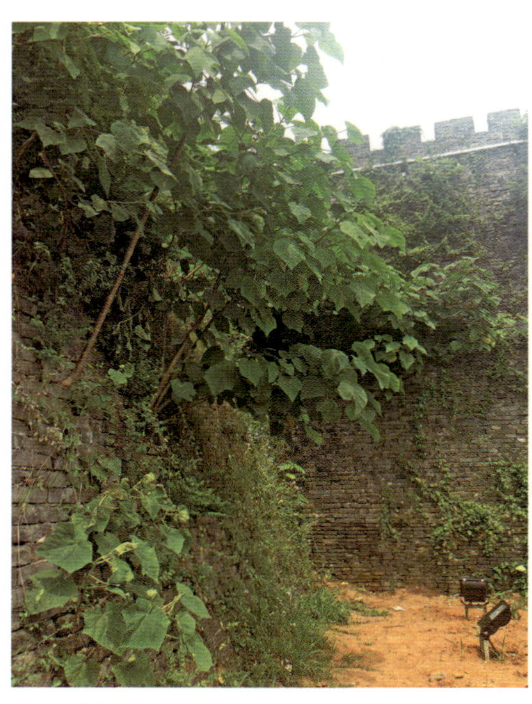

△ 镇淮楼墙体上的植被

十六年（1890），在知州罗锡畴再次集捐后，将剩余四座未及修缮的城门加以修葺。

1912年以后，和州城池逐渐毁圮，仅余部分残址、护城河及水关遗存。

1989年，和州明清建筑镇淮楼（又名“鼓楼”，据《直隶和州志》等记载，明太祖朱元璋驻守和州时，曾与诸将饮酒赋诗其上，其诗曰：“中原杀气未曾收，江北淮南草木秋，我上镇淮楼一望，满天明月大江流”），因其具有重要的文物价值，被列为省级文物保护单位。

杨国庆

和州城池： 旧为亚父城，疑范增所筑。汉高帝又令灌婴筑之，周围十一里，高二丈二尺。又女墙二尺。门六：东曰寅旭，西曰秩成，偏西曰望舒，南曰平康，偏南曰薰阜，北曰拱辰。池延六百余丈，广一十六丈。明知州孔公才增月城。万历初，知州康诰各筑重城。内外皆砖，上为女墙。

——清《考工典》第二十卷，引自《古今图书集成》

▽ 昔日护城河上新建的南门大桥

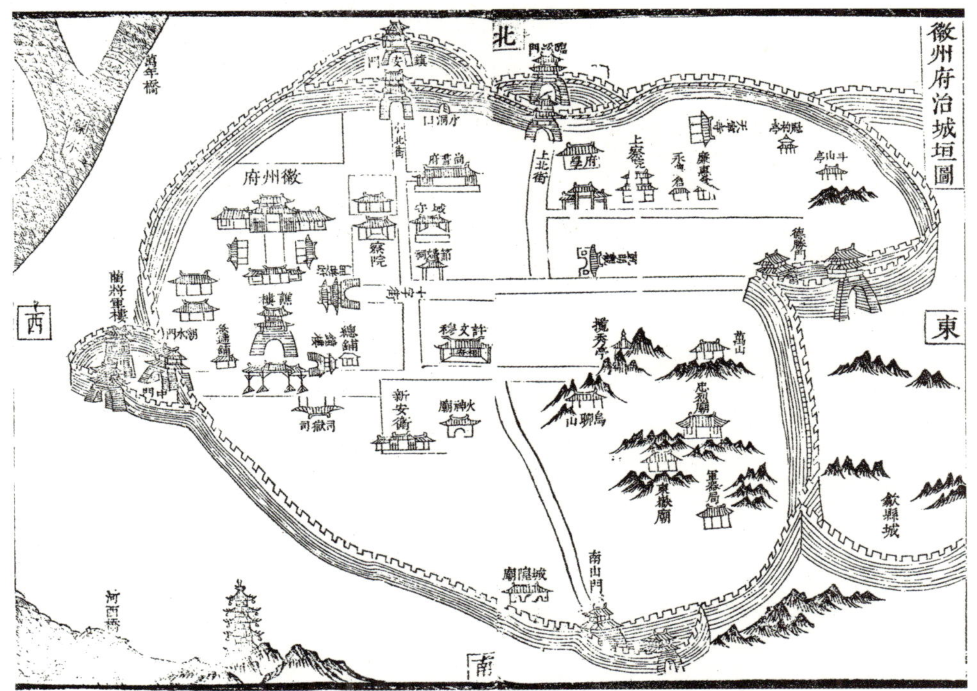

△ 徽州府治城垣图　引自《徽州府志》清康熙三十八年刊本，载《中国方志丛书·华中地方·安徽省（237）·徽州府志》

徽州（今黄山市），简称“徽”，古称“歙州”、“新安”，还曾与歙县同城而治，位于安徽省最南端，东南分别与浙江省、江西省交界，北倚著名风景区黄山。1986年，被列为国家历史文化名城。

秦始皇（前221）一统六国，将全国分为36个郡。徽地设黟、歙二县，属会稽郡（即今浙江绍兴）。隋开皇九年（589），改郡为州，以州统县，将歙、黟二县并入海宁为歙州。此后，建置多有升降，隶属多有变化。宋徽宗宣和三年（1121），改歙州为徽州，府治设今歙县。从此历宋、元、明、清四代，统一辖六县（歙县、黟县、休宁、婺源、绩溪、祁门），是徽商的发祥地。安徽便是取安庆府之“安”、徽州府之“徽”作为省名。1987年，改徽州地区为地级黄山市。

徽州筑城始于隋义宁元年（617），唐越国公汪华据郡称吴王，自休宁

△ 城门与民宅相依 Rico Niewisch摄

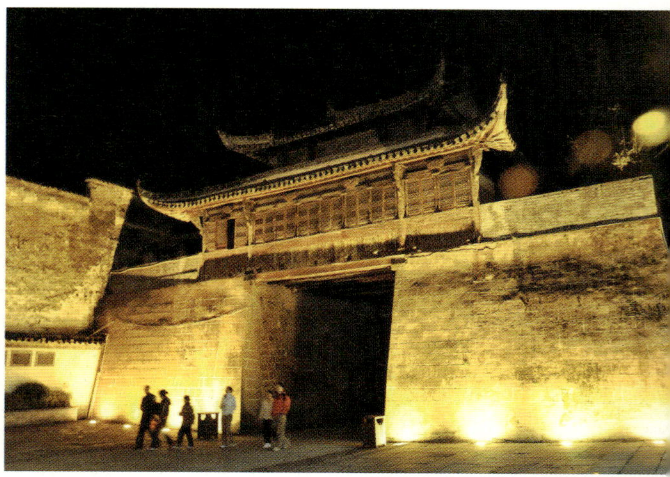

△ 歙县古城门 王喜根摄

万安山徙治于此时所筑土城，城东半抱山，西半据平麓（康熙三十八年《徽州府志》卷一）。初时，筑有子城周长1里42步、高1.8丈、广1.35丈；外罗城周长4里2步，高1.2丈。唐大中九年（855），修葺子城。唐中和三年（883），再修罗城；中和五年，增广城垣之南北，总长为9里7步。咸通六年（865），为了防洪而筑堤于城之西北。光化年间（898～901），利用其堤筑造城垣，曰“新城”（此后，新城废）。宋宣和五年（1123），按唐中和五年之制，修筑徽州城池、城楼和谯楼基本完工，“而子城遂废”（光绪七年《重修安徽通志》卷三十五）。

徽州城历宋至元，代有修补。明初，总兵邓愈加筑，城周9里70步、高3.2丈、广1.5丈。东、西、北三面开筑护城河，河宽2.4丈、深1.2丈。南及东南以山为险，未设护城河。开城门5座：东曰“得胜”（光绪七年《重修安徽通志》卷三十五称“德胜”），西曰“潮水”，南曰“南山”，北曰“镇安”，东北曰“临溪”。自北门而东至南门为敌楼7座，“门外（内）各设司兵马房、窝铺三十有三”（道光七年《徽州府志》卷四）。徽州筑城所用石

◁ 徽州古城仁和楼　王喜根摄

△ 不同时期修缮的墙体　Rico Niewisch摄

△ 护城河沿岸　杨国庆摄

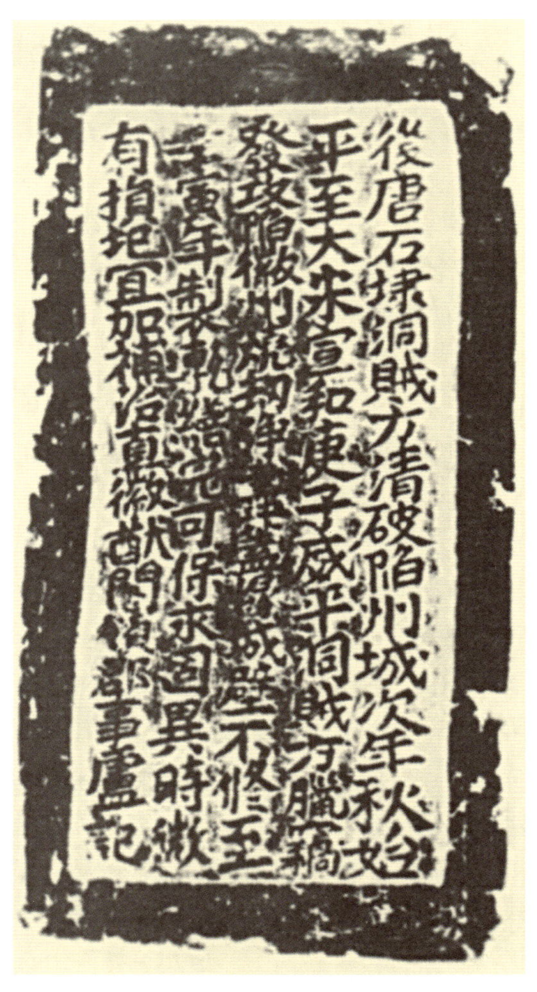

◁ “方腊攻克徽州”款城砖 引自李泽奉、毛佩琦编撰《岁月河山——图说中国历史》（上海古籍出版社，1989年）

料，取自花山采石洞（窟），由水路运送。

清代，当地政府的官员时有修城之举。

徽州城所在地的歙县城墙，原来在府城东面外附郭无城。明嘉靖三十三年（1554），知县史桂芳议筑于府城西南，城“周七里有奇，高三丈，广二丈，西南以郡城为屏蔽，余三面皆山，不池而险”。设有4座门：南曰“紫阳”，东曰“问政”，东北曰“新安”，西北曰“玉屏”，每城门一侧各设有连弩之台，设守陴之舍24座、瞭望楼2座。今存问政、新安二门，以及问政、玉屏二山之间城墙残址。

徽州城墙自1912年之后逐渐毁圮，甚至拆除大部分城墙。

20世纪80年代以后，徽州城墙仍存残垣约1500米，以及西门月城，东、南两座谯楼。2007年，修徽州残城。2008年4月，修建的部分城墙坍塌。事后专家组认为是雨水连日浸泡，使地基承载力锐减所致。

1981年后，徽州城宋代至清代的东谯楼，明代至清代的南谯楼，先后被列为省级文物保护单位。

杨国庆

徽州府城池：在乌聊山麓。隋义宁中，汪华筑。明总兵邓愈加筑，周围九里七十步，高三丈二尺，广一丈五尺。东、西、北三面有濠，阔一丈四尺，深一丈二尺，南及东南以山险无濠。门五：东曰德胜，西曰潮水，南曰南山，北曰镇安，东北曰临溪。自北而东至南门为敌楼七，门内各设司兵马房、窝铺三十三。嘉靖间，知府何东序增修，加高三尺，西门外增筑敌台。

歙县治在府城外，旧无城。嘉靖三十三年，知县史继（桂）芳议筑，周围七里有奇，高三丈，广二丈，西南以府城为屏庇，余三面皆山，不池而险。门傍各有弩台守陴舍二十四，瞭望楼二所：一在问政公署，一在新安门内。歙县附郭。

——清《考工典》第二十卷，引自《古今图书集成》

▽ 2013年，歙县城墙环境整治地段 Rico Niewisch摄

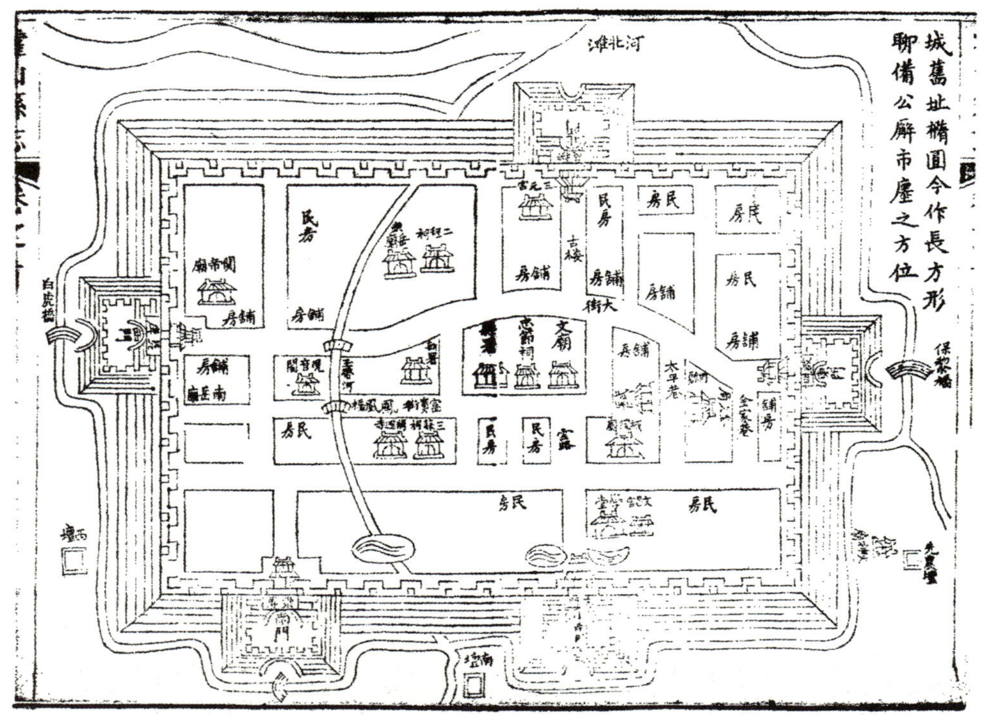

△ 霍山县城图　引自《霍山县志》清光绪三十一年版

霍山，位于安徽西部偏南、大别山腹地北麓、淮河一级支流淠河上游，距省城合肥市120公里。由于霍山县城周边多山，有“七山一水一分田”之说。

春秋时，霍山其境是仲甄仕夏的封地，后属楚国。隋开皇（581～600）初年，在今下符桥设置淠水县。不久废州改县，始称霍山县，迁于今治。此后，随政权更迭，建置及名称多有变更。宋开宝（968～976）初年，废霍山、盛唐二县，其疆域划归六安县。明弘治（1488～1505）初年，复设霍山县，隶庐州府六安州。清雍正初属六安直隶州。1912年后，废府设道，霍山县改隶安庆道。1949年后，霍山县改属六安专区。2000年，霍山隶属地级六安市。

霍山最早筑城不详，据光绪三十一年《霍山县志》卷二载：“今县治本六安故埠镇。宋末，曹平章垒土为城。”至元代时，霍山土城已成废墟。

明弘治七年（1494），霍山因地处山区，常遭盗贼侵扰，民众上告官府后，官兵前往捉拿时又四散逃逸。为此，地方官吏、乡绅及民众申请利用原先土城废墟，立县建城，以避盗患。霍山被朝廷获准立县后，知县崔中、吴霖先后相继修筑城池，“周一千一百丈，高一丈二尺。池深一丈，阔二丈”（引自光绪七年《重修安徽通志》卷三十六）。设城门4座：东曰“启明”，西曰“长庚”，南曰“崇寿”，北曰“拱辰”。在启明门和长庚门上建有城楼，二门外各建水关。嘉靖三十五年（1556），知县陈中复开始用城砖甃其外，增高城墙6尺（注：《通志》称“一丈八尺”，实为增高后的高度）。又将城北垒石护堤。隆庆（1567～1572）初，知县杨枬在城北有堤无城80余丈的地方，增固石岸。万历二十四年（1596），知县吴达补砌霍山北城，“城始相接如环”（据光绪三十一年《霍山县志》卷二）。此后，霍山县城虽时有毁损，尤其遭受洪水的冲击，曾数次冲裂城墙，但在地方官吏主持下，对城池也多有修缮。

清康熙年间（1662～1722），知县徐天德主持修城，增开小南门，曰“文明门”。此后，霍山城墙屡遭水患，尤其道光二年（1822），发生特大洪水灾害，全城被淹城楼及垛口多有毁圮，县城逐渐萧条。尽管历任知县屡加修缮，但至咸丰十年（1860）时，城垣更加破败不堪。知县张瑜

▽ 1938年8月，侵华日军添田部队进入霍山城北门 南京城墙保护管理中心藏

受命建土城于县城西30里的六万寨，“移军民居守。旧城之仅存者，令同驻防将弁率丁勇折（拆）毁，毋为贼踞”。平定太平天国农民军后，迁回县治，至光绪三十一年（1905），霍山县城池未能完全修复。

1912年后，曾对霍山城局部进行过修缮，但已非旧貌。1938年8月，侵华日军攻占霍山城。此后，霍山城南门、西门、北门毁圮，北门、小南门及残垣尚存，残城上多置有炮眼。

1958年后，拆除东门及部分残垣。

附：

六万寨 地处霍山县城西40公里处，海拔644米，寨顶山脊长1.5公里，面积2平方公里。

据《霍山县志》等典籍载：南宋德祐元年（1275），遗臣曹平章拆古城修六万寨堡，屯兵6万，抗元10余年，故得名“六万寨”。咸丰十年（1860），霍山县治曾移至六万寨，修筑石头城墙，名为“御守营”。咸丰十一年，陈玉成部10万余人经霍山县围攻安庆，从落儿岭攻上六万寨，大败清军。捻军领袖张乐行也曾率军占领六万寨，取得“黑石渡大捷”。1938年，当地军民曾在此附近抗击侵华日军，取得“鹿吐石铺大捷”。现为皖南著名景区之一。

四望寨（堡） 位于霍山县大化坪镇青枫岭与磨子潭镇交界处四望山的顶端，海拔1396米，为大别山高峰之一。据清光绪版《霍山县志》载：“四望山高千八百丈，登顶则邻封舒、六、英、潜具在望中。”寨堡内古树浓荫，两山夹峙，山势险峻，仅有一条陡峭的小路可以进入。而入口处就是一座二层的炮楼，寨墙依据山岩地势砌成，与险峻的山势巧妙地形成了封闭的防御工事。

清咸丰十一年（1861），霍山知县修筑四望堡。在四望堡南门山墙内嵌砌的《霍山县正堂张瑜夯修堡事》《四望堡各户目》两碑文中，分别载有其事。据清光绪三十一年《霍山县志》记载：“……发捻侵扰，居人石蕴生等环山垒石，又与南北两门外各建碉台一，居人赖以安”，也载有其事。四望寨由建筑在山脊上的环形寨墙围成，每隔一段筑有石质碉堡，墙体为块石垒砌，相对高度约为5米、宽1.5米、总长约2000多米。南门的门额上镌

刻“秀冠衡南”四字；北门的门额上镌刻“清流淠北”四字。在安徽省现存的107座古寨堡中，四望堡具有一定的典型意义。

1985年，在第二次全国文物普查时发现四望寨。1998年，四望寨被列为省级文物保护单位。

杨国庆

霍山县城池：古县，后废。明弘治甲寅复为县，知县崔中、吴霖相继修筑，周围一千一百丈。历正（德）、嘉（靖）、隆（庆）、万（历）间，递以砖甃，城高二丈，池深一丈，阔二丈，门五。

——清《考工典》第二十卷，引自《古今图书集成》

泾县城

△ 泾县城治全图　引自《泾县志》清嘉庆十一年刊，清光绪十二年重刊本，民国三年重印本，载《中国方志丛书·华中地方·安徽省（231）·泾县志》

泾县，位于安徽省南部山区北部，自古素有“汉家旧县，江左名邦”、“山川清淑，秀甲江南”之誉，是中国文房四宝宣纸的源产地之一。

泾县，西汉置县。据《后汉书·明帝纪》载：“有泾水，出芜湖，因水立名。”此后，随政权更迭，建置隶属多有变化，然县置及县名基本未变。自2000年后，泾县属地级宣城市所辖。

泾县自汉代置县后，有三次迁建、多次异地筑城史。据清嘉庆版《泾县志》（嘉庆十一年刻本）载：泾“县古有城，在溪之西，周一千二十八步，即桓彝拒韩晃之所，唐初犹存”。宋嘉定三年（1210），县令王栐移治于泾溪东岸，名曰“留村”。元至元十三年（1276），元军占领泾县后，任命施正大为县尹。施正大上任后，因泾县县城位于地势低洼的留村，常遭水患，便将县城迁至今县城原址，并未营造城墙。明正德十一年（1516），知县郑气

始建城门3座：东曰“延河”，西曰“通津”，北曰“宾阳”。嘉靖四十一年（1562），督抚中丞姚江巡察城防至宁国府泾县，发现泾县县城未筑城墙，提出应尽早修筑城池。不久，城池尚未及建造，50余倭寇自徽州（即歙县）奔袭泾县，因无城可守，百姓奔逃山谷间。事后，泾县官、民意识到建造完备的城池刻不容缓，由于当时财力不足，并未动工。嘉靖四十二年秋，宁国府知府、郡侯罗汝芳“锐身为图，力排哗议，请于两台协谋，允臧授之”。泾县县令陈廷芝（此据光绪七年《重修安徽通志》卷三十五，《考工典》称“陈庭芳”）遂“偕行坊里，卜吉兴事”，于嘉靖四十三年二月动工，同年七月筑城竣工。城“东、南、北为陆城，高可一丈七尺；西河为水城，南高二丈五尺，北高三丈五尺，内外俱以方石，周九百三十二丈有奇”，陆城有护城河环绕，水城有青弋江为天然屏障。建有楼城门4座，宁国府知府罗汝芳题额：东门曰“迎晖”，南门曰“保泰”，西门曰“文明”，北门曰“拱辰”。另建无城楼小门2座，位于“东北集福埠为小门各一”。由此奠定了泾县县城的基本形态。第二年春，新建的城墙遭遇洪水，部分地段被冲毁。泾县新任知县刘崇礼“重加修治”，城墙基础用巨石加固8尺，前后费时4个月，费资4万余两白银，使城墙雉堞如星罗，石嶂林立，宛如“金城”。工毕，由邑人王廷干记其事。

此后，明、清两朝对泾县城墙虽有毁损，也时有修缮。如：明万历二十四年

▽ 泾县城墙墙脚（局部） 本文照片均由金玉萍摄

△ 泾县城墙与护城河

△ 泾县城墙护城河

△ 泾县古城西水门段

△ 从护城河对岸回望泾县古城墙（城顶是青弋江大道）

（1596），西门改名为“水西门”。崇祯七年（1634），因城池毁损严重，知县尹民兴大规模修城，历时7个月。次年，建月城于西门外，并在东门与北门的新开河处“各造石埠二城”，“防水啮也；上横钩桥，利抽取也”，城上造炮台40座。

清顺治十六年（1659），知县刘鸿磐筑西门护城墙。康熙二十一年（1682），知县蒋云翼令人将护城墙拆除，“河水东徙，自此坏”城（之后八次被水冲毁部分城墙）。乾隆二十九年（1764）正月至九月，知县李元标大规模修城。重修后的城墙“周围长一千三十五丈五尺，垛口二千二十七个；水城高一丈九尺，共修一百七十四丈六尺；旱城高一丈一尺，共修六十五丈一尺；新建石坡长三十四丈，高一丈七尺，共修护堤一百五十九丈五尺，共修膨裂五十五丈二尺；共建城楼四座，共建营房六间，实用过工料等银三万五千四十一两九厘五毫三丝”。其中，动用国币24966.8两，民间捐助10074两（据《民兴泾政纪略》，载清嘉庆十一年《泾县志》卷二）。同治七年（1868），泾县虽历年多有修缮，但因大水冲城，也有10余处城墙坍塌地段待修。

1940年夏秋之际，因泾县屡遭侵华日军空袭，为防空便于疏散城内人口需要，大规模拆除了泾县城墙，仅余西、南、北三座城楼及基座和一公里有余的城墙残段。

△ 泾县古城墙文物保护标志碑

1952年和1956年，因城市建设需要，拆除泾县剩余城墙和三门。其中沿青弋江城墙基脚及护堤，因防洪需要，得以留存至今。

2012年，泾县残存城墙被列为县级文物保护单位。

杨国庆

泾县城池： 明嘉靖癸亥知府罗汝芳、知县陈庭芳建，周围九百三十丈，高二丈七尺，广三丈，内外并甃以石。万历中，知县陈大受又自西门至北木关重筑石堤十余丈。

——清《考工典》第二十卷，引自《古今图书集成》

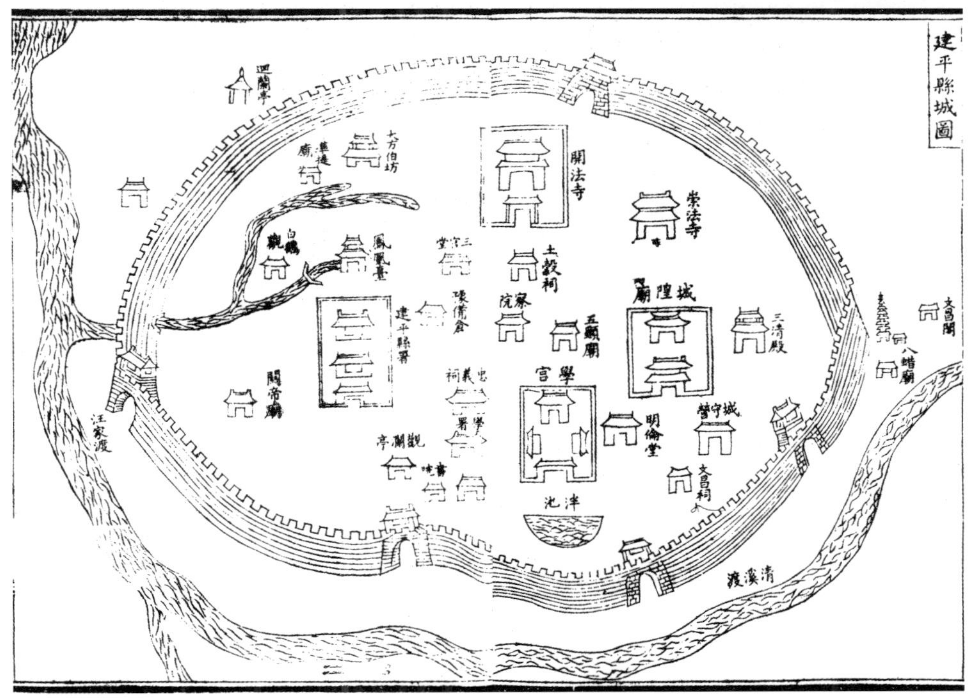

△ 建平县城图　引自《广德州志》清光绪七年刊本，载《中国方志丛书·华中地方·安徽省(705)·广德州志》

郎溪，旧称“建平”，位于安徽省东南边陲，地处皖、苏两省交界处。

北宋端拱元年（988），始置建平县。1914年，因与热河省建平县（今属辽宁省朝阳市）同名，取县境主要河流名改为郎溪县。据《桐川志》：“建平县前有郎溪，以居民郎姓得名。其地为郎埠镇。”“郎埠”，又作“郎步”。此后，随政权更迭隶属多有变化，1914年，改为郎溪县后，县治未变（仍治郎步镇，今城关镇）。1959年，撤销广德、郎溪县，并组建郎广县（驻桃州镇）。1961年，撤销郎广县，复名郎溪县，县名沿袭至今。

郎溪始筑城墙，文献记载不详，仅称“建平地势卑下，南滨于溪，受桐玉万山之水，地多泥淤沙积，故高墉之设维艰”。意思是说，由于郎溪地处低洼，成陆之基松软，筑城不易。光绪七年《重修安徽通志》也载：建平县“旧无城”，但称其始筑城墙年代为崇祯八年（1635），显然不正确。另据康熙

△ 郎溪残存城墙顶部 本文照片均由金玉萍摄

△ 残存的郎溪古城墙成为重要街景

三十九年《建平县志》载：建平“城周围计长柒百捌拾丈，趾广贰丈伍尺，上广壹丈。城楼东西南北凡四，南门右一水关，无楼”。未言始筑年代，后人根据明嘉靖四十五年（1566）城墙上的维修城墙碑刻记载，始知建平县城墙至迟筑造于嘉靖四十三年。该碑位于东门至南门靠东段的内墙脚，碑长2.6尺、宽1.6尺，石质。碑上阴刻楷书记载了城墙监造官吏、督工良民、浙江石匠的姓名，立碑时间为明嘉靖四十五年八月。所言城墙数据与碑刻记载略有差异：城周长784丈、高1丈、基宽2.2丈、顶宽1丈。因其功能“防洪重于防御”，故表石基础牢固扎实，墙体用料也极为讲究。

建平县城墙建成后，屡有毁损，亦屡有修缮。明崇祯八年（1635）的城墙维修规模最大，时建平县的城墙因年久失修，多处毁损严重，县令侯佐“奉宪檄议筑，照田派费，按丁出力”，并根据城南“因无坚土，筑城唯

▷ 郎溪城墙不同筑城材料

△ 郎溪城墙文物保护标志碑

△ 郎溪古城墙及护城河

艰”，所耗费用有别于城的东、西、北三面。城墙的宽度在维修中也略有增加，为“2.5丈”，城门及其他规制基本不变。设城门4座：东曰“朝阳”，南曰“清徽”，西曰“甘露”，北曰“瞻天”。

入清以后，建平城墙维修呈先密后疏的情形。清康熙四年（1665），因洪水冲毁城墙西南角数丈，知县李景爔“不忍以追呼困民，遂捐俸增修”。百姓有感于此欲“订良规之控”，广德直隶州知州杨苞闻讯申请朝廷，“以按田公派，为修城久远之额”，获批后并勒石以遵守。据县志载：明代建造四门时各有城楼，后因听取风水家所言，拆去南门城楼，以免阻碍文峰山。康熙十二年，“东侧城楼亦坏，知县高自远捐俸建楼五间”，其城制始恢复旧貌。康熙三十七年，知县茅成凤重修城池。雍正六年（1728），知县卫廷璞捐俸修复倒塌的雉堞，并改建垛口样式。此后，没有对建平城墙进行过大规模维修。

自1940年开始，建平县城大规模拆除城墙。濒临郎川河约400米一段的城墙（其中以东门向西约90米一段保存较完整），因具防水作用，基本保存完好，其余大部分被拆除。

1982年，经文物普查发现，建平城墙原东门至南门渡口一段城墙尚存，基本完好的残垣总计长约800米，遂以“城东明代城墙”之名被列为县级重点文物保护单位。1985年，县城建局对东城门90米一段墙体进行了修复加固，并勒石为记。2004年，对建平尚存地段城墙进行了全面修缮，耗资约30万元。

杨国庆

建平县城池：明崇祯八年，知县侯佐筑，周围七百八十丈，高一丈，广二丈五尺。门四。

——清《考工典》第二十卷，引自《古今图书集成》

临涣城

临涣，位于安徽省淮北市西南40公里处的临涣镇，即淮北市濉溪县城西南33公里处的浍河（古称“涣水”）北岸。

春秋战国时期，临涣是宋国的铚邑。南朝梁普通四年（523），在临涣设立临涣郡，始见“临涣”建置之名。此后，随着政权更迭，临涣郡、县的建置沿袭至南宋末年，且隶属多有变更。宋咸淳十年（至元十一年，1274），临涣并入宿州，临涣县废，降为乡，取名“涣阳”。之后，临涣建置及隶属多有变化（在清刻本《太平寰宇记》卷十七中，有“元领四县：符离，虹县，蕲县，临涣”，宋代的《太平寰宇记》出现了“元代”的年号，显然为后人所增）。1980年，临涣重新设区，属濉溪县所辖。2007年，临涣为安徽省濉溪县副县级镇。

据考古发掘资讯分析，临涣在春秋战国时可能已经筑城。宋《太平寰宇记》卷十七（清末刻本）载：“古临涣县城，在县西北三十五里。大业十年（614），移县于此。贞观十一年（637），遭水，移入铚城内。”元至正年间（1341～1368），始裁临涣县，并入宿州。临涣土城逐渐毁圮，仅余土墙。

临涣古城土墙，呈东西略长的正方形。城墙南北长1400米、东西宽1540米、周长约4.5公里、总面积2.7平方公里。墙基部宽30～50米、上宽5～8米，

△ 临涣古城遗址顶面已成林荫小道

本文照片均由金玉萍摄

△ 临涣古城遗址断面

◁ 临涣古城遗址顶部

高7～15米。东、南、西、北各设一门，土城四角设有角楼。西城有烽火台6座，东城有烽火台3座，南、北城垣皆无。每个烽火台长25～50米、宽15～30米不等，高出城垣约5米。考古部门在城基还发现较厚的红褐色古丁纹板瓦，具有战国晚期特征。根据现场考古推测，土城系二次筑成。第一次系夯土，土质为黄土、杂土，夯层规整，每层厚15厘米左右，夯窝深2～3厘米。主城墙呈梯形，采用平夯法夯筑，两腰经铲削修整，并用圆木棒横向拍打，表面平整、光滑、坚硬。第二次覆土无夯土痕迹，沙土中杂以砂礓和汉代遗物。在城的四隅，也发现有筒瓦、板瓦，纹饰为绳纹、方格纹和古丁纹。据当地文史工作者推测，春秋战国时期，临涣是宋国的铚邑。战国晚期，由于各国争战兼并，铚邑成为宋国的边陲，是通往楚国的门户。宋国为了防范楚国，才修筑了土城。据考证，古城修建之初，曾挖过护城河，长约4公里、宽约10

◁ 临涣古城遗址夯土层

米，现北护城河仍在。现今临涣的街道和居民大部分集中于城东南和西南沿浍河之处，城北地势较洼，已成为农田。

临涣古城墙遗存体量大、时代较早，保存基本完好。1986年，临涣古城墙被列为省级文物保护单位。2006年，被列为全国重点文物保护单位。

杨国庆

◁ 临涣古城遗址文物保护标志碑之一

◁ 临涣古城遗址文物保护标志碑之二

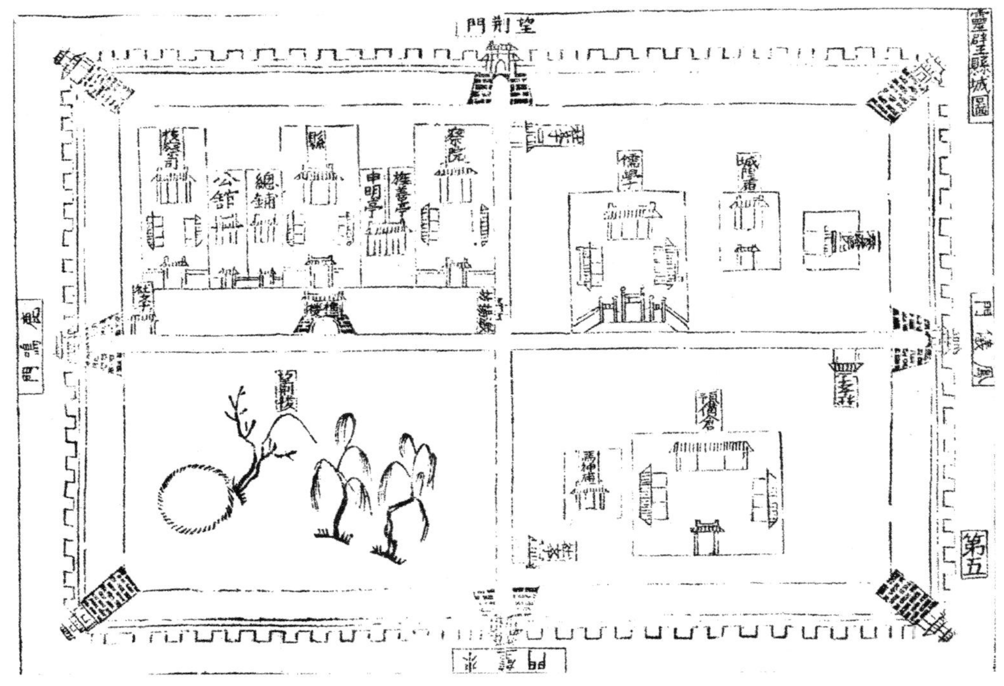

△ 灵璧县城图　据《宿州志》（明嘉靖刻本）卷八，张君重绘

灵璧，位于安徽省东北部，是楚汉相争的古战场，中华奇石的主产区，素有“虞姬、奇石、钟馗画，灵璧三绝甲天下”之誉。

宋哲宗元祐元年（1086），析虹县零璧镇置零璧县，同年七月改回为镇。元祐七年二月，零璧又改为县。政和七年（1117），改零璧为“灵璧”。据乾隆版《灵璧县志略》载：旧名“零璧”，因县产磬石而“神之”，改名为“灵璧”。历代县治，基本设在灵城镇（原灵璧镇），县名也被沿用至今，今属宿州市。

灵璧自宋立县后，历元无城，直到明弘治八年（1495），知县陈玉始筑土城（嘉靖版《宿州志》卷六）。据乾隆版《灵璧县志略》转引《吴志》云：“灵璧之城自宋筑之，至金撤之，而明复累甓焉。”并考证后提出“旧志谓宋元时尚无城。非也”。认为：南宋隆兴元年（1163），李显德复灵璧入城，知灵璧有城，“则吴志为是”。而至金时，灵璧城被毁。

明弘治八年（1495），知县陈玉创筑土城。不久，土城坍塌（光绪七年《重修安徽通志》卷三十六）。明正德元年（1506），灵璧土城已“荡无防敝”。正德六年六月，因杨虎率民起义，危及灵璧，新上任的知县陈伯安建议循旧城故址而筑城。未及兴役，杨虎至灵璧并俘虏陈伯安，筑城而罢。其过程与规模为：“伐石为垣，陶甓为堞，高一丈九尺，厚一丈五尺，周长六里，辟四门：东曰鹿鸣，西曰凤仪，南曰望荆，北曰来璧。每门建楼于其上，架桥于其外。又城隅角楼有四，堞之内铃铺二十有四。城下有濠，广二丈，深八尺，周八里一十步”（引自明嘉靖版《宿州志》）。此后，直至明崇祯（1628～1644）初年，灵璧城池除一次修浚外，几无大规模修缮。崇祯十年，农民义军四起，时任灵璧知县王世俊率军民增高“城墙三尺，雉堞如法。浚池广三丈三尺，深一丈二尺”。崇祯十四年，义军曾攻城六昼夜，在王世俊等官兵依城抵抗下，“卒不克而遁，灵人乃知有城可恃矣”（引自《灵璧县志略》）。

入清以后至乾隆元年（1736），灵璧“城坏不复修”，已“无完雉矣”，“城址丛生荆棘”。乾隆十九年，知县贡震认为“城坏已极，安可不修”，并以乾隆二年高宗帝向全国各地颁布的修城诏书为由，与宿州通判徐廷琳一道，自同年冬十月二日至次年四月二十五日，以工代赈修葺石墙。修缮后的“石墙高丈有六尺有六寸，砖堞高五尺有四寸，戗以土趾，厚二丈五尺有八寸，顶厚八尺，周回如旧制：千一百八十丈。门与楼与桥较旧制更壮丽焉”。修城耗用国帑银35700余两，此款还不包括疏浚护城河的费用。咸丰年间（1851～1861），再修城池。有《重修灵璧城池记》《更名灵璧城门说》等文，见载于《灵璧县志略》。

1912年以后，时人曾认为灵璧城墙为废物，应当拆除，因遭非议而罢。1948年11月，徐州“剿总”蚌埠指挥所副总司令李延年指挥的238师曾驻守灵璧，并依托城墙抵御解放军攻城，部分城墙及城门均遭炮火轰毁。

1949年以后，灵璧城墙被拆除，仅留少量城址遗迹和护城河的遗存。

附：

灵璧历史上筑有土城8座，其中北乡有5座，南乡有3座。除北乡霸王城尚存遗址外，余皆毁圮。1989年，汉代项王军垒（霸王城）被列为县级文物保护单位。

垓下遗址 位于安徽省灵璧县（另有一说：位于安徽省蚌埠市固镇县），是新石器时代、汉代遗址。公元前202年，因汉王刘邦与西楚霸王项羽

◁ 位于灵璧境内的垓下城遗址 本文照片均由金玉萍摄

◁ 位于灵璧境内的垓下遗址文物保护标志碑

的垓下之战，故被列为世界著名古代七大战役之一，有“东方滑铁卢”之誉。

据灵璧县文化局非遗申报股股长石亚萍称，垓下遗址在沱河北岸灵璧县境内，洨城遗址在沱河南岸今固镇县境内。固镇县境内是垓下之战的古战场，而垓下城则在灵璧县的东南。目前，学界对垓下遗址属地仍有争议。

2013年，垓下遗址被列为全国重点文物保护单位。

杨国庆

灵璧县城池：明弘治乙卯，知县陈玉始置城。正德间，知县陈伯安循故址更建，周围六里许，高一丈九尺。池深八尺，阔二丈。门四。

——清《考工典》第二十卷，引自《古今图书集成》

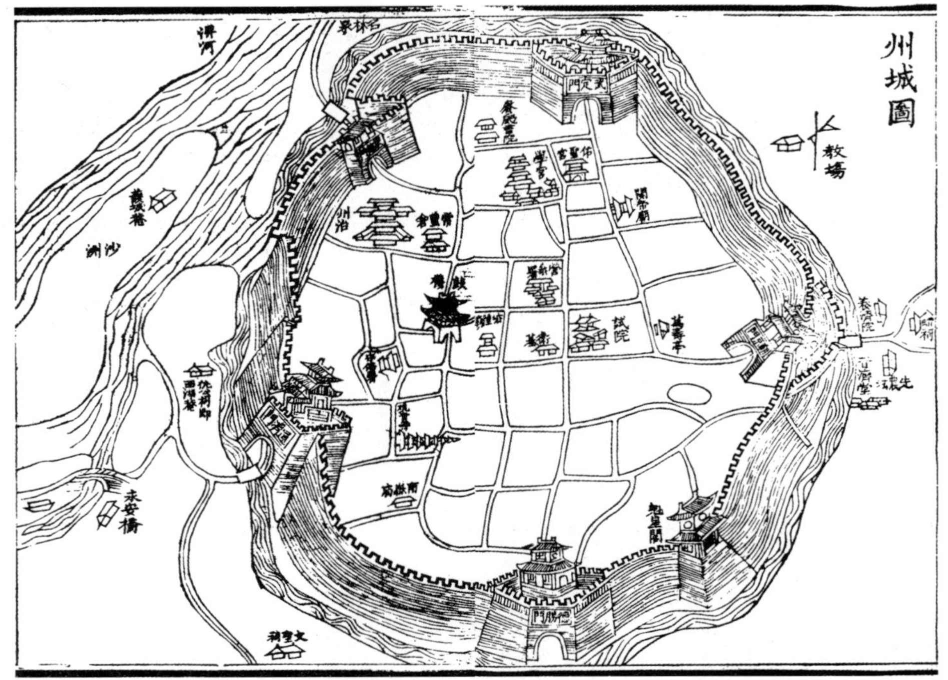

△ 六安州城图 引自《六安州志》清同治十一年刊，光绪三十年重印本，载《中国方志丛书·华中地方·安徽省（617）·六安州志》

六安（lù ān），位于安徽省西部、长江与淮河之间、大别山北麓，俗称“皖西”。

六安古称“皋城”，源于夏属皋陶后裔封地而得名。“皋陶卒，葬之于六（今六安市北）。禹封其少子于六，以奉其祀。”商、周相沿。后楚灭六，地归于楚。秦、汉于此置六县，并于汉元狩二年（前121）置六安国，“六安”之名自此始。此后，随着政权更迭，建置和隶属均有变化，而“六安”一名基本未变。1978年，设县级六安市。1992年，六安市与六安县合并为新的六安市（县级）。2000年，六安市设为安徽省辖地级市。

六安始筑城墙确切年代不详，有自汉、唐、宋历代均为土城说。据清雍正七年《六安州治》载：“州城，古惟土垣。”

明洪武十三年（1380），指挥王志开始用砖石砌筑城墙。成化七年

△ 城墙垛口及排水槽 本文照片均由曹方卿摄

（1471），当地驻军曾烧制城砖用于修城。此次修城文献未载，却在乾隆十三年（1748）修城时，在城基发现一块带砖文的城砖："明成化七年卫职分修"（据光绪二十一年《六安州治》卷五）。正德七年（1512），北直隶霸州农民军首领刘六、刘七率众攻城三昼夜，城墙坍塌毁坏严重。正德九年，在知州李衮和指挥使刘芳主持下，大规模修筑城池1010丈，"修筑民十之七、军三，戍守军十之七、民三"，使六安城高2.3丈、基宽3.2丈、顶宽2.3丈。筑有垛口1364座，增置敌台26座、炮台8座（置古铜将军炮8门）、窝铺27座、角楼4座。城墙内侧环垣设马道。设水关2座（一在州治北，一在州治南，皆通河）。护城河深1.4丈、宽7丈余、周7里180步。设城门4座：东曰"朝京"，南曰"镇南"，西曰"通济"，北曰"武定"，每座城门设营房各3间。城门均设有城楼、外瓮城（上设小楼）等附属建筑，奠定了六安州城的规模。嘉靖三十二年（1553），在城西北增开便储门。隆庆五年（1571），便储门改名为"文昌门"，时合计城门5座。崇祯八年（1635），六安城墙被农民军张献忠先后两次用地雷轰陷，城楼尽毁，而城垣也毁之严重。崇祯十一年，农民义军罗汝才、马进中等第二次破六安城。崇祯十五年，马守应、贺一龙率兵再次破六安，城墙遭破坏。

频繁兵乱中的城池攻防战，导致六安城破败不堪。清初，虽曾多次修理，但难复其旧制。直到清雍正六年（1728），在知州李懋仁主政时，增修完固城垣如初。此后至清同治十年（1871），仅见文献中大规模修城及修理城墙附属建筑的记载，就达12次之多，足见当时对修城的重视。咸丰七年（1857），太平天国起义军首领之一陈玉成率众攻克六安，城墙再度遭到损坏。

明、清两朝，尽管六安城墙屡被修治，但在民间还是流传“铁打铜锣寨，纸糊六安州”、“铁打桐城县，纸糊六安州”等说。前说其典出自明崇祯十五年（1642），张献忠所部的农民军攻破六安城，而对霍山县城西南68公里的铜锣寨却屡攻不下，此事在清光绪版《霍山县志》中有载。

1914年1月25日（除夕夜），河南白郎军攻占六安城，城墙又一次遭损。1920年，皖军第二旅旅长马祥斌曾修筑城墙，疏浚护城河。1938年，侵华日军占据六安时，曾大规模拆除城墙。此后，又因城市建设需要，残存的城墙再次遭到毁坏。

▽ 砖石混砌部分

△ 六安城墙文物保护标志碑（正面）

六安古城墙
六安是皋陶后裔的封地，商为六国，汉置六安国，唐代为盛唐县，治驺虞城（今窑岗嘴）五代末城废。宋初，迁至今六安老城区，始建土城墙。明洪武十三年改筑砖石城墙。此后因兵燹及自然灾害的损毁，多次修缮。抗日战争时期，日军占据六安，将城墙大部分拆除，尚存部分残垣。2003年，六安市人民政府结合淠河防洪墙工程建设，拨出专款修复古城墙全长140米。
2004年10月公布为安徽省重点文物保护单位。

△ 六安城墙文物保护标志碑（背面）

据20世纪80年代调查发现，昔日的六安古城墙仅余数百米的残垣。

1992年，明清六安残存的古城墙，被列为市级文物保护单位。2003年，六安市结合淠河防洪工程建设，对云露桥北140米城墙段进行了维修和环境整治。2004年10月，六安古城墙被列为省级文物保护单位。

△ 六安古城墙上的“城工”砖文

附：

在六安市境内，古城址还有多处。如新石器时代至西周的东城都遗址于1998年被列为省级文物保护单位。汉代六安西古城遗址于1981年被列为省级文物保护单位等。

杨国庆

六安州城池：旧有土城。明洪武庚申，始创砖城。高二丈有奇，池深一丈四尺，周围七里，门四。

——清《考工典》第二十卷，引自《古今图书集成》

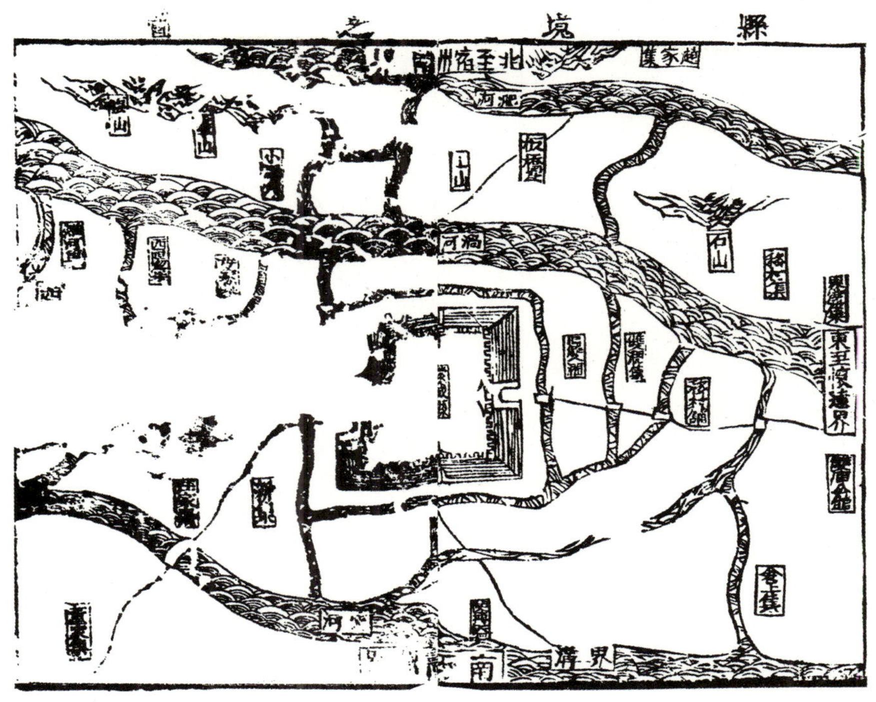

△ 蒙城县境图　引自《蒙城县志》清康熙十五年刊本，载《中国方志丛书·华中地方·安徽省（695）·蒙城县志》

蒙城，位于安徽省西北部，处于黄淮大平原腹地的淮南、淮北之间。因在其境内考古发掘出“尉迟寺新石器时代遗址”（约前3000年），而被称为历史悠久。

据明万历版《蒙城县志》云：“蒙为国，且数千年。旧故无志，于寿阳志中见之。”西周时，其境为蒙国（见《阜阳地区志》）。此后，随政权更迭，其属地及地名多有变更，直到唐天宝元年（742），更名为蒙城县（治所迁至今蒙城）后，县名沿袭至今。2000年6月，蒙城县隶属安徽省亳州市。

蒙城筑城始于明初，初为土城，城周长9里30步，设有南、北、西三门。城东为涡水环绕，又因非四达之衢，故未筑城门。此后，历代地方政府多有修缮。正统元年（1436），知县孙震主持对蒙城土城进行修缮。正德六年（1511），知县叶宽有感于邻县已遭兵祸，为城防需要加筑砖

△ 1938年5月9日，日军占领蒙城，城墙及城楼毁坏严重 南京城墙保护管理中心藏

城，仍筑城门3座：西曰“中郢”（光绪七年《重修安徽通志》记载为“中都”），南曰“承熏”，北曰“拱辰”。嘉靖年间（1522～1566），知县刘继先以儒学在城东，令开东门，名曰“文明”，又开水门1座。嘉靖二十年，黄河泛滥，冲毁北门。时有民众提出迁县以避水患，知县刘宗鼎力主将北城缩至毛家巷，并实施使其城“周仅六里许”。天启二年（1622）、崇祯八年（1635），曾先后修缮蒙城的城池，增筑外瓮城。崇祯十五年，黄河再次泛滥，城墙多处毁圮。洪水退后，知县杨子奇率民众修补城垣。

入清以后，蒙城县的城垣屡坏屡修，损毁原因不一。顺治四年（1647），因雨坏城。顺治八年，知县田本沛率众修城。顺治十二年，北门毁圮，典史余司韬捐俸修城。康熙七年（1668），因地震导致城墙部分坍塌，知县竹绿漪率众修城。乾隆十四年（1749），知县叶履亘重修护城河，使其“四面深通”。之后，在乾隆二十五年、乾隆三十四年、嘉庆四年（1799）、嘉庆二十二年（1817）、咸丰三年（1853）、咸丰六年、咸丰十年、同治三年（1864）、同治五年和宣统二年（1910），蒙城的城池或因黄河决堤，或因暴雨等自然灾害，或因战火摧毁、人为拆卸等人为因素，遭遇损毁，但基本都在当地地方官吏主持下得到及时修缮。据1915年《重修蒙城县志书》载：蒙城的城墙“上宽三尺五寸，下宽四尺，高一丈八尺。……城共周长六百八十三丈，垛口一千八百有八。城河四面各深一丈四尺，各宽三丈”，护城河上宽3尺、下宽2丈。

1938年，中国守军为抵御侵华日军的进犯，在蒙城一带布成阻击线，并动员当地群众协助守军，由此引发了著名的“蒙城阻击战”，其城墙遭遇日军炮火攻击，损毁严重。战后第二年，蒙城城墙被拆除，仅剩部分土垣。

1949年以后，随着城市建设发展，蒙城的城址已成为宽阔的道路，但昔日部分护城河尚存。

附：

蒙城境内有红城旧址，位于蒙城县双锁山东北红城村一带，始建于春秋，为市级文物保护单位。据传，东汉建武五年（29），刘秀率军攻打垂惠聚（即红城），围困月余，后用火攻之，城土皆烧为红色，因此得名“红城子”。红城现存内、外两处城墙遗址。外城东西宽1190米、南北长1300米，原土砌城墙宽7米、高3.4米，为夯土筑成，外有丈深护城河，城址至今清晰可见，北城墙高处尚有1.7米，护

▽ 红城旧址 本文照片除署名外，均由金玉萍摄

◁ 红城旧址文物保护标志碑

城河遗址仍存，东城河至今有3～4米深。内城长宽为外城的1/2。

杨国庆

蒙城县城池： 明初原筑土城，开西、南、北三门。正德间，易以砖，周围九里三十步，池深一丈五尺，阔倍之。嘉靖年间，知县刘继先以儒学在东命开东门，名曰：文明，又开水门。后因河水冲溢，知县刘宗鼎议缩至毛家巷止。今城，周围仅六里许，高二丈二尺。

——清《考工典》第二十卷，引自《古今图书集成》

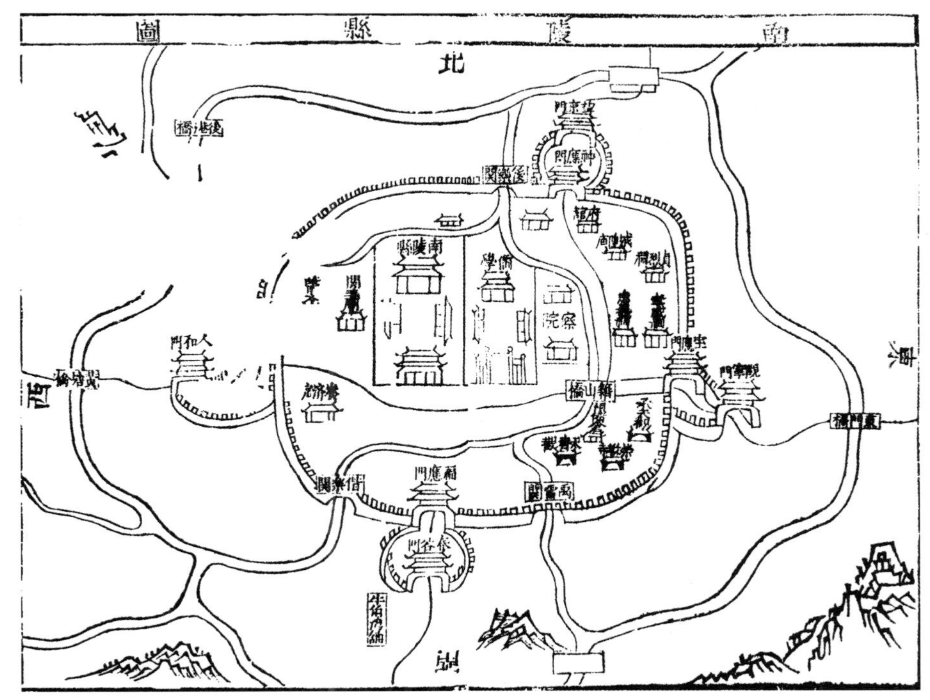

△ 南陵县图　引自《宁国府志》明万历五年刊本，载《中国方志丛书·华中地方·安徽省（691）·宁国府志》

南陵，位于安徽省东南部、芜湖市境南部、长江下游南岸，为中国青铜文化的发祥地之一。

南陵县境，自周武王封泰伯五世孙周章为吴君（建立吴国）始，为吴地。南朝梁普通六年（525），始置南陵县，其名沿袭至今。此后，随政权更迭，所属多有变更，而县置不改。明、清两朝隶属宁国府。1912年后，因废府而隶属又多变更。1983年，南陵县划归芜湖市。

南陵筑城较晚，且先筑城门，后建城墙。明正德年间（1506～1521），县令胡文静“因县无城，始立四门，下甃以石，上置楼橹”（1924年《南陵县志》卷十）。四门名分别为：东曰“迎恩”，西曰“黉堂”，南曰“丽正”，北曰“拱辰”。明嘉靖四十二年（1563），在知府罗汝芳、知县郜永春等地方官吏主持下，始建城垣。城“高二丈五尺，厚三丈，周广九百三十六丈二尺”，建垛口4806座，仍辟城门4座：东曰“宝应”，西曰“瑞应”，南曰“福应”，北曰“灵应”，均建外瓮城（月城）。另设水关2座：西南曰“偕乐”，东北曰“后乐”。此城初为土城，知县部永春会同乡儒四次踏勘选址，以“天、地、元、黄”为四号，县衙官员分别督领乡民垒土，计两次夯筑始成。次年，又以多种形式集资，并各自认领以砖包砌筑城墙，始为砖城。城工竣后，知县部永春撰有《建城事宜碑记》，刻石置于北门月城亭中。隆庆年间（1567～1572），县令熊瑞请乡民刘泌、管栗等增开东南水关，名“禹雷”。万历九年（1581），知县沈尧中将城增高3尺，将四门的外瓮城分别定名为：东曰“春谷”，南曰“陵阳”，西曰“秋浦”，北曰“赭圻”。增设垛口123座，又因西、北二门相去较远，中间筑灵雉台，便于守御。沈尧中又作《灵雉台》一诗：“十里山城绕涧开，崇台危峙紫云回。花封露湛青槐合，粉堞风微白雉来。北望神京依玉斗，东悬文笔听春雷。太平盛世多奇瑞，喜见祥光烛上台。”崇祯年间（1628～1644），知县甘文奎重修灵雉台，将台名改为“倚剑台”。

清康熙五十三年（1714），知县宋廷佐主持修缮南陵城垣。乾隆二十九年（1764），知县陈应联大规模修缮南陵城池，城“高一丈九尺八寸，厚三丈，周广一千三百四十二丈四尺，垛口二千九百零五个（光绪七年《重修安徽通志》则称垛口‘3905’）。城楼八座，门八，名仍旧”。共耗费“工料银六万六千二百二十三两八钱五分零”（民国十三年《南陵县置》卷十）。道光十七年（1837），南水关毁圮，知县陈泰登命人修复。咸丰年间（1851～1861），南陵城池屡遭战火，毁损严重。同治二年（1863）后，陆续修缮。光绪二十七年（1901），因山洪暴发，冲毁南陵城垣南端丈余，知县傅毓湘修复。宣统元年（1909），山洪再次暴发，冲毁东城20余丈。次年，北水关毁圮，知县程用杰逐次修复。

1912年以后，南陵城池少有修缮。1939年4月，为便于城市居民防空疏散，县政府动员民工将城墙拆除（另有一说，拆城始于1937年。详情待考），并将城门往来道路挖毁。时有士绅孙奎所作《挖路歌》：“挖路、挖路，莫知其故；传令来，派伕去，昼夜拆城挖路，千锄万锄不停住……”南陵城垣自此逐渐毁圮殆尽，仅留下一些地名和部分护城河。

附：

牯牛山城址　位于南陵县籍山镇。据当地文物部门调查和分析，该遗址现存面积约35万平方米，地表暴露有红烧土遗迹和许多陶片，初步认定是一处西周至春秋时期的城址。

▷ 牯牛山城址文物保护标志碑 本文照片均由金玉萍摄

2013年，牯牛山城址被列为全国重点文物保护单位。

杨国庆

南陵县城池： 县旧无城。明嘉靖癸亥，知府罗汝芳、知县郜永春始建，周围九百三十六丈二尺，高二丈五尺，广三丈。万历九年，知县沈尧中增高三尺，又因西、北二门相去差远，中间筑灵雉台，增戍防守。崇祯间，知县甘文奎重修，改名倚剑台。

——清《考工典》第二十卷，引自《古今图书集成》

▽ 牯牛山城址现状

▽ 牯牛山城址遗存

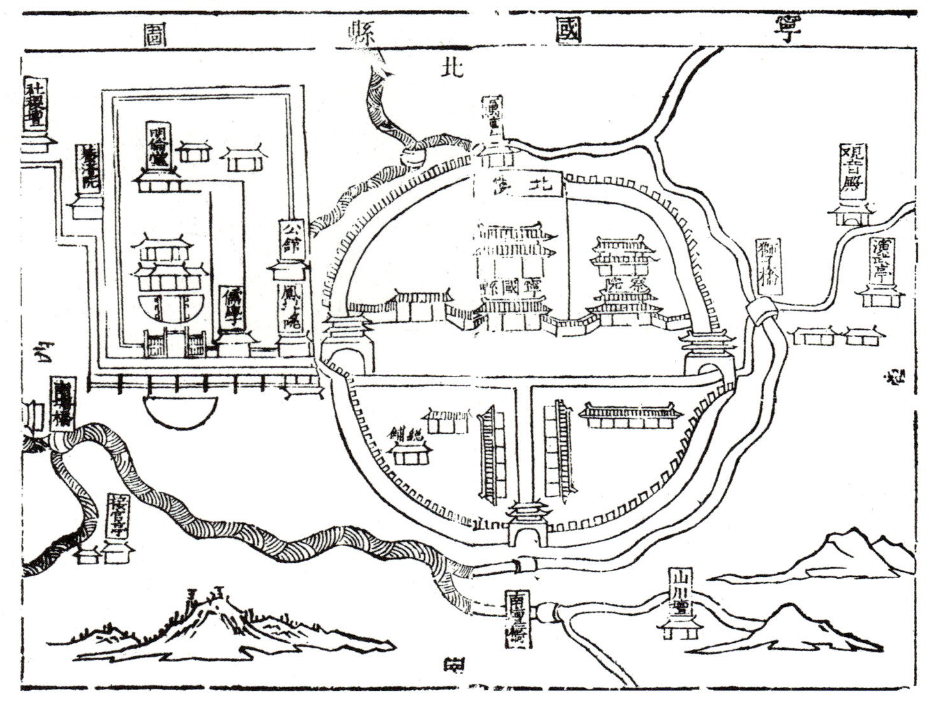

△ 宁国县图　引自《宁国府志》明万历五年刊本，载《中国方志丛书·华中地方·安徽省（691）·宁国府志》

宁国，位于安徽省东南部，东邻浙江，西靠黄山，东津、中津、西津三条河流呈扇状北流，在河沥溪附近汇成水阳江。宁国自古为皖南山区之咽喉，南北商旅通衢之要道。

春秋战国时期，宁国地境先后隶属吴、越、楚国地。汉元封二年（前109），属丹阳郡（治宛陵，今安徽宣城市宣州区）宛陵县。东汉建安十三年（208），孙权析宛陵县南部置怀安县和宁国县，隶属丹阳郡，为建县之始。此后，随政权更迭，建置有升降，然“宁国”一名未改。唐天宝三载（744），以原怀安、宁国二县地置宁国县，县城从河沥溪镇独山村迁至今址，属宣城郡。南宋乾道二年（1166），属宁国府（治宣州，今安徽宣城市宣州区）。元至正十七年（1357），改路为府，宁国复属宁国府。明清沿袭。1912年后废府，宁国县直属安徽省。1997年，撤县设市。

宁国最早筑城始于东吴（222～280），“县南十三里有故县城，孙吴筑城于此，以防山越（清光绪版《宁国县通志》载‘山贼’）”（1936年《宁国县志》卷一引《方舆纪要》）。唐大顺元年（890）三月，唐昭宗李晔赐宣歙观察使军号为“宁国”，授庐州（今合肥）人杨行密为宁国军节度使，治宁国县城（旋即迁至宣城县）。时宁国县尚未筑城，杨行密遂令营造城池，城高及城周不明。南宋时，因宁国县被视为京府（今浙江杭州）屏障战略要地，时常有增筑修缮城墙之举，并置三门。元至正（1341～1368）中，重修宁国县城，并增设北门，城墙四周增挖护城壕沟。至正十七年（1357年）四月，朱元璋所部徐达、常遇春率两万大军攻克城池，并封闭北城门。

明正德十二年（1517），知县王时正重建四门及城楼：东曰“振武”，西曰“接文”，南曰“秀水”，北曰“明山”。嘉靖二十六年（1547），知县范镐听取民意，将东、西、南三门更名为“春秀”、“秋实”、“南亩”，北城门再度封塞，但加筑北城楼，以供览胜之所（民国时，该楼已毁圮）。被旧志称为：宁国县城，内城外廓，守望相助，其历史之久，城池之固，堪称皖南之最。嘉靖版《宁国县志》称：“宁国府五县皆无城廓，惟本县独有城廓可守，楼橹雉堞，岿然巨镇。又江右各府外县，惟宁邑有城。”

入清以后，宁国城池虽屡有毁损，也时有修缮和增筑。如：清康熙十三

▽ 当地一位老人称：宁国城墙都拆了，现在宁国中学的位置曾有城墙　金玉萍摄

年（1674），知县马光重修城墙，并将东、西、南三门分别更名为“启明”、“中镇”、“景阳”。又在东关外增筑一门，曰“敛福”，西关外增筑二门：南向曰“长春”，北向曰“朝京”。雍正七年（1729）、道光十六年至道光十九年（1836～1839），均对宁国县城城池有修缮之举。据光绪二十五年（1899）增补同治八年《宁国县通志》（抄本）载：宁国县城高1.5丈、周长519丈。宁国县环城的护城河，至清光绪（1875～1908）时，西南段已被湮没。

1931年7月，宁国遭遇大水，城西隅坍塌丈余，城基下陷四尺。时任县长的苏锡衡举荐城绅吴觉民督理修竣，并补葺雉堞，疏浚护城河。1936年，县长王式典复修，并躬亲其役。1939年为防日机空袭，宁国县曾两次奉令拆除城墙，后仅剩三门。1946年夏至1947年春，宁国县政府奉令派民工利用原城基修筑高5米、周约5华里的土城。

1949年以后，因城市建设，宁国最后的土城先后被夷为平地或仅余低矮的土墙，部分护城河尚存。

杨国庆

宁国县城池：三国时吴建，宋南渡时增筑，周围五百一十九丈，高一丈五尺，广称是，警铺凡七所。

——清《考工典》第二十卷，引自《古今图书集成》

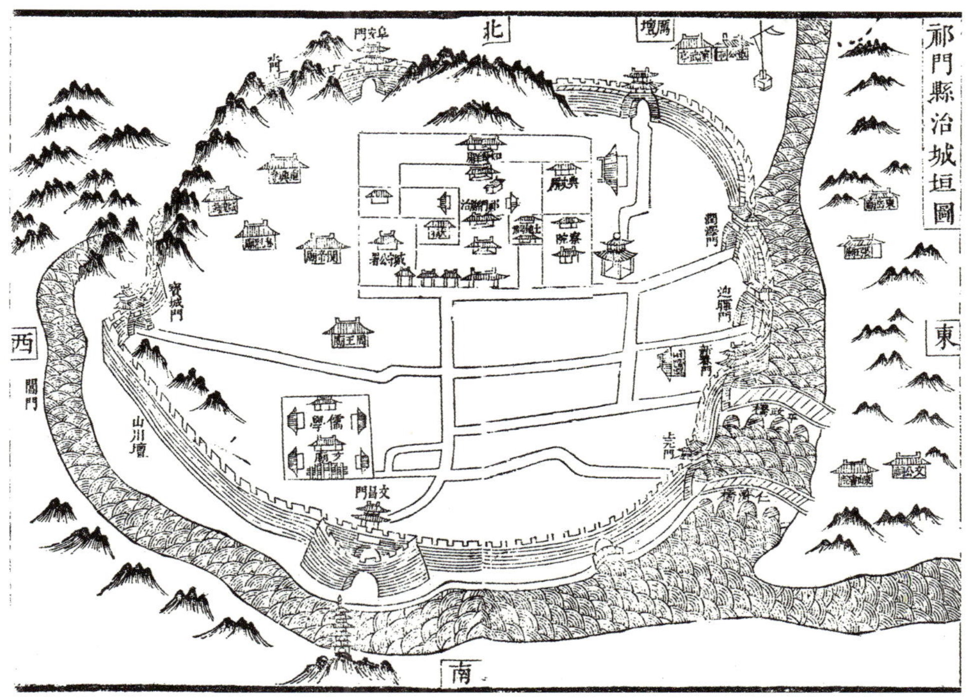

△ 祁门县治城垣图　引自《徽州府志》清康熙三十八年刊本，载《中国方志丛书·华中地方·安徽省（237）·徽州府志》

祁门，位于安徽省南部，与江西省交界，因城东北有祁山、西南有阊门而得名，是一个“九山半水半分田”的山区县。

祁门县，古时分别为歙州黟县和饶州鄱阳二县境地。唐武德五年（622），析鄱阳县地置新平县，后改“新昌”。天宝元年（742），又改浮梁县。永泰元年（765），方清起义，于黟县西乡赤山镇设阊门县。次年，分黟县和浮梁县地，始置祁门县。此后，隶属及辖地多有变化。明清时，属徽州府。1912年后，直属安徽省。1949年后，隶属徽州专区（地区）。1988年至今，属黄山市。

唐代建祁门县时，始建城池无考。自宋始筑土城，周长5里247步，设城门4座：东曰“迎仙”，南曰“朝京”，西曰“望云”，北曰“通黟”。沿袭至元末时，祁门城池因年久失修，多有毁圮，唯存城门。

明嘉靖四十五年（1566），为防倭寇，知府何东序令知县桂天祥始筑石城。城墙自石山岭跨龙冈，绕朴墅，沿溪直上，至何家坞与石山会合，逶迤1060丈。山城垒高2丈、厚1.3丈。设大城门5座：东曰“祈春”，西曰“宝成”，南曰“文昌”，北曰“钟秀”，东偏曰“三元”（后改名“上元”），城上均建有城楼。又设小门4座：西北曰“阜安”，西偏曰“水门”，北折稍东曰“润泽”，下曰“迎晖”。环城西北依山，东南傍水，全城建垛口1920座，又根据其远近设窝铺若干，便于守御者夜宿。水城加高1丈，地城加高2尺，城“厚视高缩七尺”。有乡人郑维成撰写《新建祁门县城记略》，汪应凤撰写《东门城楼碑记略》《北门城楼碑记略》，记载其事。

祁门在明末清初时，有“论者以为自嘉靖邑城筑后，侯峯被压，龙脉有伤”（道光七年《祁门县志》卷六），时有改筑城池之议，未有结果。

清乾隆二十八年（1763）七月，因乾隆帝有诏令全国修城，知县吴嘉善请修并改筑城池（道光七年《祁门县志》卷六云：此次修城为乾隆二十七年。经查光绪七年《重修安徽通志》及清代宫廷档案，应为乾隆二十八年事）。“共修外城计广二百六十三丈六尺九分，内城计广二百五十丈四尺。改侯峯山城于称锤山（又称‘衬托山’）冈，买胡家塘田安城趾二百六十余丈。”此次修改城垣，还有继任知县周万宁、刘宸赞先后主持修筑，经多方集资修改城垣，共耗银12000余缗。并根据风水先生所言，因城西北的阜安门不利，而堵塞。有乾隆三十四年吴嘉善所作《改城垣序》、乾隆三十六年知县徐昙《重修城垣碑记》载于县志。乾隆五十三年，大水冲塌城垣数处。次年，由知县谢兰详请奉旨修城，共修内外城垣502.8丈，垛口722座，海墁302.8丈。咸丰四年（1854），太平军由西北据高轰击城垣，西北段城墙皆毁，“唯存东南”城垣。咸丰十年，曾国潘驻军有鉴于祁门城池外高内低，为增强城防能力，在北门建碉堡2座，西门建碉堡1座，又在桃峰建营垒1座。同治七年（1868），东南段城墙及楼、堞被洪水冲圮，仅余石质城基（同治十二年《祁门县志》卷六）。

1912年以后，祁门城墙逐步毁圮，甚至逐渐被拆除。

1958年，以部分城基为路基修筑公路，其中一段现称“阊江路”。

杨国庆

祁门县城池：汉有梅锅城，在县西十五里，久废。宋筑土城。明嘉靖中，知府何东序檄知县桂天祥甃石，周围一千六十丈，高二丈，广一丈。西北缘山为固，东南倚河为池。

——清《考工典》第二十卷，引自《古今图书集成》

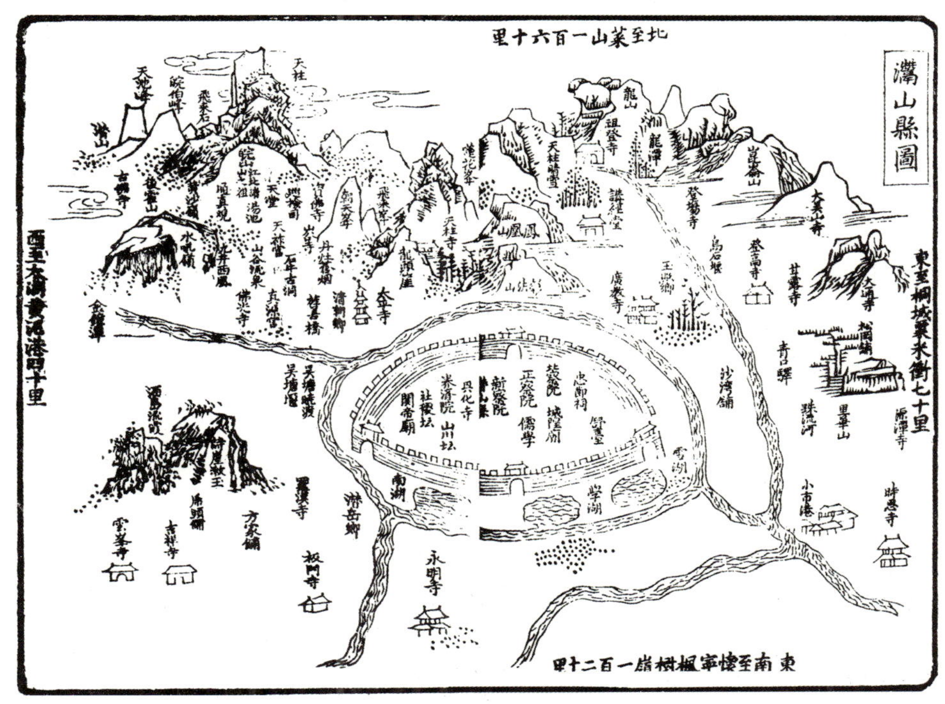

△ 潜山县图　引自《安庆府志》清康熙十四年刊本，载《中国方志丛书·华中地方·安徽省（633）·安庆府志》

潜山，位于安徽省西部大别山的东麓、皖河的上游，古有“万里长江此封喉，吴楚分疆第一州”之称。

潜山历史悠久，周朝时为皖国所辖，是古皖国封地，山称“皖山”，水称“皖水”，安徽省简称“皖”，即源于此。潜山县城曾于东汉至南宋为郡、州、府治所驻地长达800多年。其城名历史上有“皖城”（安庆）、“怀宁”、“梅城”（又名“梅邑”）等别称。元至治三年（1323），始置潜山县，以“潜山”为县名（位于县城西北的天柱山，亦曰“皖公山”），以旧怀宁县城（今梅城）为潜山县治。明洪武元年（1368），首任潜山知县张仁重建县治，并创建县学、城隍庙。1939年在潜山县城设梅城镇。1949年以后，定名为梅城镇，是潜山县治所在地。1988年，潜山县改属安庆市。

潜山建城始于楚灵王（前540 ~ 前529年在位），城“周七里二十一步，高二丈，四门”。南宋嘉定十年（1217），安庆知府黄干于今梅城筑府城。绍定四年（1231），安庆知府赵希衮于今梅城监造府城北门石闸，并设窑烧造城砖。据清康熙十四年《安庆府潜山县志》载：“崇祯八年乙亥六月十九日，洪水冲崩县北门坝，露出旧城石闸。闸上有‘绍定辛卯石匠吴通造’数字，砖上有‘绍定壬辰知府赵希□监造’数字，观此想嘉定移城后复筑而中止者。”有趣的是，这段文字记载的“发现”，不仅与潜山筑城历史吻合，而且赵希衮当年监造烧制城砖实物，在南京明城墙上亦被“发现”。南京这块城砖三面有砖文，分别为：“太平西窑”、“绍定壬辰”、“知府监簿赵希衮”（见《南京城墙砖文》第0015号砖文）。初步分析：明洪武（1368～1398）初年，因营建南京城墙向长江水系中下游地区征制城砖，当年潜山县发往南京城墙砖中夹带了此块旧砖被运往南京，并用于南京城墙筑造（此砖现藏于南京市明城垣史博物馆）。端平三年（1236），安庆府治移至罗刹州。怀宁县治亦迁至皖口，此后，旧治逐渐衰落。

明崇祯九年（1636），兵备道史可法因潜山“流寇往来，无以捍备”，报请朝廷拨款建城。三月十六日临县祭城时，掘出旧城脚，出土一块残碑，上有“水啮其下，城不能支，周显德五年”字样，说明潜山在嘉定移治建城之

△ 当年赵希衮监造烧制的铭文城砖实物，发现于南京明城墙上 杨国庆摄

前已有城墙。崇祯十一年，史可法申荐知县柯友桂来潜山建城，八月开工，命各里分造，在旧城基础上加砖石。崇祯十三年，新建的城垣被洪水冲毁。至次年，仅“四门将造及顶通城，有将及丈许者，有仅数尺者”，城未建成，因天灾人祸“遂中废”。

清顺治六年（1649）十二月，操江都御史李日芃因率部镇压农民义军到潜山县，考虑到“县治不可无城，但旧城旷荡，功大费繁，乃与副将梁大用、知县郑遹悬规画形势，唯东北乃旧脚，西南收进□里□丈，由高营坝至同安桥与东北旧脚接，改筑土城，建四门城楼。虽湫隘埤薄，缓急难恃，然晨昏启闭，可以无警，民亦赖之”。对此，当时县志又载：“然，（城）高不逾丈，厚不逾尺，雉堞未具，土质易崩。且规模狭小，民□不能千户，潜有城，实同无城也”（引自清康熙十四年《安庆府潜山县志》卷三）。康熙五年（1666），知县周克友，因城东北一带砖城高不满丈，遂捐俸组织民工，筑土城357丈，与西南旧土城相接。康熙五十八年，增筑西南门，方便民众往来。乾隆二十八年（1763），知县倪廷模详请建城，周长1338.5丈，周城顶上甬道宽1.223丈，下脚通宽1.5丈。五门均建城楼，有上城马道坡10道。咸丰十年（1860），知县沈定均令大规模修城，增修城高2丈许、周长902丈，修垛口1999座、修女墙1914处，傍城浚池，并建碉楼15座。

1939年，当地驻军以军事方面的理由，命县政府征集民工，拆除部分城墙。此后，潜山县城墙几无修缮，后逐步毁圮。

1949年以后，部分城墙遗迹（地基）及护城河尚存。

杨国庆

潜山县城池： 城建自楚灵王，周七里二十一步，高二丈，四门。又云：即府治故址，后废，止存四门。顺治己丑，操抚李日芃、知县郑遹元、副将梁大用建土城，惟东北脚仍旧，西南收缩由高营坝至同安桥，与东北脚相接。

——清《考工典》第二十卷，引自《古今图书集成》

寿县城

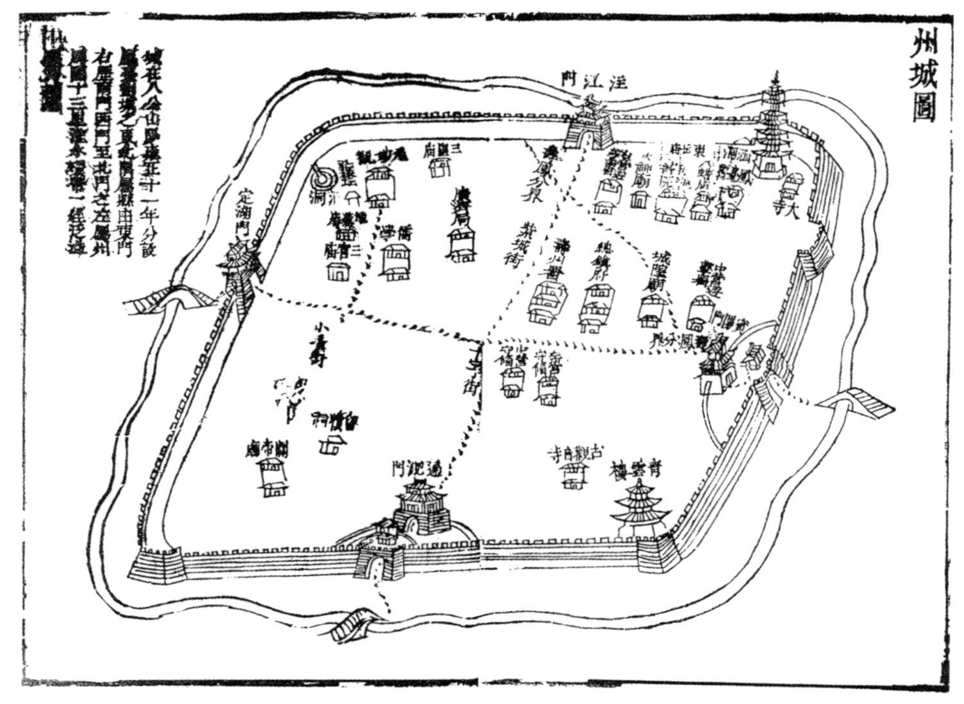

△ 寿州州城图　引自《寿州志》清乾隆三十二年刊本，载《中国方志丛书·华中地方·安徽省（689）·寿州志》

寿县，位于安徽省中部、淮河中游南岸、八公山之阳，地处襟江扼淮的重要位置，千百年来是兵家争夺的军事重镇。1986年，被列为国家历史文化名城。

寿县历史悠久，古称“寿春”、“寿阳”、“寿州”，屡为州、府、道、郡等治所。该地古称“州来国”，后归于楚。秦王政六年（前241），楚考烈王“徙都寿春，命曰郢”。秦王政二十四年（前223），秦灭楚。越二年，秦划江淮及其以南地区为九江郡，置寿春县，为郡治。唐武德三年（620）于此置寿州。宋政和六年（1116）升寿州为寿春府。乾道三年（1167）改为淮南西路安丰军，治所寿春。元至正二十四年（1364），朱元璋据江淮称吴王，以寿春为寿州治，隶于临濠府。此后，寿州建置及隶属虽有变化，其名未改。民国元年（1912），废道府，改寿州为寿县，直隶于安徽省。1949年后，寿县先后隶

属六安专区、六安地区、六安市。2015年，改属淮南市。

楚考烈王二十二年（前241）迁都于此，文献未载筑造城墙的情况，今人根据遥感测定结果提出“寿县有城墙的历史应追溯到楚国都城的城墙”，“楚寿春遗址在今县城东南”（黄云峰：《寿县古城墙探析》，载《四川建筑科学研究》2011年第1期）。此后，寿县城墙“多次重建，宋时定型”（华永正：《寿城：中国古代筑城文化的明珠》，载台湾《中华文化月刊》第149期）。据光绪版《寿州志》记载，今寿县城墙重建于北宋熙宁年间（1068～1077），南宋开禧二年（1206）建康都统许俊再次大规模修筑城池，城“周十三里有奇，高二丈五尺，广二丈”。设城门4座：东曰“宾阳”，南曰“通淝”，西曰“定湖”，北曰“清淮”（《寿州凤台志》称“靖淮”）。四门皆设外瓮城，出于军事防御和防汛抗洪双重功能的需要，西门的瓮门朝北，北门的瓮门朝西，东门内、外二门平行错置，南门的瓮门因距水远而设在同轴线上。如今当地城墙砖文中，还有“建康许都统统修城砖”的字样。

明清时，寿州城墙屡毁屡建（如明代修城15次；清代修城l4次）。明代为了加固墙基，外壁墙脚筑有宽约8米的护城石堤。城墙上设有角楼8座、铺舍55所，东北角建有文峰塔，西北角设有画凉亭子。

1912年以后，寿县城墙曾以“敌攻则我不易守，敌守则我不易攻”为由，拟被拆除，后因当地百姓反对而罢。城墙许多附属建筑，大部分毁于20

▽ 宾阳门瓮城及城楼 引自国家文物局文物保护司，江苏省文物管理委员会办公室，南京市文物局编《中国古城墙保护研究》（文物出版社，2001年）

◁ 通淝门 本文照片除署名外，均由徐振欧摄

◁ 寿县城墙北门

▽ 城墙上斑驳的墙面

△ 城墙与护城河 本页图片由杨国庆摄

△ 新旧城墙呈鲜明对比

▽ 靖淮门

世纪30年代侵华日军战火。城墙、城门及城楼、护城河等建筑，迄今基本完好。

寿县城墙平面略呈方形，四个城角不作90°角，全为弧状，是棋盘式布局的一座宋城。城墙周长7141米、高8.3米、底宽18～22米、顶宽4～10米。墙体以土夯筑，外侧贴砖，外壁下部有2米高条石砌基，通体向内层层收分，稍有“凸肚”以利承接水的压力；城墙内侧延伸土城30°斜坡，没有内城砖。城外东南为濠，宽约60米，北环淝水，西接寿西湖。

寿县历代水患不息。据不完全统计，仅明、清两代，寿县城就直接遭受水灾15次，自明永乐七年（1409）至清光绪十年（1884）的27次修城，全部由水患引起。1939年和1968年的两次修城，也是为了防水。在城之东北角和西北角涵关处的两块石碑上，分别书有光绪年间（1875～1908）镌刻的“崇墉障流”和“金汤巩固”石碑，反映出这座城池兼具御敌和防洪的历史特点。

1991年5月汛期，寿县城墙四面被洪水围困，几乎漫于城门齐高达57天，而城内12万居民生活照常，近千年城墙的防洪功能为世人所惊叹。1958年，寿县城墙为县级重点文物保护单位。1986年，寿县城墙被列为省级重点文物保护单位。2001年6月，南宋寿县古城墙、战国

▽ 1938年6月17日，侵华日军连陷淮河沿岸要冲凤台、寿县、正阳关，图为侵华日军上田部队在寿县城外 南京城墙保护管理中心藏

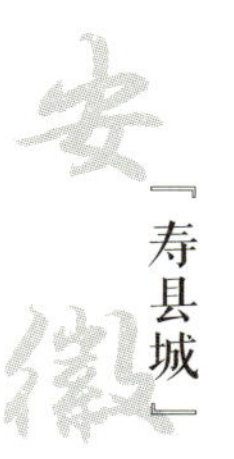

寿春城遗址两地城墙及城址，均被列为全国重点文物保护单位。2012年，寿县城墙被列入“中国明清城墙”世界文化遗产预备名单。

附：

清同治四年（1865），在寿州城西南60里的正阳关利用“民圩旧址”，连续两年改筑小城1座：城周700.4丈、高1.5丈，计“四里三分”，设垛口1370座，设城门5座：东曰“朝阳”、“引泉”，西曰“襟江”，南曰“解阜”，北曰“拱辰”。

寿县周边古有蒙城、霍丘（清改霍邱）城两座城池；古寿州境内还有下蔡城、寿春城、安丰城等19座城池。

杨国庆

寿州城池：在八公山阳，淮淝东南。周显德中，徙治淮北，宋熙宁复故处。嘉定间许都统重建。城周围十三里有奇，高二丈五尺，广二丈。东南为濠堑，北连淝水，西连湖水。门有四。明嘉靖戊戌，创护淮岸。

——清《考工典》第二十卷，引自《古今图书集成》

▽ 安徽省寿县今日古城 孙秀丽摄

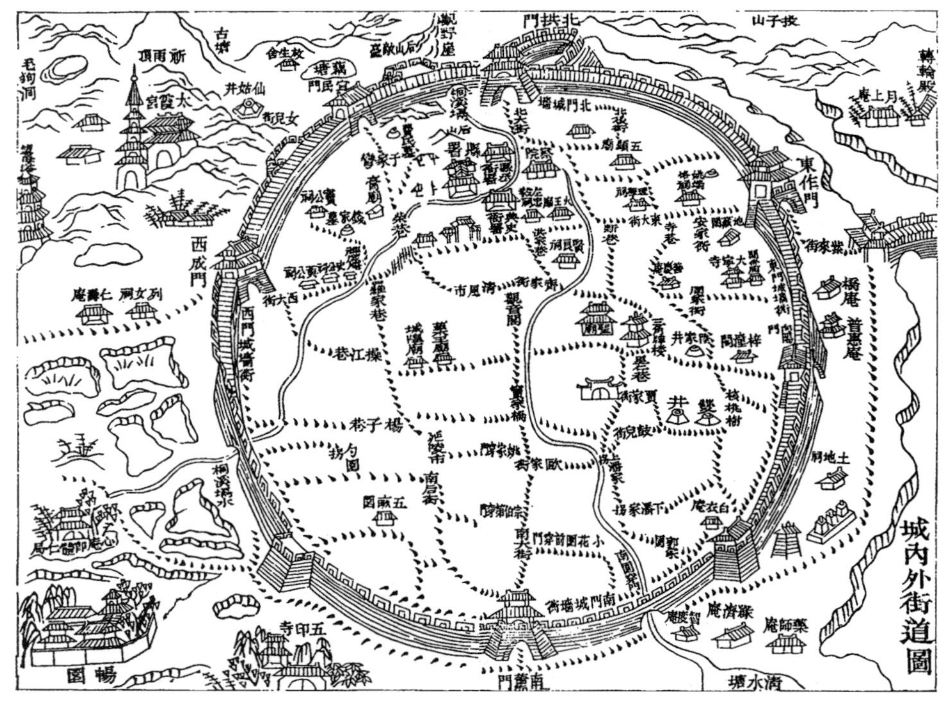

△ 桐城县城内外街道图　引自《康熙桐城县志》清康熙二十二年增刻本之抄本，载《中国地方志集成·安徽省府县志辑(12)·康熙桐城县志》

桐城，位于安徽省中部偏西南、长江北岸、大别山东麓。2010年，被列为“中国最具投资价值文化旅游名城”。

桐城历史悠久，春秋战国时为桐国，此后隶属多有变化，地名多有更迭。唐至德二载（757），始有“桐城”县名。1996年，桐城撤县设市（县级），归安庆市代管。

桐城自唐开元二十二年（734）迁至龙眠河西岸（即今址）后，筑有土城墙。另据清康熙二十二年（1683）《安庆府志》（卷五）载：“桐城县旧有城，即隋同安郡故址。”宋、元两朝，因建置两次迁徙，城池荒废。明万历三年（1575）桐城县令陈于阶上任时，城墙残缺不全，濒于倾圮。陈于阶认为桐城地居皖中，“抵天柱而枕龙眠，牵大江而引枞川”，既为兵家必争之地，亦是商贸集散中心，需建完备的城池。于是，陈于阶与桐城士绅盛汝谦（曾

任南京户部侍郎）、吴一介（曾任河南布政司）等人，制定建城方案，筹银2.12万余两，将土城改建为砖城，次年竣工。竣工后的桐城城墙呈正圆形，周长6里、高3.6丈，设雉堞1672座，开筑城门6座：东曰“东作”，东南曰“向阳”，南曰“南薰”，西曰“西成”，西北曰“宜民”，北曰“北拱”，均设城楼。除此，城墙附属建筑还有北门的外瓮城、城门之间的敌台和水门、涵闸、涵洞等8座。工程竣工后，兵部尚书翁大立为此亲撰《桐城城墙营建记》并勒石以昭。

新建的桐城城墙，以坚固著称。崇祯八年（1635），张献忠农民起义军攻城之际，桐城知县杨尔铭在城顶又添设了窝铺与炮台，并将西北一带城墙增高2尺，修筑垛口1800余座。继任知县张利民于城墙东南西北各建敌台3座，建北城门外瓮城，其高与城等，周“十八丈”。守城官兵凭借坚固的城墙，直到崇祯十五年张献忠多次攻城也未破城，故民间有“铁打桐城”之说。甚至还有“过了安庆莫说塔，过了桐城莫说城”、“铁打的桐城，纸糊的安庆”、“铁打的桐城，纸糊的庐江”等不同的民间说法。

清顺治九年（1652），知县张洪拯修城，并立碑于北城城墙边。康熙九年（1670），因城墙年久失修，知县胡必选等率乡民修城，筑护城堤。此后，地方政府多有修缮。乾隆三十一年（1766）及次年，因暴雨致城墙坍塌两处，随即修葺。道光二十六年（1846），知县史丙荣修城，耗资15200余两，“易新者十之六，补缺者十之四”（据民国二十五年《桐城志略》铅印本）。

1932年，在宜民门附近修筑登城砖路，以便巡防。1935年，徐国治率乡民建环城碉堡12座。次年，又建碉堡1座、营房3间。中国近代建筑大家梁思成

▽ 桐城昔日护城河 本文照片均由金玉萍摄

先生曾称：桐城的正圆形城池，在国内无出其右。

20世纪30年代，因出于疏散城中居民以避空袭之需，历时半月拆除了桐城部分城墙。

1949年以后，又因城市建设及疏于保护，昔日城墙的残墙再遭拆除。大部分城址改筑为今日的环城路。

附：

桐城六儿城遗址　位于桐城城区东南11公里处，今属金神镇鹿城、高峰两村，东到鹿城村夏林庄，西抵高峰村栗子山，南临南门口，北界北门口。

元末，农民起义席卷江淮，桐城人黄荣六聚众乡里策应起义，并筑城保障一方安全，因其乳名六儿，故名“六儿城”。六儿城呈椭圆形，面积6平方公里，为土夯城，有四门。今四周城垣多倾圮，但整个轮廓仍清晰可见，断续延绵1.5公里，最完整的一段长144米、高5～7米不等、宽11～30米不等。城北门残垣最高处达7米、宽30米。北门口宽6米，南门口宽7.6米。城内现已垦为农田，聚有村落。

1985年9月，桐城县人民政府将六儿城遗址列为县级重点文物保护单位。

杨国庆

桐城县城池：隋有同安郡，桐城其故址也。设门四。宋末，徙治枞阳，又徙池之李阳河。元还旧治。明万历丙子，知府陈于阶建砖城，周六里，门六。崇祯乙亥，知县杨尔铭更设窝铺、炮台。

——清《考工典》第二十卷，引自《古今图书集成》

▽ 新建的桐城东作门及城楼

▽ 东作门周边环境整治后，已成开放式小公园

无为城

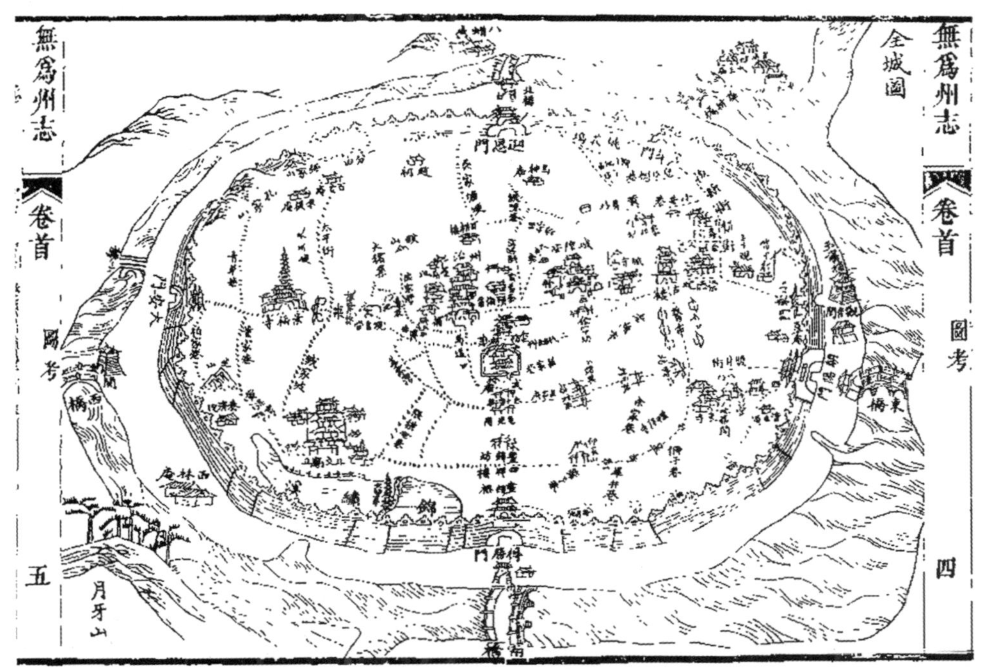

△ 无为州全城图　引自《无为州志》清嘉庆八年版

无为，位于安徽省中部，与芜湖、铜陵市隔江相望。其名“始于城口置无为军，思天下安于无事，取无为而治之意以名之”。

春秋战国时，无为县境属楚居巢。三国时，其境属吴庐江郡濡须。隋开皇元年（581），属庐州襄安县，始设无为镇（今无城镇）。北宋太平兴国三年（978），置无为军，领巢县、庐江二县。熙宁三年（1070）析巢、庐江二县地置无为县。此后，随政权更迭，隶属及建置均有变化，先后曾为路、州、县。2011年，隶属于芜湖市。

无为于“汉末曹魏，始筑无为城”（乾隆八年《无为州志》卷四）。另据明·徐阶《修筑无为州城记》称：“无为州故有城，周若干丈，其始不知所由筑及”，此城不久毁圮。北宋太平兴国三年（978），无为改镇为军，“创营壁垒”，新筑土城。中国古典名著《水浒传》第41回“宋江智取无为军、张顺活捉黄文炳”中，曾描写过宋代的无为县城。至元末时，土城尚可守御。

明初，知州夏君祥始筑城（光绪七年《重修安徽通志》卷三十六）。而另据嘉庆八年《无为州志》卷三称：明初，夏君祥仅为修城。当时，城周9里36步、高1.2丈、基宽7尺、顶宽4尺。开城门6座：大东门曰“楚泽”（又称“朝宗”，后称“朝阳”），小东门曰“东津”（又称“倚云”），南门曰“熏风”（又称“移风”，后称“德胜”），西门曰“稻孙”（又称“大安楼”），北曰“镇淮”（后称“迎恩”），东北曰“仓埠”（又称“庆丰”）。东引华林（一作“花林”）大河之水为护城河，深7尺至1丈不等、宽5.9丈。之后，乐瓒主持修城时“复为甃治”，即改成了砖城。正德五年（1510）和正德九年，曾分别修葺过城墙。不久，城垣又有毁坏。嘉靖三十年至三十一年间（1551～1552），因有倭寇侵犯之虑，布政参议刘乇向当时同知许用申请修筑城池，许用却认为：无为距离大海很远，此议属于迂腐之见，没有采纳。不料三年后，倭寇犯境大肆掠夺焚烧，百姓深受其苦。嘉靖三十五年，刘乇再向巡按御史吴伯朋申请修筑城池。获准后，由知州何宠主持大规模兴工营造，至嘉靖三十六年春竣工。城基开挖1.2尺，城外用条石砌筑三层，再用城砖砌筑至顶，城周长1491.3丈多、高2.2丈。并建城楼6座、窝铺12座。自此，为城的定制。时人徐阶撰有《修筑无为州城记》，详载其事。万历

▽ 无为城砖石混砌墙面　本文照片均由杨国庆摄

△ 无为城遗址（局部）

△ 建造在无为城墙上的房屋

四十六年（1618），无为遭遇暴雨，导致三面城墙多处损毁。知州陈贤才主持修葺，并于南门外建造重关。崇祯八年（1635），加固城墙，并将垛口“两堞为一”，修筑登城马道。不久，拆除六门外的石桥，砌筑滚坝以挡水。然而，才过一年滚坝就被大水冲垮，遂疏浚并加宽掘深护城河。

清顺治六年（1649），无为城墙西南毁坏，由知州方安民主持修葺。此后，历任无为的地方官吏对城池均有大小不等的修缮。

1939年，无为地方政府组织民众拆除部分城墙和城门。1940年，曾因防御需要加高过城垣。1958年，因城市建设须改善交通为由，拆除了大部分城墙，仅仓埠门至大东门一带尚存，其余墙基改建为环城公路。

无为古城墙现存残墙长度约1000米，平均残高5～6米，残墙上建满了民宅。2013年2月，笔者实地调查时发现，当地政府正在拆除城墙周边的建筑物，此段古城墙的全貌基本得以显现，残墙下方约1.6米为长方形条石砌筑，条石上方为城砖。条石每块长约1.1米、宽约40厘米、高约35厘米。城砖既有宋砖，也有明砖。无为的护城河大部分尚存。

杨国庆

无为州城池：自孙权筑濡须，世为军壁，故有城，周围九里，高一丈二尺。东以花林大河为濠，约深一丈，阔五丈九尺。门有六。明嘉靖三十五年更建，城脚垒石三，砖甃至顶，计高二丈四尺。崇祯八年，加城并两垛为一。十年，浚城河。

——清《考工典》第二十卷，引自《古今图书集成》

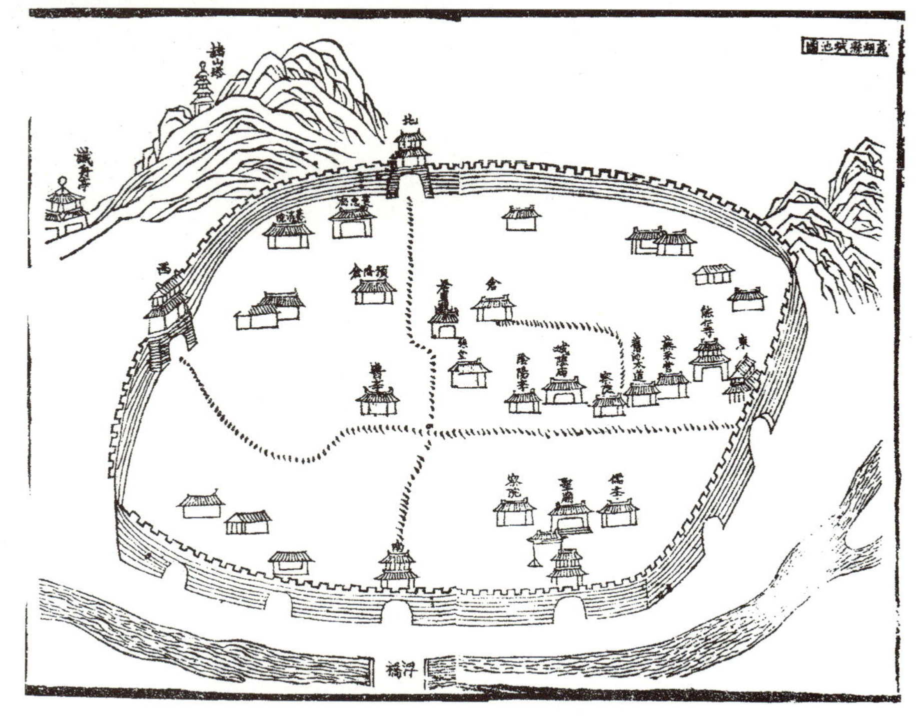

△ 芜湖县城池图　引自《芜湖县志》清康熙清马汝骁修、清葛天策纂刊本，载《稀见方志丛刊·上海图书馆馆藏（119）·芜湖县志》

芜湖，位于安徽省东南部、长江下游南岸。建城历史悠久，近代有“长江巨埠，皖之中坚”之称。

芜湖建置最早记载见诸《左传》：“鲁襄公三年（前570）楚子重伐吴，克鸠兹。”吴国鸠兹邑故址，在今市东南约40里的水阳江南岸，因湖沼草丛，鸠鸟云集，而得名“鸠兹”，又称“勾兹”、“皋兹”、“祝兹”等。西汉元封二年（前109），改鸠兹为“芜湖”。黄武二年（223），孙权将芜湖县治由鸠兹西迁到今城东南隅鸡毛山一带的高地上（古鸠兹旧治再未复用），成为今日芜湖市最老的城区。此后，因政权更迭，芜湖建置曾降为邻县属镇。自南唐升元年间（937～943）复置芜湖县后，作为县一级行政建置直至1949年，后改为芜湖市，延续至今。

芜湖老城始建于东吴黄武二年（223），此后至南宋城垣修筑记载不

△ 1945年10月，抗战胜利后，侵华日军战俘奉命前往各集中营，准备接受遣返回日本。图为一批芜湖侵华日军官兵三三两两走出城门外，步行至侵华日军战俘集中营 南京城墙保护管理中心藏

详。今人根据北宋诗人林逋（967～1028）的《过芜留咏》中“山掩县城当北起，渡冲官道向西流”推测：芜湖城墙在北宋时尚存。南宋建炎年间（1127～1130）金兵南侵，芜湖城遭兵焚毁圮。淳熙七年（1180）曾局部修城，但大不如从前。此后，芜湖城未有大规模修缮。

明万历三年（1575），芜湖因倭寇骚扰其境，开始大规模修城，延续至万历九年，在后继数任官员的亲自主持下，使其竣工，大部分与旧宋城重合。城“周七百三十九丈，高三丈”，开有四门，此后城的格局未有大的变化，直到1913年芜湖城仍为“今县城周围七百三十九丈，高三丈”（1913年《芜湖县志》卷二），此长度与明万历三年修筑的芜湖城墙基本吻合。有明代汪道昆（曾任兵部侍郎）《县城碑记》等资料为证：“南留濒潴（靠水的地方）而廛居者三达：裁小横街西，留居室完美者百家；裁古小永安巷；东北裁公家闲地，不涉民居，得地七百三十九丈为城。”在碑文（当时该碑勒石于南面的长虹门城楼）中，又载：“乙亥（1575）二月朔首事，迄五月终告成。”而1913年的《芜湖县志》则称：“万历三年，知府钱立至首建城，以谨防卫，同治龙宗武继之。九年，知县周之翰乃告蒇事。”据今人姚永森在《明代古城》考证，造成两种建城时间差异记载的原因：汪氏所指的仅是芜湖城墙，而县志所说的是包括楼城在内的芜湖城。芜湖这座高3丈、长739丈的城墙，仅耗时三个月竣工，不可谓不神速。共设城门4座：南曰“长虹”，北曰“来凤”（设外瓮城），东曰“宣春”，西曰“弼赋”。万历四十年，在城东南开金马门，“又东曰迎秀门”，设水门2座。五门设城楼5座（长虹、来凤、宣春、弼赋、金马），其余未建城楼。“城三面无濠，惟长河一带汇流宣、泾诸水自东而下，直逼南城门，经浮梁西达于江”（引自旧志）。由于建造城墙费用不菲，曾任兵部左侍郎的汪道昆请在芜湖经营浆染业的同乡阮弼资助，阮弼独资兴筑了西门的城楼，故冠名为“弼赋门”。清初画家萧云从（字尺木）在《太平山

◁ ▽ 芜湖城，现仅存地名 本文照片除署名外，均由杨国庆摄

水图》（此版画现藏于北京故宫博物院）绘制的芜湖城池中，弼赋门城楼也在其中。

清顺治十五年（1658），池太道（清初置池太道，驻芜湖县，后废）宋之屏驻守芜湖时，有感城池年久失修，捐600两俸银，倡议民众集资修城。乾隆十年（1745），芜湖知县曾尚增于钦奉上谕案内，前后确估领国库资金2700余两，兴工缮修报竣，巩固如初。咸丰年间（1851～1861），芜湖城墙因太平军战乱遭毁损。同治三年（1864），芜湖知县曾化南修葺局部城墙。光绪二年（1876），芜湖被辟为通商口岸，城墙被部分拆除。

1912年以后，芜湖残存城墙再次遭到拆除，并在城墙基础上拓建为环城马路。2013年2月，笔者实地调查中，发现北门遗址等地段的护城河尚存。

另据芜湖《镜湖区志》载："古城内的城隍庙建于吴赤乌二年（239），是我国有史记载以来最早建造的城隍庙。"今芜湖市第二中学一带，还有东晋时王敦修筑的城堡，俗称"王敦城"，今已无迹可考。

杨国庆

芜湖县城池： 城故在咸保圩，吴黄武间造，宋建炎间毁，明万历间重建。顺治十五年，池太道宋之屏重葺，周围五里，高三丈，厚称是。近江无濠。

——清《考工典》第二十卷，引自《古今图书集成》

萧县城

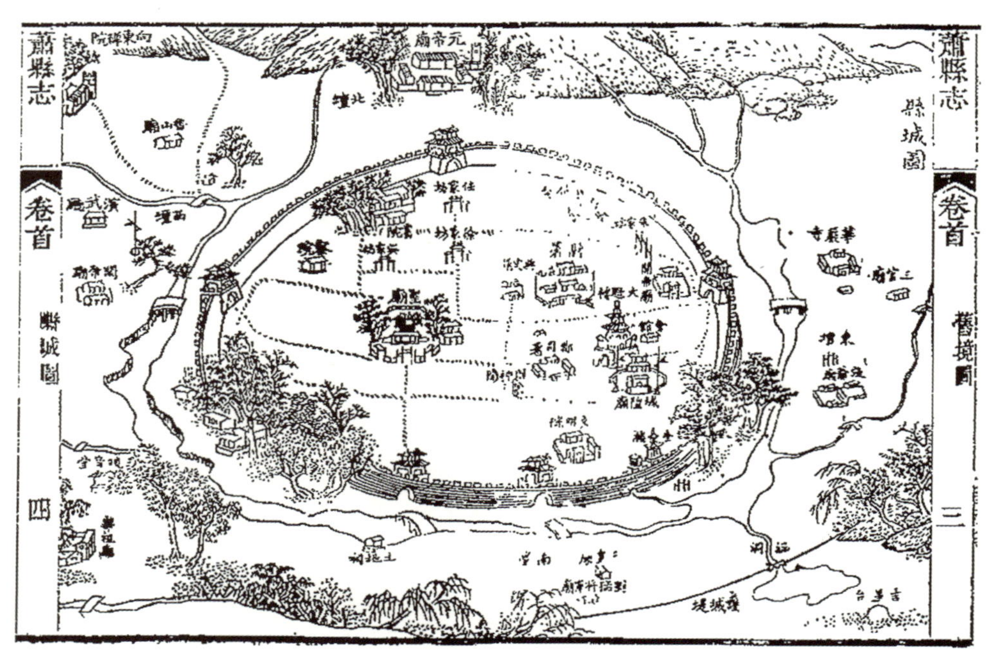

△ 萧县县城图　引自《萧县志》清嘉庆十九年版

萧县，位于安徽省北部，皖、苏、豫三省交界处，紧靠徐州市，素有“徐州的西大门”之说。

萧县，古为萧国，是夏朝殷商氏族方国。春秋时，附属于宋国。张守节《正义》引《括地志》称：“徐州萧县，古萧叔之国，春秋时为宋国附庸。”萧国遗址位于今县城龙城镇北五公里圣泉乡欧村北。秦时，置萧县。此后，随政权更迭，其建置也有变迁。自唐以后，属今江苏省徐州市的属县。1955年，萧县由江苏省划归安徽省，沿袭至今。

萧县古有城墙，但始建年代不详。据《徐州府志》称：“萧县旧城，在今治西北十里。其北半里即古萧国城，周九里有奇。唐以前皆为县治。”历史上，萧县由于频遭水患，城址多有迁徙。据清嘉庆二十年《萧县志》记载：“萧城，凡三迁，而愈南。”意思是说，历史上萧县城址迁移至少发生过三次，而且因防范水患，从地理上看确是向南迁移。北宋时，因水患，于旧邑南半里筑新城，北连旧城，又称为“南城”。后因年久失修，城池毁圮。

明正德十一年（1516），知县王隆（此据清嘉庆二十年《萧县志》，而《考工典》称“王龙”）沿其旧址增筑土城，外侧甃以石，城周约4里，开四门，城外设有护城河。嘉靖年间（1522～1566，《萧县志》称“嘉靖乙亥”，嘉靖无此年，有误），知县孙重光建城门的城楼。此后，由于每年汛期的大水侵城，致使城墙逐渐毁损。尤其万历二年（1574）“水更大涨，决城”。在城南面的城墙上竟然出现巨窟，几乎大段城墙坍塌。万历五年（1577）夏，洪水再次毁城。知县伍维翰报请朝廷迁县城于三台山（一名“白茅山”）麓，获准后另建新城。城周4里（《萧县志》称“三里”），设四门，护城河深7尺，“南通湖水”（据《大清一统志》）。崇祯九年（1636），萧县被民军所破。次年，城毁于兵火。

清顺治五年（1648），知县祖永勋修补城垣。康熙四年（1665），在知县沈大观主持下，大规模修城，收集城外残垣断壁的旧材料修城，城基四周甃以长约一丈的条石，用石灰浆浇灌缝隙，重新砌筑全城垛口，“城始坚厚”。康熙五十年，知县徐大生于城西南开小南门，取名“大成门”。嘉庆十年（1805），知县王嵘领国库工料银重修萧县城。至此，萧县城“周一千六百步石墙，垛口八百六十三，易东门曰龙昌，西曰凤彩，南曰向离，北曰锁钥”

▽ 1938年5月15日，侵华日军占领萧县 南京城墙保护管理中心藏

（嘉庆版《萧县志》卷二）。咸丰六年（1856），萧县城池年久失修，城楼及城垣多处损毁。知县杨韫绪发动富商及民众筹集修城经费2.45余万串，耗时10个月竣工。咸丰八年，有三次民众造反，“围逼县城”，全城均因“城垣完固”而免遭兵火。知县赖以平深感城池的重要，将西北面低矮的城墙加高，又疏浚护城河。

1912年以后，萧县城墙维修呈下降趋势。作为城市防御体系的萧县城墙，在1938年5月并未能抵御侵华日军铁蹄的践踏。战后，萧县城墙逐渐毁圮。

1949年以后，当年的故萧城遗址再遭损毁。

2016年3月，当地在修路时意外发现一段整齐的墙垣。据当地老人回忆，这里以前是萧县的古城墙。当地文物部门已介入现场，考古详情暂不清楚。

杨国庆

萧县城池：县本古萧国城。因河决，乃筑南城。明正德中，知县王龙即旧基增筑土城，外甃以石。周四里，门四。康熙四年，知县沈大观甃以砖石，城楼、雉堞一新。

——清《考工典》第二十卷，引自《古今图书集成》

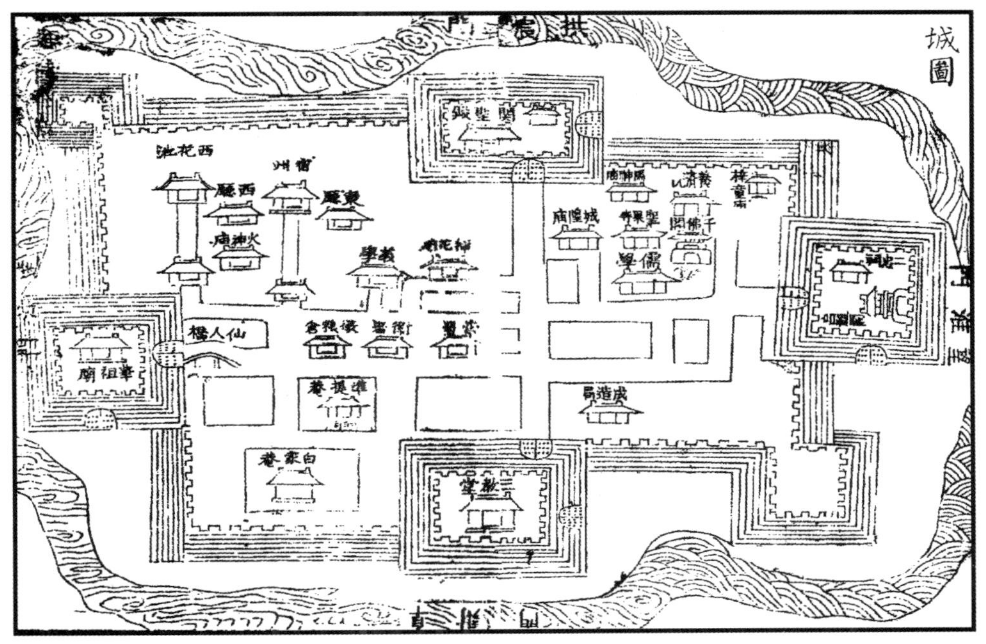

△ 宿州城图 据《宿州志》卷十二（清康熙五十七年刻本），张君重绘

宿州，位于安徽省北部，自古宿州有“舟车会聚，九州通衢之地”、“扼汴控淮，当南北冲要”之称。

春秋时，宿州其境为宋地，后属楚。秦时，始为县，隶泗州。隋大业年间（605～618），通济渠（汴水）开通，古宿州其地随汴水漕运的兴盛得到逐步发展。唐元和四年（809），始置宿州，州治于埇桥（今宿州市大隅口），属河南道。此后，建置、隶属多有变化，但宿州一直是历代州、府的治所。1912年，废州为县，属安徽省。1979年，设立县级宿州市。1998年，宿州县级市升为地级市。

据明《嘉靖宿州志》称：宿州建城之始及规模不详，“原惟筑之以土”。另有一说：宿州古城墙筑于唐元和四年（809），因置宿州而筑土城。“唐建宿州，在汴河南岸筑土为城，以河堤为城基。”光绪七年《重修安徽通志》明确指出：宿州“城，建于唐元和四年，筑土为之”。

明洪武十年（1377），在地方军民参与下，宿州城墙外壁开始垒石砌筑，城周6里30步，计长1115丈，每丈设2座垛口，连垛口高3.3丈、广2.2丈（《江南通志》则称：城高2.4丈、厚2.5丈）。全城开有城门4座：东曰“望淮”，西曰“连汴”，南曰“阜财”，北曰“拱辰”。每座城门上建“戍楼”（即城楼），以严更守。城门外筑外瓮城，以加强提防；城门内构建房屋，以供守门居住。城墙上每里设有8铺，总计49铺，每铺有宿州卫百户官员1人、铺兵8人。环城皆设有护城河，深、宽均1丈，总长8里188步。自明正德六年（1511）十月，杨虎率农民义军攻城，历九日不克而去后，直到崇祯九年（1636），高迎祥农民义军攻宿州，守将廖维义率军拒之，未克而去。在不足百年的多次农民义军攻城中，均依赖“宿州城颇为完固，有警亦易以守”。

入清以后，对宿州城池屡加修缮。如：康熙十一年（1672），因连降暴雨，宿州东城墙倒塌，知州吕云英监修之。乾隆十四年（1749），在城东南隅城墙之上增建魁星阁。嘉庆十九年（1814），知州刘用锡疏浚城河，并筑护城堤。咸丰三年（1853），宿州知州郭世亨在城墙东北隅加修炮台。但是，至清光绪十五年（1889）时，宿州城池已“岁久就圮，城楼倾颓尤甚，濠池淤塞过半”了。

1912年以后，宿州城墙虽无大规模修治，但基本保存完整。

20世纪50年代初，先后拆除了宿州城墙和城门，仅留下环城北路等地段部分城墙。2003年7月22日，因暴雨导致宿州北关环城路西侧一段城墙突然坍

▽ 蕲县古城遗址顶部现状 本文照片均由金玉萍摄

△ 宿州埇桥区的蕲县古城遗址

塌，住在墙下的13位民工被埋，11人不幸遇难。事后，修复该段城墙。

1987年，宿州明代古城墙被列为市级文物保护单位。

附：

宿州古城遗址，还有秦代的蕲县古城遗址于1986年被列为省级文物保护单位。新石器时代的芦城孜遗址、鹅鸭城遗址、吴城孜遗址等，于1988年被列为市级文物保护单位。

杨国庆

宿州城池： 肇于唐。明洪武间，始垒石为址，加以大甓，周围六里三十步，高二丈四尺，广二丈五尺。池深一丈，阔一丈。门四，外筑月城，以固堤防。

——清《考工典》第二十卷，引自《古今图书集成》

宣城

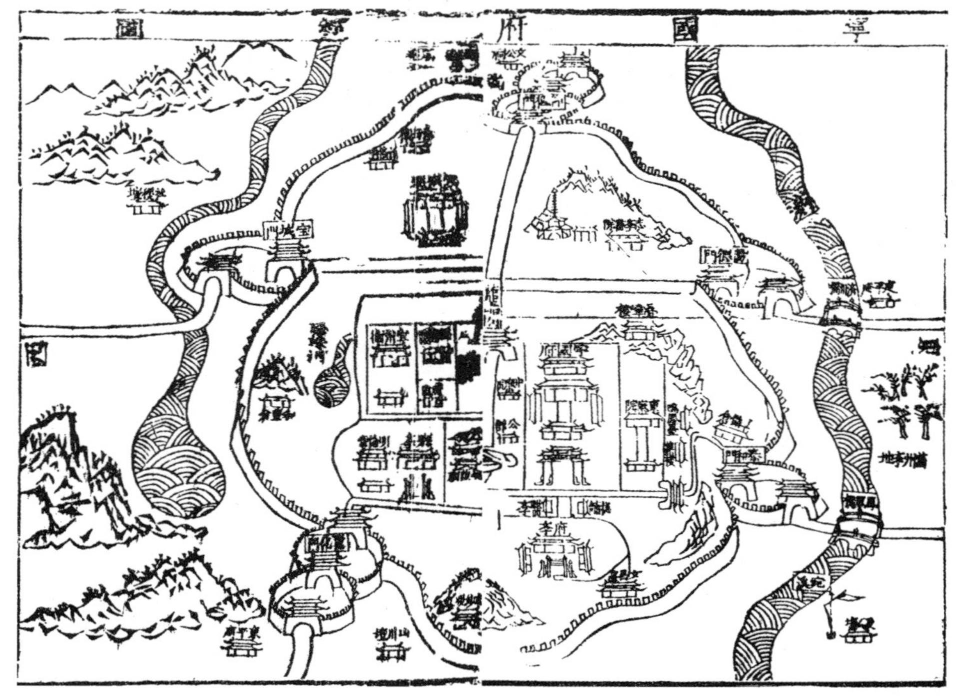

△ 宁国府城图　引自《宁国府志》明万历五年刊本，载《中国方志丛书·华中地方·安徽省（691）·宁国府志》

宣城，位于安徽省东南部，地处皖南山区和长江下游平原的接合部。1912年后，宣州在皖南的地位与江北重镇合肥并提，有“南宣北合”之称。

宣城，古属扬州，先后有“爰陵”、“宛陵”、“宣州”等古称。西汉元封二年（前109），丹阳郡郡治设在宛陵县（今宣州区）。晋太康二年（281），析丹阳郡置宣城郡。自此，宣城一直作为郡、州、府一级政区存在。唐初置宣州，其间一度改称宣城郡，以后复称宣州。南宋乾道二年（1166），宣州改为宁国府。元、明、清三代为宁国路、宁国府所在地。1912年，废府为县。1987年，撤县设市。2000年，撤销宣城地区和县级宣州市，设立地级宣城市。

据光绪十四年《宣城县志》卷五载：宣城最早筑城于西汉，以西汉元封二年（前109）设丹阳郡于宛陵，依据“汉制郡国皆有城。城邑之建，盖于是始”。此说早于光绪七年《重修安徽通志》所载宁国府最早筑城年代。但

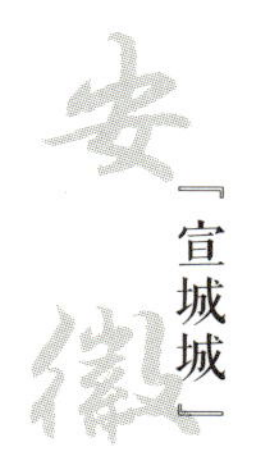

是，《宣城县志》中，此说尚无佐证。故仍以《重修安徽通志》所云宁国府最早筑城为准："初创于晋内史桓彝（276～328），今所谓子城是也"（光绪七年《重修安徽通志》卷三十五），"规制未弘"（明嘉靖版《宁国府志》卷七）。梁太守何远稍加增筑。隋开皇年间（581～600），刺史王选大规模修筑城池，"以宛溪形式，别筑罗城，广轮至三十里，宛溪贯其中"。唐乾符（874～879）后，城因兵乱，宣州城屡遭毁损，巡检柴克宏悉加修缮。南唐（937～975）节度使林仁肇于公元962年主持大规模修筑新城，次年竣工。有韩熙载《宣州筑新城记》（载于《重修安徽通志》卷三十五），记其修城及城池规模，"新旧城共长一十里一百九十三步"，设四门。宋建炎三年（1129），郡守吕好问"奉诏赐中都钱五万缗缮拓之"，修葺州城。工竣后，周紫芝撰有《新城赋》。绍兴（1131～1162）初，知县李虔厉始以砖甃城。此后，绍兴三十一年、庆元（1195～1200）中、开禧二年（1206），对城墙均有修葺。元至正十三年（1355），重修宁国城，并增设北门，城墙四周增挖护城壕沟。

明时，在地方官吏重视和组织下，曾多次大规模修城。如：洪武（1368～1398）、永乐（1403～1424）、正统（1436～1449）、嘉靖三十四年（1555）、崇祯（1628～1644）中，宁国府（宣城，下同）城池的修缮几乎没

▽ 宣城城墙护城河　杨国庆摄

有中断。如：嘉靖三十四年，知府朱大器于小东门增设重门，并在城门上筑“保丰台”。崇祯时，知县梁应奇将原垛口以三并二，合计垛口为8970座，警铺原设13所，此时新增至129所。

清顺治八年（1651），宁国府城西坍塌30余丈，知府管起凤、王同春先后修筑，有王同春所撰《修城记》。两年后，城墙又塌，知府秦宗尧“移垒向内加筑”（《宣城县志》卷五）。康熙四年（1665），知府黄叔琪修缮小东门。康熙七年，因水患导致城东南隅鳌峰嘴城墙损毁严重，知府孔贞来以垒石修葺。康熙十九年，知府王国柱、知县邓性在修缮全城的城墙时，于鳌峰前的城上修筑月台1座，以登眺揽胜。乾隆十年（1745），知县游得宜复加修整城垣。嘉庆元年（1796），知府刘宝篑修缮城池，周9里13步、高2.5丈、厚3丈。仍设城门5座：东曰“阳德”（俗称“大东门”。旧在府治正东，为“铁牛门”，林仁肇改筑城门稍北为今址），东偏曰“泰和”（俗称“小东门”），南曰“薰化”，西曰“宝城”，北曰“拱极”。

1939年为防侵华日军的飞机空袭，宣城先后两次组织数万人大规模拆除城墙，仅余部分地段的残垣。2013年2月，笔者实地调查中，听凤凰桥东侧小东门外打铁铺子师傅介绍，他听父辈说的情况与文献记载基本一致。他还指着护城河对岸一座小楼称：“这楼的基础，就是当年城墙的基础。”

20世纪80年代以后，在南门、东门、北门等地段，尚有城墙遗迹和散落的城砖，城砖上有残缺的砖文。2005年，宣城市以原宣城四座古城门名，分别命名了四条路的名字，即阳德东路、阳德西路、宝城路、薰化路、拱极路。在方位上，对应了原东、西、南、北门，这也是宣城城墙文化的一种延伸和记忆。

杨国庆

宁国府城池：晋内史桓彝筑。宋建炎三年，郡守吕好问扩之。元至正间，重加甃甓，闉阇、楼堞皆具，高二丈五尺，厚三丈，周延九里一十三步。门五：东直曰阳德，东偏曰泰和，南曰薰化，西曰宝城，北曰拱极，并重关深池。宣城县附郭。

——清《考工典》第二十卷，引自《古今图书集成》